"十二五"职业教育国家规划教材修订版

国际金融
（第2版）

主　编　杜　敏　米　娜
副主编　韩彩霞　王莉红　杨泽伟
参　编　蔺子雨　闫　寒　姚　萍
　　　　池佳伟　焦小龙
主　审　孙　艺

北京理工大学出版社
BEIJING INSTITUTE OF TECHNOLOGY PRESS

内 容 简 介

本书共分为九个学习项目。从基本的国际货币体系、国际金融组织知识切入，首先使学习者熟悉国际金融领域历史沿革和发展，然后进入国际金融市场和国际资本流动，使学习者看到当前的市场状态，而后延伸到国际收支、外汇管制，使学习者了解主权国家如何进行资金出入境的统计和管理方法，最后进入微观经济体主要进行的实践性较强的外汇与汇率、外汇交易和外汇风险管理。本书深入浅出，运用图表、数据，从实际问题入手，考察了在各种国际金融活动中所遇到的问题，这些问题有些来自商业本身，有些是由政策和市场环境造成的，分析这些问题，有利于了解现实中的国际金融运作。

本书逻辑严密，案例新颖，是一本适合现代高等职业教育经管类和经贸类教学的主流教材，也可以作为金融行业、涉外企业从业人员的培训教材。

版权专有　侵权必究

图书在版编目（CIP）数据

国际金融 / 杜敏，米娜主编 . —2 版 . —北京：北京理工大学出版社，2020.10（2024.1 重印）
ISBN 978 – 7 – 5682 – 8823 – 1

Ⅰ . ①国… Ⅱ . ①杜… ②米… Ⅲ . ①国际金融 – 教材 Ⅳ . ①F831

中国版本图书馆 CIP 数据核字（2020）第 137669 号

责任编辑：王晓莉	**文案编辑**：王晓莉
责任校对：周瑞红	**责任印制**：施胜娟

出版发行 /	北京理工大学出版社有限责任公司
社　　址 /	北京市丰台区四合庄路 6 号
邮　　编 /	100070
电　　话 /	（010）68914026（教材售后服务热线）
	（010）68944437（课件资源服务热线）
网　　址 /	http://www.bitpress.com.cn
版 印 次 /	2024 年 1 月第 2 版第 3 次印刷
印　　刷 /	三河市天利华印刷装订有限公司
开　　本 /	787 mm × 1092 mm　1/16
印　　张 /	11.5
字　　数 /	260 千字
定　　价 /	35.00 元

图书出现印装质量问题，请拨打售后服务热线，负责调换

编写说明

本书是在原"十二五"职业教育国家规划教材的基础上,根据教育部最新颁布的系列文件精神,立足高等院校经贸类和经管类专业教育教学改革需要,满足我国近几年国际经济地位、话语权提升等现实情况对知识内容提出的更新要求,由具有丰富教学经验的一线教师团队和银行工作人员共同完成的修订版本。

国际金融作为一种世界范围内的经济活动,反映了国际货币资本的周转与流通,体现了各国货币金融关系所遵循的一般原则和运作的具体形式。《国际金融(第2版)》教材的首要任务就是揭示国际货币支付和资本流动的规律,同时,作为现代高等职业教育的主流教材,教学重点应是反映出当代国际货币金融关系和市场运行的各种具体形式,特别是要反映出21世纪以来尤其是近几年国际金融的重大变化。基于上述理由,本书在修订时将教材结构分为了九大学习项目,从国际金融历史沿革、宏观环境出发,最终落脚于微观市场运行的具体形式,以期体现相关知识的逻辑性、系统性、延续性和操作性。

本书特色鲜明,主要归纳为以下几个特点。

1. 与时俱进,紧贴国际经济形势变化

国际形势的风云变幻必然带来国际商品市场、国际金融市场的瞬息万变。作为学习基本工具的国际金融教材,必须紧贴国际经济形势的变化。本书修订时,及时地将国际金融市场的产品创新、国际金融组织的变化、特别提款权一揽子货币的变化、人民币跨境结算业务的推广加入教材当中,确保知识体系的与时俱进。

2. 通专融合,突出课程思政特色

本书是适合现代高等职业教育经管类和经贸类教学的主流教材,内容深入浅出,案例来自金融市场的实际问题,因此也可以作为金融行业、涉外企业从业人员的培训教材或自学教材。同时,本书在修订过程中,将近年来我国提升国际经济话语权的重大事件补充到相应教学项目内,例如,我国组织筹建亚洲基础设施投资开发银行、金砖国家开发银行、人民币加入特别提款权一揽子货币等。通过对这些事件的阐述和分析,向学习者传递了我国国际地位的大幅提升、我国已成为世界经济体的领跑者,以期增强学习者的民族荣誉感,体现出思政入课堂的教育理念。

3. 校企结合,加大培养金融实践技能

本书在修订过程中,在汇率和外汇市场项目加入大量的案例计算和课后习题,加大了对学习者参与外汇交易的实践技能的培养,邀请了中国人民银行石家庄中心支行和中信银行石家庄分行的资深人员参与教材的修订和审核,充分体现了校企双元育人。

4. 信息化建设,提升学习效果

本书在修订过程中,将重新梳理各学习任务的知识点,并增加了重要知识点的讲解微视频。每个学习项目配备电子教案、教学课件、习题库和扩展学习资料,可有效提升学习效果。

本书在修订过程中,11位老师倾力合作。其中杜敏和米娜两位老师负责全书的内容和体例设计,王莉红和韩彩霞(项目一和项目七)、杜敏和杨泽伟(项目二和项目四)、焦小龙(项目三)、蔺子雨(项目五)、闫寒(项目六)、米娜和姚萍(项目八)、池佳伟(项目九)分别负责各部分内容的编写修订和教学课件工作,并对每个项目中的重要知识点配以动画或微视频等教学资料。中国人民银行石家庄中心支行的孙艺担任教材的主审,和米娜老师共同对修订内容进行了审阅;中信银行石家庄分行的陈红为教材的修订提供了大量的数据和资料。他们对本书的修订提出了许多宝贵意见,在此,对他们的大力支持和辛勤劳动表示衷心的感谢!

由于编者水平有限,疏漏之处在所难免,殷切期盼全国同行和读者对本书存在的不足与问题提出批评及指正,以便再版时修改和完善。

米 娜

目 录

项目一　国际货币体系 1

　任务一　理解国际货币体系 1
　　一、国际货币体系的概念 1
　　二、国际货币体系的作用 2
　　三、国际储备的种类 2
　任务二　掌握国际货币体系的发展演变 3
　　一、国际金本位制 4
　　二、布雷顿森林体系 6
　　三、牙买加体系 11
　任务三　探究欧洲货币体系 13
　　一、欧洲货币体系产生的历史背景 13
　　二、欧洲货币体系的主要内容 14
　　三、欧洲货币体系的发展——欧洲货币联盟 15
　　四、启用欧元对经济的影响 16
　任务四　了解人民币国际化进程 18
　　一、人民币国际化的概念 18
　　二、人民币国际化的进程 18

项目二　国际金融机构 24

　任务一　认识国际货币基金组织 24
　　一、国际货币基金组织成立的背景与宗旨 24
　　二、国际货币基金组织的组织机构 25
　　三、国际货币基金组织的资金来源 25
　　四、国际货币基金组织的职能 27
　　五、中国与国际货币基金组织 28
　任务二　认识世界银行集团 29
　　一、世界银行 29
　　二、国际金融公司（IFC） 30

三、中国与世界银行集团 …………………………………………… 30
　任务三　了解区域性和半区域性的国际金融机构 ……………………… 31
　　　一、亚洲开发银行 …………………………………………………… 31
　　　二、亚洲基础设施投资银行 ………………………………………… 34
　　　三、金砖国家新开发银行 …………………………………………… 36

项目三　国际金融市场 …………………………………………………… 39

　任务一　分析国际金融市场 ……………………………………………… 39
　　　一、国际金融市场的概念 …………………………………………… 39
　　　二、国际金融市场的类型 …………………………………………… 40
　　　三、国际金融市场的作用 …………………………………………… 40
　　　四、国际金融市场发展的新特点 …………………………………… 41
　任务二　比较国际金融市场的种类 ……………………………………… 42
　　　一、国际货币市场 …………………………………………………… 42
　　　二、国际资本市场 …………………………………………………… 44
　　　三、新型离岸金融市场 ……………………………………………… 47
　任务三　探究欧洲货币市场 ……………………………………………… 49
　　　一、欧洲货币市场的概念 …………………………………………… 49
　　　二、欧洲货币市场的产生和发展 …………………………………… 50
　　　三、欧洲货币市场的特点 …………………………………………… 51
　　　四、欧洲货币市场的构成 …………………………………………… 52
　　　五、欧洲货币市场的作用 …………………………………………… 53

项目四　国际资本流动 …………………………………………………… 57

　任务一　认识国际资本流动 ……………………………………………… 57
　　　一、国际资本流动的概念与类型 …………………………………… 57
　　　二、国际资本流动的发展历程 ……………………………………… 58
　　　三、国际资本流动的原因 …………………………………………… 59
　任务二　了解我国吸收投资和对外投资的基本情况 …………………… 60
　　　一、我国吸收外资的概况 …………………………………………… 60
　　　二、我国对外投资的发展 …………………………………………… 61

项目五　国际收支 ………………………………………………………… 63

　任务一　编制国际收支平衡表 …………………………………………… 63
　　　一、国际收支的概念 ………………………………………………… 63
　　　二、国际收支平衡表的基本内容 …………………………………… 64
　　　三、国际收支平衡表的编制方法 …………………………………… 68
　任务二　进行国际收支分析 ……………………………………………… 69

一、国际收支平衡表的差额分析 …………………………………………… 69
　　二、国际收支状况对一国经济的影响 ……………………………………… 71
　任务三　理解国际收支的调节方法 …………………………………………… 72
　　一、国际收支失衡的原因 …………………………………………………… 72
　　二、国际收支失衡的调节措施 ……………………………………………… 73

项目六　外汇管制 …………………………………………………………… 80
　任务一　认识外汇管制 ………………………………………………………… 80
　　一、外汇管制的概念 ………………………………………………………… 80
　　二、外汇管制的机构、对象及类型 ………………………………………… 81
　　三、外汇管制的主要内容与措施 …………………………………………… 82
　　四、外汇管制的作用与弊端 ………………………………………………… 85
　任务二　了解我国外汇管理体制 ……………………………………………… 86
　　一、我国外汇管制的发展演变 ……………………………………………… 86
　　二、1994年我国的外汇体制改革 …………………………………………… 89
　　三、我国现行的外汇管制 …………………………………………………… 91

项目七　外汇与汇率 ………………………………………………………… 99
　任务一　理解外汇 ……………………………………………………………… 99
　　一、外汇的概念和形态 ……………………………………………………… 99
　　二、外汇的种类 …………………………………………………………… 101
　任务二　掌握汇率的标价方法和种类 ……………………………………… 102
　　一、汇率的定义与标价方法 ……………………………………………… 103
　　二、外汇汇率的种类 ……………………………………………………… 104
　任务三　探析决定和影响汇率的因素 ……………………………………… 107
　　一、汇率的决定基础 ……………………………………………………… 107
　　二、影响汇率变动的主要因素 …………………………………………… 109
　　三、汇率变动对经济的影响 ……………………………………………… 111

项目八　外汇市场业务 ……………………………………………………… 118
　任务一　了解外汇市场 ……………………………………………………… 118
　　一、外汇市场的概念与特点 ……………………………………………… 118
　　二、外汇市场的类型与作用 ……………………………………………… 120
　　三、外汇市场的参与者 …………………………………………………… 121
　　四、世界主要的外汇市场 ………………………………………………… 122
　任务二　掌握即期外汇交易业务 …………………………………………… 124
　　一、即期外汇交易 ………………………………………………………… 124
　　二、即期外汇交易套算汇率的计算 ……………………………………… 125

三、即期外汇交易的应用……………………………………………………………… 126
任务三　掌握远期外汇交易业务………………………………………………………… 127
　　一、远期外汇交易的概念…………………………………………………………… 127
　　二、远期外汇交易的报价方法……………………………………………………… 127
　　三、远期汇率与利率的关系………………………………………………………… 129
　　四、远期外汇交易实例……………………………………………………………… 130
　　五、择期业务（Optional Transaction）…………………………………………… 131
任务四　掌握套汇与套利交易业务……………………………………………………… 132
　　一、套汇交易的分类及实例………………………………………………………… 132
　　二、套利交易的分类及实例………………………………………………………… 133
任务五　熟悉外汇业务中的金融创新…………………………………………………… 134
　　一、外汇期货交易（Currency Futures Trading）………………………………… 134
　　二、外汇期权交易（Foreign Exchange Option Trading）………………………… 137
　　三、互换业务………………………………………………………………………… 139

项目九　外汇风险管理……………………………………………………………………… 143

任务一　了解外汇风险…………………………………………………………………… 143
　　一、外汇风险的概念………………………………………………………………… 143
　　二、外汇风险的种类………………………………………………………………… 144
　　三、外汇风险的构成因素及相互关系……………………………………………… 144
任务二　分析外汇风险管理的技巧……………………………………………………… 145
　　一、外汇风险管理的必要性………………………………………………………… 145
　　二、外汇风险的防范措施…………………………………………………………… 146
　　三、利用贴现、保理和福费廷业务………………………………………………… 151
　　四、利用对销贸易法………………………………………………………………… 152
　　五、综合防险法……………………………………………………………………… 153

附录一　国际金融热点问题………………………………………………………………… 158

附录二　人民币跨境支付系统业务规则…………………………………………………… 166

项目一 国际货币体系

项目学习目标

通过本项目的学习,学生应当了解国际货币体系的概念、作用,掌握国际储备的种类,掌握金本位国际货币制度的内容、特点和作用;熟悉布雷顿森林体系的内容、特点和作用,掌握现行国际货币体系;了解欧元的形成历程,掌握欧洲货币体系的主要内容和启用欧元对经济的影响,熟悉人民币国际化的历程。

重点和难点

1. 国际货币体系的概念与内容;
2. 布雷顿森林体系的建立与崩溃;
3. 欧元启动对世界经济的影响;
4. 我国货币制度的主要内容;
5. 人民币国际化的历程。

课前任务

◆ 能够简单介绍人民币国际化的一些事件。
◆ 画出人民币兑美元的 2019 年 11 月走势图。

任务一 理解国际货币体系

一、国际货币体系的概念

所谓国际货币体系(International Monetary System),又称为国际货币制度,是指为适应国际贸易与国际支付的需要,各国政府对货币在国际范围内发挥世界货币职能所确定的原则、采取的措施和建立的组织形式。其主要内容包括以下几项。

(1) 确定主导货币或国际储备货币。

(2) 汇率制度,即各国货币之间汇率的确定与变化机制。

(3) 各国货币的可兑换性与国际结算的原则,是指一国货币能否兑换,在结算国家之间的债权债务时采取什么样的结算方式,对支付是否加以限制等。

(4) 国际储备资产的确定,即为了维持国际支付原则和满足平衡国际收支的需要,一国政府应持有的国际储备资产的总额和构成。

(5) 国际收支的调节方式。国际货币体系必须有一种良好的调节机制来平衡各国国际收支的盈亏,以促进国际贸易和世界经济的顺利发展。这种调节机制的具体方式因经济环境的变化而不同。

(6) 国际金融事务的协调、磋商和有关的管理工作。

二、国际货币体系的作用

理想的国际货币体系应该能够促进国际贸易和国际资本流动的发展,使各国能公平地得到来自国际贸易和国际经济合作的利益。一般来说,可以从对国际收支调节的有效性和公平性、国际清偿能力的充足性和对国际储备资产的信心三方面来评价。理想的国际货币体系应具有良好有效的国际收支调节机制,使各国公平合理地承担调节国际收支失衡的责任,并使调节付出的代价最小。国际清偿能力应保持与世界经济和贸易发展相当的增长速度,过快的增长会加剧世界性的通货膨胀,而过慢的增长会导致世界经济和贸易的萎缩。保持清偿能力的适量增长也是维持储备货币信心的关键。所谓信心是指各国政府和私人都愿意继续持有国际储备资产,而不发生大规模的抛售国际储备货币的危机。

三、国际储备的种类

国际储备又称国际储备资产,是指一国官方所持可用于国际支付,并能维持本国货币汇价的货币资产。其主要由黄金储备、官方持有的自由兑换货币、在国际货币基金组织的储备头寸和特别提款权几部分组成。

(一) 黄金储备

黄金储备是指一国货币当局持有的货币性黄金。在国际金本位制度下,黄金储备是国际储备的典型形式。在金本位制度下,黄金为全世界最主要的国际储备资产。但由于黄金的开采量受自然条件的限制,而且私人窖藏、工业与艺术用途的黄金需求不断增长,黄金日渐难以满足世界贸易和国际投资的扩大对国际储备的需要。因而,能自由兑换成黄金的货币(如英镑、美元)就取代其成为主要的国际储备资产。目前,各国货币当局在动用国际储备时,并不能直接以黄金实物对外支付,而只能在黄金市场上出售黄金,兑换成可兑换的货币。所以,黄金实际上已不是真正的国际储备,而只是潜在的国际储备。

(二) 外汇储备

外汇储备为各国货币当局持有的对外流动性资产,主要有银行存款和国库券等。一国货币充当国际储备货币，必须具备两个基本特征：一是能够自由兑换为其他货币（或黄金），为世界各国普遍接受作为国际计价手段和支付手段；二是内在价值相对比较稳定。

（三）在国际货币基金组织的储备头寸

在 IMF（International Monetary Fund，国际货币基金组织）的储备头寸是指在国际货币基金组织普通账户中会员国可自由提取使用的资产，具体包括会员国向国际货币基金组织缴纳份额中的外汇部分和 IMF 用去的本国货币持有量部分。国际货币基金组织成立的一个宗旨是在会员国遭受国际收支困难时向其提供短期融通资金。普通贷款最高限制是会员国份额的 125%。会员国份额中的 25% 用黄金、美元或特别提款权认购，其余 75% 用本国货币认购。前者（25%）称为储备档贷款，在使用时不需要国际货币基金组织批准，会员国随时可以用本国货币购买（在规定期限内再购回本国货币），故是一种国际储备资产。储备头寸的另一部分是国际货币基金组织为满足其他会员国的资金要求而使用的本国货币。这部分是对国际货币基金组织的债权，国际货币基金组织随时可向会员国偿还，也即会员国可以无条件用来支付国际收支赤字。国际货币基金组织向其他会员国提供本国货币，就会使国际货币基金组织的本国货币持有量低于份额的 75%。故加上可以在储备档提取的金额，一国的净储备头寸就等于它的份额减去国际货币基金组织对其货币的持有额。

（四）特别提款权

特别提款权是国际货币基金组织对会员国根据其份额分配的，可用以归还国际货币基金组织贷款和会员国政府之间偿付国际收支赤字的一种账面资产。国际货币基金组织分配的而尚未使用完的特别提款权，就构成一国国际储备的一部分，特别提款权作为使用资金的权利，与其储备资产相比，有着明显的区别：一是它不具有内在价值，是国际货币基金组织人为创造的、纯粹账面上的资产；二是特别提款权不像黄金和外汇那样通过贸易或非贸易交往取得，也不像储备头寸那样以所缴纳的份额作为基础，而是由国际货币基金组织按份额比例无偿分配给各会员国的。

任务二　掌握国际货币体系的发展演变

在历史的各个不同时期，国际货币体系在不断地演变，最早的国际货币体系是大约形成于 1880 年而延续至 1913 年的国际金本位制度。后来由于第一次世界大战的爆发，为了积累战争资产，发达国家停止银行券兑换黄金，并禁止黄金出口，从而导致金本位制的崩溃。1925 年以后各国又开始致力于恢复金本位制，但时过境迁，已无法再实行典型的金本位制，而代之以金汇兑本位制和金块本位制，后来的 1929—1933 年世界经济大危机摧毁了西方国家的金汇兑本位制和金块本位制。西方国家摆脱危机以后，又面临第二次世界大战，当时国际货币关系极其混乱，也难以就国际货币关系作出共同的安排，因而，直到第二次世界大战以后才建立起布雷顿森林体系，即以美元为中心的固定汇率制。1973 年布雷顿森林体系宣告崩溃，从此各主要西方国家的货币进入了浮动汇率时期，或者确切地说是有管理的浮动汇率制，也即牙买加体系。下面将就国际金本位制、布雷顿森林体系和牙买加体系的内容和特点进行介绍。

一、国际金本位制

金本位制是以一定量黄金作为本位货币的货币制度。1880—1914 年是国际金本位制的黄金时代,历时并不长。牛顿最早提出金本位制度。最早实行金币本位制的国家是英国。1816 年,英国通过了《金本位制度法案》,以法律的形式承认了黄金作为货币的本位来发行纸币。到 19 世纪后期,金本位制已经在资本主义各国普遍采用,它已具有国际性。由于当时英国在世界经济体系中的突出地位,它实际上是一个以英镑为中心、以黄金为基础的国际金本位制度。

金本位制的介绍

(一)金本位制的内容和特点

(1) 黄金充当了国际货币。这一时期的国际金本位制建立在各主要西方国家国内都实行金币本位制的基础之上。其典型的特征是金币可以自由铸造、自由储藏、自由兑换和黄金自由输出、输入。由于金币可以自由铸造,金币的面值与黄金含量就能保持一致,金币的数量就能自发地满足流通中的需要;由于金币可以自由兑换,各种金属辅币和纸币就能够稳定地代表一定数量的黄金进行流通,从而保持币值的稳定;由于黄金可以自由进出口,就能够保持本币汇率的稳定。

(2) 国际金本位制的基础是黄金,但是实际上当时是由英镑代替黄金充当国际货币的角色。这主要是因为储存黄金不但没有利息,还需要支付保管费用。另外,黄金运输不方便,风险大,而当时的英国在国际贸易、金融中占绝对的主导地位,英镑自然成为全世界广泛使用的货币。

(3) 严格的固定汇率制。在金本位制下,各国货币之间的汇率由它们各自的含金量比例——铸币平价决定,同时,在由铸币平价和黄金输送费所决定的黄金输送点以内进行波动而不会超越。黄金输送点是指汇价波动而引起黄金从一国输出或输入的界限。汇率波动的最高界限是铸币平价加运金费用,即黄金输出点;汇率波动的最低界限是铸币平价减运金费用,即黄金输入点。实际上,英国、美国、法国、德国等主要国家货币的汇率平价从 1880 年到 1914 年之间一直没有发生变动,从未升值或贬值。所以,国际金本位制被视为是严格的固定汇率制。

(4) 自动的国际收支调节机制。根据英国经济学家休谟提出的"物价—铸币流动机制",在国际金本位制下,能自动实现国际收支的自动调节。其基本原理是:一国发生国际收支逆差时,会引发黄金输出,从而导致本国货币供应减少,物价降低,这样会促进出口,抑制进口,恢复国际收支平衡。当然,要实现上述的自动调节机制,各国必须遵守三项原则:一是要将本国货币与一定数量的黄金固定下来,并随时可以兑换黄金;二是黄金可以自由输出或输入,各国金融当局应随时按官方比价无限制买卖黄金和外汇;三是货币发行必须持有相应的黄金准备。

(二)金本位制的类型

1. 金币本位制

金币本位制是金本位货币制度的最早类型。以一定量的黄金为货币单位铸造金币,作为本位币。在该制度下，各国政府以法律形式规定货币的含金量，两国货币含金量的对比即决定汇率基础的铸币平价。黄金可以自由输出或输入国境，并在输出或输入过程形成铸币——物价流动机制，对汇率起到自动调节的作用。这种制度下的汇率，因铸币平价的作用和受黄金输送点的限制，波动幅度不大。1914年第一次世界大战爆发后，各国纷纷发行不兑现的纸币，禁止黄金自由输出，金币本位制随之告终。

2. 金块本位制

金块本位制是一种以金块办理国际结算的变相金本位制，也称金条本位制。其主要特点是：第一，每单位货币仍规定有一定的含金量；第二，黄金以金块（或金条）的形式由政府储存，不再铸造金币用于商品交易活动，只有纸币（如银行券）参加流通；第三，除非经特别许可外（如工业或艺术部门需使用黄金），纸币不再与黄金自由兑换；第四，人们有权按规定的最低数量（如英国规定最低为400盎司，法国为215 000法郎），用纸币向政府有关当局不加限制地兑换金块。

3. 金汇兑本位制

金汇兑本位制是一种持有金块本位制或金币本位制国家的货币，准许本国货币无限制地兑换成该国货币的金本位制。在这种制度下，国内只流通银行券；银行券不能兑换黄金，只能兑换实行金块或金币本位制国家的货币；国际储备除黄金外，还有一定比重的外汇，外汇在国外才可以兑换黄金；黄金是最后的支付手段。实行金汇兑本位制的国家，要使其货币与另一实行金块或金币本位制国家的货币保持固定比率，通过无限制地买卖外汇来维持本国货币币值的稳定。

金块本位制和金汇兑本位制是残缺不全的金本位制。

（三）金本位制的意义

黄金自由发挥世界货币的职能，促进了各国商品生产的发展和国际贸易的扩展，促进了资本主义信用事业的发展，也促进了资本输出。金本位制自动调节国际收支，促进了资本主义上升阶段世界经济的繁荣和发展。在金本位制下，汇率固定，消除了汇率波动的不确定性，有利于生产、成本核算和国际支付，有利于减少汇率风险，从而推动了国际贸易与投资的发展。各国央行有固定的黄金价格，从而使货币实际价值稳定。

到19世纪后期，金币本位制已经在资本主义各国普遍采用，它已具有国际性。由于当时英国在世界经济体系中的突出地位，它实际上是一个以英镑为中心，以黄金为基础的国际金本位制度。这种国际金本位制度持续了30年左右，到第一次世界大战爆发时宣告解体。在金本位制的全盛时期，黄金是各国最主要的国际储备资产，英镑则是国际最主要的清算手段，黄金与英镑同时成为各国公认的国际储备。英镑之所以与黄金具有同等重要的地位，是因为当时英国强大的经济力量，伦敦成为国际金融中心，英国也是国际经济与金融活动的重心。

（四）金本位制的崩溃

第一次世界大战的爆发和1929—1933年的经济大危机促使国际金本位制彻底崩溃。国际金本位制盛行的时候，正值资本主义自由竞争的全盛时期，应该说国际金本位制对这一时期的经济繁荣起了积极有力的推动作用。例如,严格的固定汇率制有利于生产、成本核算和国际支付,也有利于减少汇率风险,从而推动了国际贸易与投资的发展。但是国际金本位制本身也存在着一些缺陷。第一,黄金产量的增长远远落后于各国经济增长对国际支付手段和货币的需求,这样严重制约世界经济的发展。第二,黄金存量在各国的分配不平衡,1913年年末,美、英、德、法、俄五国占有世界黄金存量的三分之二。黄金存量大部分为少数强国所掌握,这必然导致金币的自由铸造和自由流通受到破坏,削弱其他国家金币流通的基础。第三,金本位制所体现的自由放任原则与各国政府干预经济的职能相违背,从而动摇了金本位制的基础。金本位制的存在已经成为各国政府管理经济的障碍。

二、布雷顿森林体系

布雷顿森林体系

(一) 布雷顿森林体系的建立

国际金本位制全面崩溃之后,世界货币金融关系不再具备统一的标准和共同的基础,自然也就不存在统一的国际货币体系。在第二次世界大战后期,美、英两国政府出于本国利益的考虑,构思和设计战后国际货币体系,分别提出了"怀特计划"和"凯恩斯计划"。"怀特计划"和"凯恩斯计划"同是以设立国际金融机构、稳定汇率、扩大国际贸易、促进世界经济发展为目的,但运营方式不同。美国的"怀特计划"十分强调黄金的货币作用,积极主张货币兑换和国际资金的自由转移,目的是要凭借美国雄厚的黄金储备来控制和操纵新的国际金融体系。英国的"凯恩斯计划"则反其道而行之,尽力贬低黄金的货币作用。作为英国财政部顾问的凯恩斯,面对英国黄金储备极度不足的困境,着重在于反对黄金作为主要储备资产,强调顺差国与逆差国共同对国际收支不平衡负有调节责任。

这两个方案有一些共同点,如都谋求汇率的稳定性,旨在结束国际货币金融领域的混乱现状。但就其各自的出发点和基本立场而言,它们又是针锋相对的。它们的对立,实质上是英美两国争夺世界经济霸权的表现。由于美国在世界经济危机和第二次世界大战后登上了资本主义世界盟主地位,美元的国际地位因其国际黄金储备的实力得到稳固,双方于1944年4月达成了反映"怀特计划"的"关于设立国际货币基金的专家共同声明"。

1944年7月,44个同盟国家的300多位代表在美国新罕布什尔州的布雷顿森林市召开了"联合和联盟国家国际货币金融会议"。在美国的操纵下,会议接受美国的方案,最后通过了《国际货币基金协定》和《国际复兴开发银行协定》,它们被总称为"布雷顿森林协定",这标志着战后以美元为中心的国际货币体系即布雷顿森林体系正式建立。然后,按照该协定所创设的国际货币基金组织和世界银行开始运作。至此,美国已完全确立了其在国际货币金融领域里的霸主地位。

(二) 布雷顿森林体系的主要内容

1. 建立一个永久性的国际金融机构

建立一个永久性的国际金融机构即国际货币基金组织,以促进国际货币合作。其既是战后国际货币体系的中枢机构,其各项规定都成为国际金融活动必须遵循的纪律和操作规则；又是各国之间磋商和合作的主要场所，负有协调和解决国际金融领域中各种矛盾与冲突的重大责任；还是维持国际金融秩序的稳定器，具备促进汇率稳定、提供短期信贷、调节国际收支不平衡等基本职能。

2. 确立黄金和美元并列的储备体制

确立黄金和美元并列的储备体制也称作美元黄金本位制。战后货币体系以黄金作为基础，并将美元作为最主要的关键货币（即国际储备货币）。美元即是一国的货币，又是世界的货币。美元作为一国的货币，其发行必然受制于美国的货币政策和黄金储备；美元作为世界的货币，其供应又必须适应国际贸易和国际投资增长的需要。由于黄金产量和美国黄金储备的增长跟不上国际经济与国际贸易的发展，所以美元处于两难境地。

3. 双挂钩制度

双挂钩制度，即美元与黄金挂钩，其他货币与美元挂钩。美元按每盎司黄金兑换35美元的官价与黄金挂钩，美国政府承担用黄金按官价兑换各国官方持有的美元的义务；各国货币按固定比价与美元挂钩，各国政府有义务通过干预外汇市场使汇率波动不超过上下1%的幅度。只有在成员国出现国际收支根本性不平衡的情况下，才能在与基金组织协商后改变币值。

4. 固定汇率制

战后规定各国货币对美元的汇率一般只能在1%幅度上下波动，且其政府有干预外汇市场以稳定汇价的义务。同时，一国在其国际收支根本不平衡（如严重逆差）从而影响其汇率稳定时，可及时调整其法定平价，不过这种平价变动若达10%则需要经国际货币基金组织批准，该国无权自行决定。因此，也称作可调整的盯住汇率制。

（三）布雷顿森林体系的作用

布雷顿森林体系的建立和运转，完全基于当时货币金融领域的实际状况，旨在避免重蹈以往货币制度的覆辙。因此，其对战后的国际贸易和经济发展起着积极作用。

（1）大大加强了美元的霸主地位，对美国的对外扩张提供了有利条件。美国可以通过发行自己的货币直接弥补其国际收支逆差和对外债务；同时，美元作为主要的储备货币，各国外汇储备总有一部分以美元存款形式保存在美国，这又必然大大加强美国国际金融中心的地位。美国还通过发行美元，扩大信用及操纵国际经济组织来干涉国际金融领域甚至干涉其他国家的财政金融政策等。至于35美元等于1盎司黄金的官价，则明显地抬高了美元的对外价值。所以，这种以美元为中心的国际货币体系实际上也成为美国对外进行政治控制和经济剥削的重要工具。

（2）各种贷款促进了各国战后重建。国际货币基金组织和世界银行两个全球性机构，规定了一整套具有约束力的行为准则，将大多数国家置于一种统一而又彼此协调的金融环境。这开了成功建立国际货币合作的先例，为以后更广泛的合作奠定了基础。美元充当最主要的国际储备货币，在一定程度上解决了国际储备短缺的问题，对战后国际贸易起到了重要的推动作用，使其增长速度大大超过战前水平。基金组织向成员国发放短期和中期两种贷款，分别用于解决一般性或长期性国际收支逆差问题，这就可以维持和推动各国正常的对外贸易活动，从而有利于世界经济的稳定和发展。

布雷顿森林体系的建立,形成了一个相对稳定的国际金融环境,对世界经济的发展起到了一定的促进作用。布雷顿森林体系是国际货币合作的产物,其消除了战前各个货币集团的对立,稳定了战后国际金融混乱的动荡局势,开辟了国际金融政策协调的新时代。固定汇率制有利于国际贸易和国际投资的发展。

(四) 布雷顿森林体系的崩溃

美元的双重身份和双挂钩制度是该体系的根本缺陷。一方面,美元作为一国的货币,其发行受制于美国的货币政策和国内的经济增长速度;另一方面,美元作为世界货币,其供应又必须适应国际贸易和投资增长的需要。由于规定了美元与黄金挂钩及其他货币与美元挂钩的双挂钩制度,以及黄金产量和美国黄金储备的增长跟不上国际经济和国际贸易的发展,美元处于两难境地。一方面,为满足国际经济和国际贸易的发展,美元的供应必须不断地增长;另一方面,美元供应的不断增长,使美元同黄金的兑换性日益难以维持。美元的这种尴尬、两难境地,被称为"特里芬两难",它是由美国经济学家特里芬在1960年提出来的。"特里芬两难"指出了布雷顿森林体系的内在根本缺陷,它最终促使该体系无法维持。

1. 第一次美元危机及其拯救措施

1957—1958 年,美国爆发了比其他发达国家更严重的经济危机,而西欧国家建立了共同市场,同时恢复了货币自由兑换。这种情况导致美国资本大量外流,其国际收支逆差迅速扩大。1960 年,美国的对外短期债务高达 210.3 亿美元,已超过其黄金储备 178 亿美元。这样金融市场上出现大量抛售美元、抢购黄金和其他货币的浪潮,第一次美元危机爆发。各主要西方国家采取了下述措施以挽救美元。

1961 年,参加国际清算银行的八国中央银行达成一项不成文的协定,即"巴塞尔协定"(Basel Agreement)。其内容是:各国中央银行应在外汇市场上合作,以维持汇率稳定;若一国的货币发生困难,应与能提供协助的国家进行协商,采取必要的支援措施,或由该国取得黄金和外汇贷款,以维持汇率的稳定。

1961 年 10 月,美国为维持黄金和美元的地位,联合英国、法国、联邦德国、意大利、荷兰、比利时和瑞士 7 国拿出总值 2.7 亿美元的黄金建立了"黄金总库"(Gold Pool)。其主要任务是根据伦敦黄金市场金价的涨落情况,抛售或收购黄金,以维持金价的稳定。

1961 年 11 月,基金组织与美国、英国、加拿大、联邦德国、法国、意大利、荷兰、比利时、瑞典、日本 10 国代表举行会议,并签订了于 1962 年 10 月生效的"借款总安排"(General Agreement to Borrow)协议。该协议的主要目的是从美国以外的另外 9 国借取资金以支持美元,缓和美元危机,维持国际货币体系的正常运转。参加"借款总安排"的 10 国也称"十国集团"(Group of Ten)或"巴黎俱乐部"(Paris Club)。

1962 年 3 月,美国分别与 14 个主要西方国家签订了双边"互惠借款协定"(Reciprocal Currency Agreement),又称"货币互换协定"(Swap Agreement),借款总额达 180 亿美元。该协定规定,两国中央银行彼此之间相互提供对等的短期信贷资金,用于干预外汇市场,维持汇率的稳定。

2. 第二次美元危机及其拯救

20世纪60年代中期，美国卷入越战后，其国际收支进一步恶化，黄金储备不断减少，财政金融状况明显恶化，国内通货膨胀加剧，美元与黄金的固定比价再一次受到怀疑。1968年3月爆发了第二次美元危机，人们大量抛售美元抢购黄金，半个多月时间美国黄金储备就流失了14亿美元。美国和其他西方国家再也无力维持自由市场黄金官价，这迫使美国采取了以下两项应急措施。

（1）美国要求英国从1968年3月15日暂时关闭伦敦黄金市场，宣布停止在伦敦黄金市场上按每盎司黄金兑35美元的黄金官价出售黄金。

（2）实行黄金双价制，即在两种黄金市场实行两种不同价格的制度。在官方之间的黄金市场上，仍然实行黄金官价；在私人黄金市场上，金价由市场供求关系决定。这意味着美元开始与黄金脱钩，布雷顿森林体系开始从根本上动摇。

资料卡

黄金总库与黄金双价制

黄金总库是在1960年第一次美元危机爆发后，美国等西方国家为了挽救美元危机而采取的措施之一。黄金总库是美国、英国、法国、联邦德国、意大利、荷兰、比利时和瑞士8国中央银行于1961年10月达成的共同出金以维持金价稳定和布雷顿森林体系正常运转的一项协议。该协议规定，8国共同出资相当于2.7亿美元的黄金以建立黄金总库，黄金总库由英国英格兰银行代管；当金价上涨时，就在伦敦市场抛出黄金；当金价下跌时，就买进黄金，以此来调节市场的黄金供求，稳定金价。

黄金双价制是1968年美元第二次危机爆发后，黄金总库和美国的黄金储备已无力维持美元与黄金的固定比价。于是，1968年3月，美国不得不实行"黄金双价制"，即两种黄金市场实行两种不同价格的制度。在官方之间的黄金市场上，仍然实行35美元兑换1盎司黄金的比价；而在私人黄金市场上，美国不再按照黄金官价供应黄金，金价听凭供求关系决定。黄金双价制实际上意味着黄金—美元为中心的布雷顿森林体系的局部崩溃。

3. 第三次美元危机及其拯救

1971年，美国出现自1893年来未曾有过的贸易逆差，同时，其黄金储备不及对外短期负债的1/5。外汇市场上抛售美元、抢购黄金和其他硬通货的风潮在5月和7月两次出现。为应付危机，采取了下述措施。

（1）1971年8月15日，尼克松政府宣布实行"新经济政策"：停止外国中央银行用美元向美国兑换黄金，对所有进口商品征收10%的附加税。

（2）1971年12月18日，"十国集团"达成史密森学会协议，其主要内容是：美元对黄金贬值7.89%，每盎司黄金官价由35美元提高到38美元；美国取消10%的进口附加税；调整主要发达国家货币的金平价，如意大利里拉、瑞典克朗、瑞士法郎各贬值1%，日元、德国马克、比利时法郎、荷兰盾则各有不同程度的升值；各国货币对美元汇率的波动幅度扩大为平价上下各 2.25%。

 资料卡

石油美元

石油美元是主要石油输出国自 1973 年石油大幅度提价以来，历年国际收支顺差所积累的石油盈余资金，因美元所占比重最大，故称石油美元。

1973 年的中东战争，导致石油价格大幅度上涨，形成世界性的能源危机。

1977 年 10 月，石油输出国组织宣布石油价格由每桶 3.011 美元提高至 5.11 美元。稍后，又再度提高到 11.65 美元，结果使得世界的国际收支结构发生了很大变化。在石油消费国家中，发达国家遭受的打击较为严重，发达国家的经常收支因石油提价而多呈现庞大逆差；相反，石油输出国的经常账户则发生巨额的顺差——"石油美元"。

4. 特别提款权的产生

特别提款权（Special Drawing Rights，SDR）是一国国际储备的重要构成部分。

为了让布雷顿森林体系继续运转，国际货币基金组织提出创设一种补充性的国际储备资产，作为对美国以外美元供给的补充。1968 年 3 月，由"十国集团"提出了特别提款权的正式方案，但由于法国拒绝签字而被搁置起来。美元危机迫使美国政府宣布美元停止兑换黄金后，美元再也不能独立作为国际储备货币，而此时其他国家的货币又都不具备作为国际储备货币的条件。

1969 年，国际货币基金组织创设特别提款权，初始价值被设为 1 单位特别提款权兑换 1 美元，相当于 0.888 671 克黄金。特别提款权相当于一种账面资产，也被称作"纸黄金"。其既不是货币，也不是对基金组织的债权，而是对基金组织成员国可自由使用货币的潜在求偿权。根据基金组织协定，当满足某些条件时，基金组织可以按照份额比例将特别提款权分配给参加特别提款权账户的成员国（即普遍分配）。2009 年，向那些在 1981 年之后（以前分配之后）加入基金组织的国家进行了特殊的一次性分配，旨在让所有成员国能在公平基础上参与特别提款权体系。特别提款权机制属于自我融资性，对特别提款权分配收费，然后用取得的收费支付持有特别提款权的利息。

成员国可以在市场上自愿买卖特别提款权。如需要，基金组织也可以指定成员购买特别提款权。

 资料卡

特别提款权的价值

特别提款权的价值最初确定为相当于 0.888 671 克纯金，当时也相当于 1 美元。在布雷顿森林体系解体后，特别提款权价值被重新定义为一篮子货币。

在 2015 年 11 月结束的上一次检查中，基金组织执行董事会决定人民币（CNY）满足纳入特别提款权篮子的标准。根据此决定，自 2016 年 10 月 1 日起，人民币与美元、欧元、日元和英镑一起，构成特别提款权篮子货币（表 1–1）。

表 1-1 特别提款权篮子货币

货币	2015年检查中确定的权重	货币单位的固定数量，为期五年，自2016年10月1日起
美元	41.73	0.582 52
欧元	30.93	0.386 71
人民币	8.33	1.017 4
日元	8.09	11.900
英镑	10.92	0.085 946

三、牙买加体系

布雷顿森林体系崩溃以后，国际金融形势动荡不安。1976年国际货币基金组织"国际货币制度临时委员会"在牙买加首都金斯敦召开会议，并达成"牙买加协议"。同年4月，基金组织理事会通过了国际货币基金协定的第二次修正案，从而形成了新的国际货币体系，即牙买加体系。

（一）牙买加协议的主要内容

1. 浮动汇率合法化

成员国可以自由选择任何汇率制度，也可以采取自由浮动或其他形式的固定汇率制。同时，其也要求各国的汇率政策接受基金组织的指导和监督。

2. 实行黄金非货币化

实行黄金非货币化取消了基金组织原有的关于黄金的各种规定，废除黄金官价。各会员国中央银行可以按市价自由进行黄金交易，取消会员国相互之间及会员国与基金组织之间须用黄金清算债权债务的义务。同时，基金组织逐步处理其所持有的黄金。

3. 提高特别提款权在储备资产的地位

修订特别提款权的有关条款，以使特别提款权逐步取代美元和黄金而成为主要的储备资产。协议规定，各会员国之间可以自由进行特别提款权交易，而不必征得国际货币基金组织的同意。国际货币基金组织与会员国之间的交易以特别提款权代替黄金，国际货币基金组织一般账户中所持有的资产一律以特别提款权表示。在国际货币基金组织一般业务交易中扩大特别提款权的使用范围，并且尽量扩大特别提款权的其他业务使用范围。另外，国际货币基金组织应随时对特别提款权制度进行监督，适时修改或增减有关规定。

4. 增加成员国的基金份额

各会员国对国际货币基金组织所缴纳的基本份额，由原来的292亿SDR增加到390亿SDR，增加33.6%。各会员国应缴纳份额所占的比重也有所改变，主要是石油输出国的比重提高一倍，由5%增加到10%，其他发展中国家维持不变，主要会员国除民主德国和日本略增外，其他都有所降低。

5. 扩大对发展中国家的资金融通

以出售黄金所得收益设立"信托基金",以优惠条件向最贫穷的发展中国家提供贷款或援助,以解决它们国际收支的困难。扩大国际货币基金组织信贷部分贷款的额度,由占会员国份额的 100% 增加到 145%,并放宽"出口波动补偿贷款"的额度,由占份额的 50% 提高到 75%。

(二) 牙买加体系的特点

1. 储备多元化

在牙买加体系下,多种储备货币取代了原来的单一美元储备。在牙买加体系中,可供一国选择的国际储备不单只是美元,还可以是黄金储备、欧元、日元、英镑和人民币等国际性货币、国际货币基金组织的储备头寸、特别提款权。

2. 汇率安排多样化

浮动汇率制与固定汇率制并存,一般来说,发达国家多数采取单独浮动或联合浮动,但也有的采取钉住自选的货币篮子。对于发展中国家来说,多数是钉住某种国际货币或货币篮子。

3. 汇率政策成为国际收支调节的重要手段

汇率政策成为国际收支调节的重要手段也就意味着调节手段的多样化。国际货币基金组织允许国际收支不平衡国家可以通过汇率机制、利率机制、资金融通机制等多种国际收支调节手段对国际收支不平衡进行相机抉择。

(三) 对牙买加体系的评价

1. 牙买加体系的积极作用

应当肯定牙买加体系对于维持国际经济运转和推动世界经济发展发挥了积极的作用。

储备的多元化基本上摆脱了布雷顿森林体系下各国货币之间相互牵连的弊端,为国际经济提供了多种清偿和支付手段,从而在一定程度上解决了特里芬难题。多种汇率安排能够较灵活地适应多样化的、不同发展程度的世界经济,使各国宏观经济政策更具有独立性和有效性。多种国际收支调节手段并存,增强了调节的及时性和有效性。

2. 牙买加体系的缺陷

牙买加体系对国际经济的正常运转起了一定积极作用,然而该体系的缺陷也随着时间的推移而显示出来。

多种货币储备体系的不稳定性。在国际储备多元化的条件下,各储备货币的发行国,尤其是美国仍然享受着向其他国家征收"铸币税"的特权,并且国际清偿能力的增长仍然不能满足世界经济增长的需要。另外,国际储备多元化的另一面是缺乏统一稳定的货币标准,这本身就是不稳定的因素。汇率频繁波动,这样就增加了汇率风险,不利于国际贸易与国际投资的发展。目前的国际收支调节机制并不健全,各种现有的方式都有各自的局限性。

任务三　探究欧洲货币体系

一、欧洲货币体系产生的历史背景

1950年欧洲支付同盟成立，这是欧洲货币一体化的开端。1957年3月，法国、联邦德国、意大利、荷兰、比利时和卢森堡6国在罗马签订了"罗马条约"，决定成立欧洲经济共同体。欧洲经济共同体成立以后，经济一体化获得了很大的发展，因此，货币一体化也就成为必然的趋势。1958年，欧洲经济共同体各国达成了欧洲货币协定以代替欧洲支付同盟，促进了西欧国家货币自由兑换的发展。1969年，欧洲经济共同体首脑在海牙举行会议，提出建立欧洲货币联盟的建议，并决定由卢森堡首相兼财政大臣魏尔纳为首的一个委员会制订出具体方案。

1970年10月"魏尔纳报告"公布，为欧洲货币联盟的实现规定了一个十年的过渡期，计划分为三个阶段实现联盟的目标。第一阶段从1971年年初至1973年年底，主要目标是缩小成员国货币汇率波动幅度，建立欧洲货币合作基金，加强货币及经济政策的协调，减少成员国经济结构的差异；第二阶段从1974年年初至1976年年底，主要目标是集中成员国的部分外汇储备以巩固货币储备基金，进一步稳定各国货币之间的汇率，并使欧洲经济共同体内部的资本流动逐步自由化；第三阶段从1977年至1980年年底，目标是使共同体成为商品、资本和劳动力自由流动的经济统一体，在此基础上向单一货币发展，同时，货币储备基金则向统一的中央银行发展。

1971年3月，欧洲经济共同体部长理事会达成协议，决定正式实施货币联盟计划，实行的措施包括：在欧洲经济共同体内部实行可调整的中心汇率制，对内规定成员国货币汇率的波动幅度，对外则实行联合浮动；建立欧洲货币合作基金；建立欧洲计算单位。由于后来西方国家经济出现动荡局面，"魏尔纳报告"所提出的经济与货币联盟计划未能完全实施。

由于完全实施经济与货币联盟计划的复杂性与艰巨性及国际经济形势有了新的发展，从务实的精神出发，1978年在欧洲经济共同体首脑会议上通过了建立欧洲货币体系（European Monetary System，EMS）的决定，并于1979年3月13日正式生效。欧洲货币体系将货币一体化的目标暂时缩小到稳定成员国货币汇率，为实施经济一体化奠定了坚实的基础。

欧洲货币体系的建立充分地反映了欧洲经济共同体经济一体化的要求，同时，也是推动欧洲政治联合的需要，因为政治一体化的基础是经济和货币一体化。另外，当时正值国际货币体系由固定汇率制转向浮动汇率制的时期，美元危机频频爆发，各国货币汇率动荡不稳，建立货币区有利于抵御美元的冲击，促进欧洲经济共同体内部贸易与经济的发展。

二、欧洲货币体系的主要内容

（一）创建欧洲货币单位

欧洲货币单位（European Currency Unit，ECU）是欧洲货币体系的核心。其是"一篮子货币"，由欧洲经济共同体12个成员国的10种货币组成。每一种货币在欧洲货币单位所占的比重，是根据各国在欧洲经济共同体内部贸易额和国民生产总值所占的份额加权计算的，每5年调整一次。但"篮子"中任何一种货币的比重发生了超过25%的变化，也可随时调整。各种货币在欧洲货币单位中的比重确定以后，就可以计算一个欧洲货币单位等于多少美元、日元和德国马克等。

欧洲货币单位的作用是：作为成员国货币之间中心汇率的计算标准；作为衡量各国汇率偏离中心汇率的标准；作为干预汇率和信贷的计算标准；作为储备资产和各成员国中央银行之间的清算工具。

（二）实行稳定的汇率机制

欧洲货币体系的汇率制度是联合浮动，即成员国货币之间实行相对固定的汇率，对非成员国货币则实行联合浮动。该体系通过两种汇率干预体系来实现汇率的稳定。一是格子体系，其要求成员国货币之间彼此确定中心汇率，各成员国货币的汇率只允许在中心汇率上下2.25%的幅度内波动，意大利里拉较弱，波动幅度可扩大至中心汇率上下6%；二是货币篮子体系，其首先确定成员国货币对欧洲货币单位的中心汇率，然后计算差异界限。所谓差异界限，实际上是允许成员国货币对欧洲货币单位的比价偏离其中心汇率的最大限度。其计算公式为

一成员国货币差异界限 = 该国货币汇率上下波动界限 × 75% × (1 - 该国货币在ECU中所占比重)

当一国货币比价超过其差异界限时，该国中央银行就有义务干预外汇市场，使汇率恢复到规定的幅度以内。差异界限小于汇率的上下波动界限，目的是使成员国对其货币汇率的失常变动采取预防措施，从而保证整个汇率机制的稳定。

（三）建立欧洲货币基金

为了保证欧洲货币体系的正常运转，稳定各成员国的货币汇率，EMS需要一大笔外汇资金，在必要时能有效地干预外汇市场，并能向国际收支困难的成员国提供信贷支持。为此，欧洲货币体系成员国须提取自己的一定比率黄金和外汇储备，建立欧洲货币合作基金，作为发行欧洲货币单位的准备金，并拟两年内建立欧洲货币基金。考虑到各国储备的变动及黄金、美元价格波动，欧洲货币合作基金份额每3个月重新确定一次。

欧洲货币基金的总额早在1981年4月就已经达到492亿ECU，这样一笔雄厚的基金使各成员国中央银行干预外汇市场能力大为增强，在稳定成员国货币汇率上发挥着重要的作用。

三、欧洲货币体系的发展——欧洲货币联盟

（一）《德洛尔报告》和《马斯特里赫特条约》

1989年6月，欧共体委员会主席德洛尔为首的委员会向欧洲理事会马德里会议提交了《经济与货币同盟研究委员会报告》（以下简称《德洛尔报告》）。该报告承袭了20世纪70年代的《魏尔纳报告》，规定从1990年起，用20年时间，分为3个阶段实现货币一体化，完成欧洲经济货币同盟的组建。《马斯特里赫特条约》是在《德洛尔报告》的基础上形成的。1991年12月欧洲经济共同体首脑们在荷兰小镇马斯特里赫特签署了《马斯特里赫特条约》（以下简称《马约》）。《马约》关于货币联盟的最终目标是建立经济货币联盟（Economic and Monetary Union，EMU），即实现一个中央银行、一种单一货币的联盟。《马约》的签订，标志着欧洲货币一体化的加速发展，是欧洲货币一体化道路上的一个里程碑。

为实现最终的目标，《马约》规定分为3个阶段进行。第一阶段，从1990—1993年年底，各成员国均应加入欧洲货币体系的汇率机制，实现资本的自由流动，协调各成员国的经济政策；第二阶段，从1994年1月—1997年，进一步实现各国宏观经济政策的协调；建立独立的欧洲货币管理体系，即欧洲中央银行体系（European System of Central Banks，ESCB），作为欧洲中央银行的前身；各国货币之间汇率要逐步缩小并趋于固定；第三阶段，从1997—1999年1月1日开始，其目标是最终建立统一的欧洲货币和独立的中央银行。为进入第三阶段，《马约》规定了：第一，通货膨胀率不得超过三个成绩最好国家的平均水平的1.5个百分点；第二，当年财政赤字不得超过当年GDP的3%，累积公债不得超过当年GDP的60%；第三，政府长期债券利率不得超过三个最低国家平均水平的两个百分点；第四，货币汇率保持在欧洲货币体系汇率机制规定的范围之内，至少在两年之内不对其他成员国货币贬值。

（二）欧元的产生

根据《马约》规定，欧洲货币联盟应分三个阶段实现。1994年进入第二阶段，欧盟的金融专家着手准备统一货币所需要的技术文件，次年5月提交了"统一货币绿皮书"，它成为后来的马德里会议的基础文件。1995年12月，欧盟首脑会议在马德里举行，作出了两项重要决议：统一货币定名为欧元。为实现这一目标，在最后的期限内分为三个阶段进行：第一阶段从1996年到1998年年底，其主要任务是确定首批有资格参加货币联盟的国家；第二阶段，欧洲经货联盟正式成立，开始试行欧元；第三阶段，从2002年1月1日起，欧元开始正式流通。

1996年年底，欧洲货币联盟的发展取得重大的突破。12月欧盟首脑会议在都柏林举行，就建立新的汇率机制、欧元使用的法律框架、货币稳定与经济增长的原则及主要内容等方面达成一致意见，欧洲单一货币运行机制框架基本形成。

资料卡

欧元之父

罗伯特·蒙代尔（Robert A. Mundell），美国哥伦比亚大学（Columbia University）教授，世界品牌实验室（World Brand Lab）主席，1999年诺贝尔经济学奖获得者，"最优货币区理论"的奠基人，被誉为"欧元之父"。

1997年6月，欧盟15国首脑在阿姆斯特丹举行会议，就修改《马约》达成一致，并正式批准了《稳定和增长公约》《欧元的法律地位》和《新的货币汇率机制》3个文件，旨在确保1999年1月1日如期启动欧元。

1998年5月，欧盟15国在布鲁塞尔召开特别首脑会议，确认比利时、德国、西班牙、葡萄牙、法国、爱尔兰、意大利、卢森堡、荷兰、奥地利和芬兰11国为欧元创始国，并选出欧洲中央银行首任行长。

1999年1月1日，欧元如期推出。

资料卡

欧元

欧元的英文全称：EUROPEAN DOLLAR

发行机构：欧洲中央银行（EUROPEAN CENTRAL BANK）

货币符号：EUR

辅币进位：1欧元＝100欧分（CENTS）

钞票面额：5欧元、10欧元、20欧元、50欧元、100欧元、200欧元、500欧元。

铸币有1欧分、2欧分、5欧分、10欧分、20欧分、50欧分和1欧元、2欧元共8个面值。

四、启用欧元对经济的影响

（一）欧元的启用对欧盟经济的影响

（1）单一的货币消除了汇率风险，降低了交易费用，增加了市场的透明度，从而将推动欧盟国家内部贸易的增长。

（2）欧元启用后将在很大程度上促进欧洲金融市场的融合和统一，推动资本在欧元区内的流动，从而有助于实现资源配置最优化。

（3）统一的欧元将增强与美元抗衡的能力，提高欧洲货币在国际货币体系中的地位。再加上统一的市场和统一的货币有助于促进各国之间的经济与贸易合作，扩大内需，从而增强了欧盟整体抵御国际金融动荡的能力。

（4）欧元启用后，在货币领域将由欧洲中央银行统一对欧元进行干预，从而有助于各成员国集中精力制定和实施趋于统一的财政政策，以利于区域经济持续、稳定发展。例如，统一的货币政策和严格的财政预算将促进物价的稳定，为经济的良好运行创造条件。

总之，欧元的产生有助于增强欧盟在世界经济中的地位，增强欧盟的整体竞争力。

（二）欧元的启用对世界经济的影响

1. 对现行的国际货币体系稳定具有促进作用

欧元成为主要国际储备和金融投资货币之一，使得国际货币汇率决定机制多元化成为现实，这迫使美国在制定金融和经济政策时不得不加强与欧盟的磋商及协调，从而有助于国际货币汇率的稳定。展望未来，欧元与美元这两种国际货币既竞争又合作的关系，有利于现行国际货币体系的均衡与稳定。

2. 有助于促进世界贸易和投资

欧元实施以后将释放出统一大市场的能量，促进欧盟内部贸易增长，提高对外竞争能力。同时，欧元区的统一市场将产生对区外商品更大的吸纳力，一方面促进区外国家扩大对欧盟的出口，另一方面可推动跨国企业前往投资，从事生产或经营，以充分分享单一货币的利益。

（三）欧元的启用对我国的影响

欧元实施后对我国经贸影响是多方面的。

1. 对国际贸易的影响

欧盟是我国第四大贸易伙伴。欧元的推出进一步完善了欧盟统一大市场，消除了早先的货币及汇率风险，减少了货币结算手续和程序，因而，更有利于我国企业开拓欧盟市场。但另一方面，也有一些负面影响。统一货币实施后，交易成本和费用的降低促使欧盟企业竞争力显著提高，同时贸易进一步内部化，我国产品将面临区域内部同类产品的竞争。

2. 对我国引进外资和对外直接投资的影响

我国吸引直接投资的有利因素：欧元的启用增强了欧盟综合实力，欧盟企业为加强国际竞争力，会加大对亚洲投资的力度；欧盟内部企业竞争会导致企业向外扩张，谋求发展空间。中国宏观经济环境良好，对欧盟企业有较强的吸引力；欧元趋强会刺激欧盟企业对外进行资本扩张。

对吸引外资的不利因素是：欧洲是地缘政治的发源地。欧洲人向来注重发展本地区及周边地区的经贸关系。欧元实施后，东欧和南欧将更加成为吸收欧盟资金的热点，这些地区也拥有相对廉价的劳动力，因而，将形成同我国争夺外来资金的局面。

欧元的启用消除了货币疆界，使得投资区域进一步扩大，有利于我国对欧盟增加资本输出。

3. 对我国金融领域的影响

有利于我国调整现行外汇储备结构，增强抗风险能力，也有利于改善外债结构，以有效规避风险，还有利于我国进一步开拓欧洲债券市场。

欧元推出以后有助于创造一个规模更大的欧洲资本市场，资金流动更加自由，金融资产交易成本大幅降低。我国政府和企业应充分利用单一货币区内低成本、低汇率风险的有利条件，扩大在欧洲的筹融资。

任务四　了解人民币国际化进程

一、人民币国际化的概念

人民币国际化是指人民币能够跨越国界，在境外流通，成为国际上普遍认可的计价、结算及储备货币的过程。人民币国际化的含义包括三个方面：第一，人民币现金在境外享有一定的流通度；第二，也是最重要的，以人民币计价的金融产品成为国际各主要金融机构包括中央银行的投资工具，为此，以人民币计价的金融市场规模不断扩大；第三，国际贸易中以人民币结算的交易要达到一定的比重。

> **资料卡**
>
> **我国现行货币制度的主要内容**
>
> （1）人民币是我国唯一合法的货币。我国现行的是纸币流通制度，法定货币是人民币，具有无限的法偿能力。
>
> （2）人民币的单位、主币和辅币。人民币的主币单位为"元"。元是本位币，即主币，人民币辅币单位为"角"和"分"，1元等于10角，1角等于10分。
>
> （3）人民币的发行和流通。人民币由中国人民银行统一印制、发行，中国人民银行设立人民币发行库，在其分支机构设立分支库，执行人民币的发行工作。
>
> （4）由中国人民银行集中统一管理国家金银储备、外汇储备和汇率。按法律规定，金、银在国内不准作为货币计价流通和自由兑换，而由中国人民银行持有、管理和经营。人民币汇率制度是单一的、有管理的浮动汇率制。

二、人民币国际化的进程

（一）启动跨境贸易人民币结算试点

2009年4月，国务院决定在上海、广州、深圳、珠海、东莞等城市开展与港澳、东盟地区的跨境贸易人民币结算试点，"跨境人民币"业务正式拉开帷幕。扩大人民币跨境使用是应对国际金融危机、规避汇率风险、改善与周边国家和地区经贸关系的重要举措。从贸易结算起步，人民币国际化迈出了坚实的第一步。

2010年6月和2011年8月，跨境贸易人民币结算试点范围先后两次扩大，已基本实现境内区域/企业全覆盖、境外国家/地区全覆盖。

2016年，跨境货物贸易人民币结算量为4.12万亿元，占货物进出口额（24.33万亿元）的17%；跨境服务贸易人民币结算量为1.11亿元，占服务进出口额（5.25亿元）的21%。

2018年，跨境贸易人民币结算保持平稳增长态势，全年跨境人民币结算收付金额合计15.85万亿元。我国与"一带一路"沿线国家办理人民币跨境收付金额超过2.07万亿元，占同期人民币跨境收付总额的13.1%。跨境贸易人民币结算占中国货物及服务贸易总额的14.9%，较2017年增加了1个百分点。（数据来源：中国人民银行网站、国家统计局网站）

（二）扩大人民币金融市场业务

1. 人民币直接投资

2010年10月，中国人民银行乌鲁木齐中心支行印发《新疆跨境直接投资人民币结算试点暂行办法》，试点开展"人民币境外直接投资（ODI）"和"人民币外商直接投资（FDI）"。

2011年1月和11月，中国人民银行先后印发《境外直接投资人民币结算试点管理办法》和《外商直接投资人民币结算业务管理办法》，明确了人民币ODI和FDI业务的办理流程。商务部也配合发文，对相关监管要求进行了补充规范。

2016年，直接投资人民币结算量2.46万亿元，同比增长6%。

2018年，对外投资保持平稳，人民币ODI大幅增长。我国对外直接投资1 298.3亿美元，其中，对外非金融类直接投资1 205亿美元，对外金融类直接投资93.3亿美元，同比增长105.1%。以人民币结算的对外直接投资8 048.1亿元，同比增长76.2%。

2018年，我国外商直接投资实现逆势增长，全年实际使用外资达8 856.1亿元。以人民币结算的外商直接投资规模为1.86万亿元，创历史新高，同比增长57.6%。（数据来源：中国人民银行网站）

2. 人民币证券投资

2012年4月，汇丰在伦敦发行人民币债券；2014年9月，英国成为首个发行人民币计价的主权债券；2016年5月，我国财政部在伦敦发行人民币国债。离岸人民币债券发行总量近2 000支，总额近1万亿元。

在中美经贸摩擦加剧、英国脱欧等不确定性因素较大的背景下，中国央行继续实施稳健中性的货币政策，四次定向降准，灵活开展公开市场操作，保证了流动性的合理充裕和相对较高的利率。2018年年末人民币国际债券和票据存量为1 075.49亿美元，同比增加42.02亿美元，增幅为4.07%，在国际债券总额中的占比为0.44%。

3. 衍生产品市场

2018年3月26日，筹划已久的人民币原油期货在上海国际能源交易中心（INE）上市，成为中国期货市场的一个重大里程碑。

2018年，银行之间人民币利率衍生品市场累计成交21.4万亿元，同比增长48.6%；全年达成交易18.85万笔，同比增长36.2%。其中，利率互换名义本金总额为21.3万亿元，同比增长48.0%；债券远期成交4亿元，标准债券远期成交794亿元，信用风险缓释凭证创设名义本金67亿元，信用违约互换成交19亿元。

4. 资产管理

2010 年 8 月，中国人民银行印发通知，允许境外央行、港澳人民币清算行、境外人民币参加行三类机构运用人民币投资银行间债券市场，人民币资本市场开放正式起航。2015 年 7 月，银行间市场开放的对象扩大至国际金融组织、主权财富基金等境外机构投资者。

2018 年年末，境外机构和个人持有境内人民币金融资产余额增至 4.85 万亿元，同比增加 5 610 亿元，增幅达 13%，延续了 2016 年以来的增长势头。在非居民所持人民币资产中，规模最大的是债券，其次是股票、存款及贷款。

资本市场对内、对外双向开放的主要载体还包括 RQDII（RMB Qualified Foreign Institutional Investor，人民币合格境外机构投资者）和 RQFII（RMB Qualified Domestic Institutional Investor，合格境内机构投资者），中国人民银行已经给来自 17 个国家的机构投资者核定了 RQFII 额度，总额超过 1 万亿元。另外，沪港通、深港通、中港基金互认等也是人民币跨境使用在资产管理领域的具体体现。（数据来源：中国人民银行网站）

5. 人民币境外贷款

2011 年 10 月，中国人民银行印发《关于境内银行业金融机构境外项目人民币贷款的指导意见》，允许境内银行对境外直接投资、对外承包工程，以及出口买方信贷等"走出去"项目提供融资支持。而境内银行对境外企业和项目提供贸易项下的人民币融资服务也已经放开。

2018 年，境内金融机构人民币境外贷款余额达 5 075.30 亿元，同比增长 1.14%。新增人民币境外贷款 57.27 亿元，同比增加 9.78 亿元。

（三）设立境外人民币清算行

2003 年起，人民银行先后授权中银香港和中国银行澳门分行分别担任香港与澳门人民币业务清算行。2009 年，跨境贸易人民币结算试点启动，港澳人民币清算行业务范围随之拓宽。2016 年 9 月，中国银行纽约分行获任美国人民币清算行，人民币国际化拿下重要一环。

为顺应境外人民币市场发展及扩大金融市场双向开放的需要，人民银行先后与境外央行或货币当局签署了合作备忘录，在 25 个国家和地区建立人民币清算机制安排并授权 25 家当地银行担任人民币清算行，其中中资清算行 24 家，外资清算行 1 家。目前，境外人民币清算行已覆盖我国港澳台地区、东南亚、欧洲、南北美洲、大洋洲、中东和非洲。

（四）加入特别提款权篮子货币

国际货币多元化及 SDR（Special Drawing Right，特别提款权）的改革，为人民币在国际经济舞台上的崛起创造了难得的历史机遇。在 2015 年 11 月结束的上一次检查中，国际货币基金组织执行董事会决定人民币满足纳入特别提款权篮子的标准。根据此决定，自 2016 年 10 月 1 日起，人民币与美元、欧元、日元和英镑一起，构成特别提款权篮子货币，权重确定为 10.92%。这标志着人民币正式加入特别提款权货币篮子，成为世界第五大货币。2017 年 3 月，国际货币基金组织发布的"官方外汇储备货币构成"报告中，首次扩展了货币范围，单独列出人民币外汇储备。截至 2018 年四季度末，人民币全球外汇储备规模增至 2 027.90 亿美元，较 2017 年年末增加 793.17 亿美元，在整体已分配外汇储备中占比 1.89%，同比增幅达 53.66%。

（五）建设人民币跨境支付系统

2012年，中国人民银行启动建设人民币跨境支付系统（CIPS）建设，该系统采用ISO 20022报文标准，便于参与者跨境人民币业务的直通处理，集中清算、缩短路径、提高效率。

2018年5月2日，CIPS（Cross-border Interbank Payment System，人民币跨境支付系统）（二期）全面投产，符合要求的直接参与者同步上线。CIPS运行时间由5×12小时延长至5×24小时+4小时，实现对全球各时区金融市场的全覆盖，支持全球的支付与金融市场业务，满足全球用户的人民币业务需求。

截至2019年11月末，共有直接参与者31家，CIPS间接参与者共875家，其中亚洲676家（境内380家），欧洲104家，非洲35家，北美洲26家，大洋洲18家，南美洲16家，覆盖全球91个国家和地区。（数据来源：CIPS网站）

"亚元"的创建前景

随着全球经济一体化的不断深入，小国货币在经济上存在的必要性日益下降。欧洲经济共同体的发展使欧元应运而生，亚洲区域内日益频繁的经济合作也催生了人们对亚洲未来共同货币——"亚元"的期待。

1. "亚元"的产生意义

统一的货币对亚洲经济发展的意义不可低估。如果"亚元"呱呱坠地，那么"亚元"区内国家将互相享有零关税优惠，有助于巩固区内经济；统一的货币可以使亚洲经济避免因美元、欧元大幅波动而受到影响；以"亚元"给亚洲各国发行的债券定价，可以减少证券投资风险；美元、欧元、亚元"三足鼎立"，有利于世界经济的稳定。研究表明，统一货币可以使区域内贸易额提高300%。

2. "亚元"诞生的前期工作

2000年5月，东盟各国和中国、日本、韩国3国签署的《清迈协议》达成了双边货币互换安排，以助稳定币值，这个协议使亚洲金融合作从构想变为现实。

2003年6月，由亚洲11个国家和地区共同出资10亿美元设立的"亚洲债券基金"，为催生亚洲共同债券市场搭建了平台。

欧元之父蒙代尔对"亚元"的积极倡导，并在全球范围内大力推广，使得创建亚元的工作日趋现实。

3. 中国在"亚元"创建中的作用

中国的态度一直是东亚和东盟能否设立共同金融体系的关键因素。21世纪以来，中国在亚洲地区金融协作方面的态度日趋积极。我国有关方面的负责人在一次亚洲经济论坛会议上公开讲到"'亚元'是一个值得追求的目标"；胡锦涛在演讲时表示，"中国愿同亚洲各国加强宏观经济、金融政策的协调，探索建立区域性投资实体、债券市场、金融合作关系"。这一表态，让人们看到了"亚元"早日诞生的希望。

总之,"亚元"的前景是美好的,但单一货币毕竟是单一市场的最后结果,亚洲各国差异巨大的政治体制和经济发展水平,使"亚元"的诞生过程注定困难而漫长。欧元之父蒙代尔公开表示:在美元与欧元已经形成两大货币势力的情况下,亚洲亟须一种共同货币,但这至少需要10年时间;香港国际投资总商会会长许智明说,受经济、政策、技术等方面因素的制约,"亚元"诞生至少需要20年;摩根士丹利首席经济学家罗奇则更加谨慎,他认为,这一"正确的梦想"在40年内难以实现。

项目训练

1. 判断(在你认为正确的后面括号填"T",错误的填"F")

(1) 牙买加体系完全摒弃了布雷顿森林体系。 ( )

(2) 2009年,跨境贸易人民币结算试点启动。 ( )

(3) 欧元的启用时间是2002年7月1日。 ( )

(4) 在国际金汇兑本位制下,黄金依然充当支付手段。 ( )

(5) 储备货币的发行国,当其出现国际收支逆差时,就可以通过输出本币来弥补国际收支逆差。 ( )

2. 不定向选择(把你认为正确的选项的代表字母填在题后的括号内)

(1) 流通中的纸币或银行券只能在一定条件下兑换金块的金本位制是( )。

A. 纸币制度   B. 金块本位制   C. 金汇兑本位制   D. 金币本位制

(2) 布雷顿森里体系下,维系该制度的核心货币是( )。

A. 日元   B. 德国马克   C. 英镑   D. 美元

(3) 黄金非货币化是( )下的主要内容之一。

A. 牙买加体系   B. 金本位制度

C. 布雷顿森林体系   D. 以上都不是

(4) 在欧洲货币联盟的发展过程中,对欧元启用起关键作用的一个文件是( )。

A. 《关于在共同体内分阶段实现经济和货币联盟的报告》

B. 《欧洲共同体经济和货币联盟的报告》,即《德洛尔报告》

C. 《魏尔纳报告》

D. 《马斯特里赫特条约》

(5) 国际货币制度的主要内容包括( )。

A. 国际储备资产的确定   B. 国际收支的调节方式

C. 各国货币的可兑换性   D. 各国货币比价的确定依据

(6) 人民币金融市场业务包括( )。

A. 人民币直接投资   B. 人民币证券投资   C. 衍生产品市场

D. 资产管理   E. 人民币境外贷款

（7）自（　　）起，人民币与美元、欧元、日元和英镑一起，构成特别提款权篮子货币，权重确定为10.92%。这标志着人民币正式加入特别提款权货币篮子，成为世界第五大货币。

A. 2015年11月 　　　　　　　　B. 2016年10月1日
C. 2017年3月　　　　　　　　　D. 2015年10月1日

3. 简答与讨论

（1）什么是国际货币体系？
（2）布雷顿森林体系的主要内容是什么？
（3）牙买加体系有何特点？
（4）欧元的产生对欧盟国家经济有什么影响？
（5）简述人民币国际化的主要进程。

 建议参考网站

1. 中国人民银行　　http：//www.pbc.gov.cn/
2. 国际货币基金组织　　https：//www.imf.org/external/chinese/
3. 国家外汇管理局　　http：//www.safe.gov.cn/
4. 跨境银行间支付清算有限责任公司　　http：//www.cips.com.cn/

项目二 国际金融机构

项目学习目标

通过本项目的学习，学习者可以认识和了解目前世界上主要的国际金融机构，国际货币基金组织、世界银行、国际金融公司的宗旨、组织机构、资金来源、贷款特点等知识；熟悉区域性国际金融机构，尤其是总部设立在我国的两家区域性国际金融机构的成立背景、组织机构、资金来源、业务范围等，以及我国与这些金融机构的关系。

重点和难点

1. 国际货币基金组织的组织机构、资金来源及业务；
2. 世界银行集团的构成；
3. 我国与国际金融机构的关系。

课前任务

以小组为单位，通过网络等途径查找国际货币基金组织、世界银行集团、亚洲开发银行、亚洲基础设施投资开发银行、金砖国家新开发银行的成立背景与标志性事件。将相关资料做成PPT，在课堂上展示，每个主题3分钟。

任务一 认识国际货币基金组织

一、国际货币基金组织成立的背景与宗旨

国际货币基金组织与世界银行集团、关税与贸易总协定（后改为世界贸易组织，英文缩写为WTO）共同构成第二次世界大战后国际经济秩序的三大支柱。国际货币基金

组织是联合国系统专门为促进国际货币与金融合作而建立的，由主权国家自愿参加的多边合作组织，根据1944年7月在美国新罕布什尔州布雷顿森林镇召开的联合国货币与金融大会通过的《国际货币基金组织协定》于1945年年底成立，总部设立在美国首都华盛顿。

国际货币基金组织的宗旨是：通过设置一个常设机构就国际货币问题进行磋商与协作，从而促进国际货币领域的合作；促进国际贸易的扩大和平衡发展，从而有助于提高和保持高水平的就业和实际收入，以及各成员国生产性资源的开发，并以此作为经济政策的首要目标；促进汇兑稳定，保持成员国之间有秩序的汇兑安排，避免竞争性通货贬值；协助在成员国之间建立经常性交易的多边支付体系，取消阻碍国际贸易发展的外汇管制；在具有充分保障的前提下，向成员国提供暂时性普通资金，以增强其信心，使其能有机会在无须采取有损本国和国际经济繁荣的措施情况下，纠正国际收支失衡；根据上述宗旨，缩短成员国国际收支失衡的时间，并减轻失衡的程度。

二、国际货币基金组织的组织机构

国际货币基金组织的组织机构设有理事会、执行董事会、临时委员会、发展委员会和许多常设职能部门。

国际货币基金组织的最高决策机构是理事会，其成员由各国中央银行行长或财政部部长组成，每年秋季举行定期会议，决定国际货币基金组织和国际货币体系的重大问题，如接纳新成员、修改基金协定、调整基金份额等。

国际货币基金组织的常设机构是执行董事会，负责行使理事会的决定并代表理事会对基金组织日常事务作出决策，董事由基金中份额最多的国家及选区推选任命。

国际货币基金组织的总裁是最高行政领导人，兼任执行董事会主席，在副总裁的辅助下，负责管理基金组织日常事务。

在理事会和执行董事会之间还有两个机构：一个是"国际货币基金组织理事会关于国际货币制度的临时委员会"，简称"临时委员会"；另一个是"世界银行和国际货币基金组织理事会关于实际资源向发展中国家转移的联合部长级委员会"，简称"发展委员会"。这两个委员会都是部长级委员会，每年开会2~4次，讨论国际货币体系和开发援助的重大问题。

另外，国际货币基金组织内部还有许多常设职能部门，如图2-1所示。

三、国际货币基金组织的资金来源

国际货币基金组织贷款的资金来源主要是其持有的可兑换货币。具体来看，其资金来源可分为以下四类。

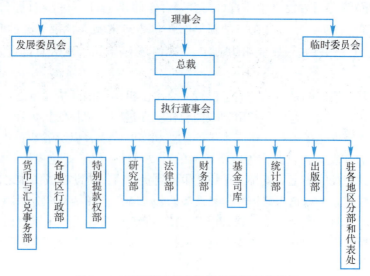

图 2-1　国际货币基金组织的常设职能部门

（一）份额

份额是指成员国参加国际货币基金组织时向其认缴的一定数额的款项。根据《牙买加协议》，各国份额的 25% 用特别提款权或可兑换货币缴纳，其余 75% 以本国货币缴纳。用可兑换货币缴纳的各国份额构成国际货币基金组织向成员国提供资金融通的主要资金来源。

对于一个成员国来讲，份额不仅决定了它加入国际货币基金组织时应认缴的款项数额，还决定了它在国际货币基金组织的投票权、借款权和特别提款权分配权，同时决定了各成员国在国际货币基金组织的义务、权利和地位。

（二）营运收入

国际货币基金组织在营运过程中所获得的收入主要包括两项：一是拍卖其持有的部分黄金所获得的收益。国际货币基金组织是世界黄金最大的官方持有者之一。国际货币基金组织在 1976 年 1 月将其持有黄金的 1/6 按市价分 4 年出售，用所得的利润建立信托基金，用于向成员国发放贷款。二是国际货币基金组织发放贷款的利息收入。

（三）借款

国际货币基金组织可以通过协商以借款方式扩大其资金来源。其可以选择任何货币和任何来源来寻求所需款项，不仅可以向成员国政府借款，而且可以向私人组织（包括商业银行）借款。

（四）其他来源

国际货币基金组织还可以根据实际情况，寻求其他途径来获得资金。

项目二 国际金融机构

资料卡

特别提款权

特别提款权是国际货币基金组织（IMF）于1969年9月创设的一种储备资产和记账单位，也称"纸黄金"。其是基金组织分配给成员国用来补充现有官方储备的国际储备资产，表示持有特别提款权的成员国拥有无条件地从国际货币基金组织或其他成员国获得外汇或其他储备资产的权利。因为它是国际货币基金组织原会员国普通提款权以外的一种补充，所以称为"特别提款权"。其分配是无偿的，具有价值尺度、支付手段、贮藏手段的职能，但没有流通手段的职能，不能被私人用来直接进行国际商品的流通，因此，它还不是一种完全的世界货币。

特别提款权作为使用资金的权利，与其他国际储备资产相比，有着显著特点：第一，它不具有内在价值，是IMF人为创造的纯账面资产；第二，特别提款权不像黄金和外汇那样通过贸易或非贸易取得；第三，特别提款权只能在IMF及各国政府之间发挥作用，任何私人企业不得持有和运用，不能直接用于非贸易的支付。它具有严格限定的用途。

四、国际货币基金组织的职能

（一）加强各项监督工作，促进各国经济的持续稳定增长

国际货币基金组织的职能之一是与成员国就其经济和金融政策的国内和国际影响保持对话。该"监督"职能是基金组织危机防范工作的核心。

国际货币基金组织与成员国定期举行磋商，讨论成员国的经济政策。国际货币基金组织工作人员将根据磋商情况撰写磋商报告，提交执行董事会讨论。作为补充，基金组织还检查地区性的经济和金融政策，定期与欧盟、西非经济与货币联盟、中非经济与货币联盟及东加勒比货币联盟等地区性组织进行磋商。另外，国际货币基金组织执行董事会还通过每年两次审查工作人员撰写的《世界经济展望》和《全球金融稳定报告》来评估世界经济和全球金融市场的发展和前景，以实现全球监督的目的。

（二）向成员国提供援助

国际货币基金组织的主要职能之一是在有充分保障的情况下向遇到国际收支困难的成员国提供资金援助。

国际货币基金组织的贷款具有以下特点。

（1）贷款对象及用途。贷款对象仅限于成员国政府，而不与任何私营企业进行业务往来。贷款用途限于弥补成员国国际收支逆差或用于经常项目的国际支付。

（2）贷款额度。贷款额度与成员国的份额密切相关。这种相关性体现在两个方面。从总额上看，根据规定，从1992年11月30日起，国际货币基金组织成员国的借款限额为每年不超过其份额的110%，3年累计不超过其份额的330%，总累计净额不超过其份额的440%

（不包括临时贷款和缓冲库存贷款项目下的借款）；从贷款的具体组成看，成员国可以申请分五档提用本国缴纳的份额，其中占其份额25%部分的第一档贷款的条件最宽松，可以随时满足成员国的需要。另外，其他具体的贷款类型的最高借款额一般也与成员国的份额有关。

（3）贷款种类。根据不同的调节目的，可将贷款分为不同种类，不同种类的贷款使用条件不同。国际货币基金组织的贷款最主要可分为四类，即为了应付国际收支短期波动的短期贷款、带有结构调整性质的中长期贷款、帮助计划经济国家向市场经济转轨的制度转型贷款及应付突发性危机的紧急贷款。

（4）贷款条件。贷款条件性是指国际货币基金组织在向成员国提供贷款时附加了相应的条件，其目的是使贷款与可维持的国际收支前景及还款前景相结合，保证贷款的使用不损害国际货币基金组织资金的流动性，并有助于调整受贷国的经济状况。

（三）对汇兑安排的监督和管理

汇率监督是国际货币基金组织的一项重要职能。其目的是保证有秩序的汇兑安排和汇率体系的稳定，消除不利于国际贸易发展的外汇管制，避免成员国操纵汇率或采取歧视性的汇率政策以谋取不公平的竞争利益。国际货币基金组织反对成员国利用宏观经济政策、补贴或任何其他手段来操纵汇率；原则上反对成员国采取复汇率（包括双重汇率）或任何其他形式的差别汇率政策。

五、中国与国际货币基金组织

中国是国际货币基金组织的创始成员国之一。中华人民共和国成立后，一度中断了在国际货币基金组织的活动。1980年4月，国际货币基金组织恢复了中华人民共和国的合法席位。2001年2月，国际货币基金组织理事会投票通过决议，提高中国在国际货币基金组织的份额，从而使中国在国际货币基金组织的份额位次由原来的第11位提高到了第8位。2016年1月，中国份额占比再次提升，成为仅次于美国、日本的第三大份额国。2016年10月1日，人民币正式纳入特别提款权（SDR）货币篮子，SDR货币篮子相应扩大至美元、欧元、人民币、日元、英镑5种货币，人民币在SDR货币篮子中的权重为10.92%，美元、欧元、日元和英镑的权重分别为41.73%、30.93%、8.33%和8.09%。

自20世纪80年代以来，为实现中国经济与世界经济更全面接轨，中国推行了全面的经济改革战略，实现货币的可兑换性及进一步的贸易自由化是这一战略的重要组成部分。国际货币基金组织在多方面参与了中国的经济改革。

（1）国际货币基金组织对中国提供了多次贷款，弥补了中国的国际收支逆差，促进了改革的进行。1980年，中国宏观经济失衡，国际收支逆差增大，为此中国向国际货币基金组织借入了4.5亿元特别提款权的第一档信用部分贷款和3.05亿元特别提款权的信托基金贷款。1986年，为了克服国际收支失衡，中国再次向国际货币基金组织借了5.977 25亿元特别提款权的第一档信用部分贷款。

（2）国际货币基金组织始终保持与中国对话，与中国进行磋商，并承担其对所有成员国所承担的咨询服务。另外，国际货币基金组织还向中国介绍其他国家转向市场机制为主的政策及其在对外体制开放过程中所积累的经验。

（3）国际货币基金组织还在中国开展了一个广泛的技术使用项目，包括定期培训计划和举办研讨会。其重点是加强宏观经济政策的基础，包括财政制度改革和经济统计。正是在 IMF 的帮助下，中国成功地在 1996 年实现了人民币经常项目下的可兑换性。2018 年 4 月 12 日，中国—国际货币基金组织联合能力建设中心在北京正式启动，将为包括中国在内的"一带一路"沿线国家提供各类培训课程，支持沿线国家的能力建设，促进交流与互鉴。

小思考

人民币正式纳入 SDR 货币篮子，对人民币国际化有何影响？

任务二　认识世界银行集团

世界银行集团（World Bank Group）是在其前身国际复兴开发银行的基础上发展起来的，是一个与国际货币基金组织联系非常密切的全球性国际金融集团。世界银行集团由国际复兴开发银行（IBRD）、国际开发协会（IDA）、国际金融公司（IFC）、多边投资担保机构（MIGA）和国际投资争端解决中心（ICSID）五个机构组成。总部设在华盛顿。

世界银行集团中不同金融机构的业务各有侧重。国际复兴开发银行的主要任务是通过组织发放中长期贷款，协助成员国的资源开发，促进国际贸易长期均衡发展，维持国际收支平衡，鼓励和辅助私人对外投资，以促使成员国的经济复兴与发展。国际开发协会的主要任务是为世界上较贫困的发展中国家筹措低成本的长期资金以满足基础设施建设的需要，促进这些国家的经济发展。国际金融公司的主要任务是专门对成员国，特别是发展中成员国的私人企业融通资金，以扶持这些私人企业的发展。多边投资担保机构的主要任务是通过向投资者和贷款者提供政治风险担保、提供技术援助协助发展中国家吸引私人投资。国际投资争端解决中心的主要任务是提供针对国际投资争端的调解和仲裁机制。

一、世界银行

国际复兴开发银行和国际开发协会合起来称为世界银行。

世界银行的宗旨是：通过对生产事业的投资，协助成员国经济的复兴与建设，鼓励不发达国家对资源的开发；通过担保或参加私人贷款及其他私人投资的方式，促进私人对外投资。当成员国不能在合理条件下获得私人资本时，可运用该行自有资本或筹集的资金来补充私人投资的不足；鼓励国际投资，协助成员国提高生产能力，促进成员国国际贸易的平衡发展和国际收支状况的改善；在提供贷款保证时，应与其他方面的国际贷款配合。

世界银行致力于 2030 年全球要实现的两大目标：一是消除极端贫困，将日均生活费低于 1.9 美元的人口比例降低到 3% 以下；二是促进共享繁荣，促进各国底层 40% 人口的收入增长。

世界银行的贷款条件有：世界银行只向成员国政府或由成员国政府或中央银行担保的机构提供贷款；世界银行不与其他贷款机构竞争，只有当世界银行确认成员国无法以合理的条件从其他来源获得资金时,才考虑给予贷款;世界银行只向有偿还能力的成员国发放贷款,它在承诺贷款之前要审查成员国的偿还能力;世界银行贷款一般针对它所认可的特定项目,该项目应具有可行性和紧迫性;在某些特定用途上它也发放非项目贷款;世界银行贷款一般只涉及项目建设中的外汇需要,它往往不到项目所需要全部资金的一半。

二、国际金融公司（IFC）

国际金融公司成立于1956年7月24日,是世界银行集团成员,也是专门向经济不发达的会员国的私营企业提供贷款和投资的国际性金融组织,还是专注于发展中国家私营部门的全球最大发展机构。

国际金融公司的宗旨为：为发展中国家的私人企业提供没有政府机构担保的各种投资,以促进成员国的经济发展;促进外国私人资本在发展中国家的投资;促进发展中国家资本市场的发展。

国际金融公司的资金来源于：成员国认缴的股金（成立时为1亿美元,分为10万股）。认缴股金必须是黄金或美元。成员国认缴股金的多少决定了投票权的多少（具体与世界银行相同）。借款,是指从世界银行及其他国家的贷款;公司收益,是指国际金融公司贷款与投资的利润收入。转让投资股本,与世界银行类似,公司通过转让投资股本取得周转资金。但是,转让投资股本和公司收益在公司资金来源中所占比例不高。

国际金融公司的贷款投资条件为：国际金融公司贷款与投资,只面向发展中国家的私营中小型生产企业,而且也不要求会员国政府为偿还贷款提供担保。一般每笔贷款为200万~400万美元,在特殊情况下,最高也不超过2 000万美元。国际金融公司贷款与投资的部门,主要是制造业、加工业、采掘业、旅游业及开发金融公司,再由后者向当地企业转贷。国际金融公司贷款的期限一般为7~15年,年利率为6%~7%,有时为10%,对未提用的贷款每年收取1%的承担费。

当前,国际金融公司是向发展中国家非国营企业直接投资的最雄厚的资金来源。在帮助发展中国家向开放的市场经济过渡和建立强有力的非国营经济过程中,国际金融公司起着重要的作用。

三、中国与世界银行集团

中国是世界银行的创始国之一。中华人民共和国成立后,中国在世界银行的席位长期为台湾当局所占据。1980年5月15日,中国在世界银行及国际金融公司的合法席位得到恢复。中国在世界银行有投票权。在世界银行的执行董事会中,中国单独派一名董事。2018年,世界银行经过新一轮的增资,中国在世界银行的投票权上升为5.7%,仅次于美国（15.87%）和日本（6.83%）,升至第三位。中国在世界银行的投票权得到不断提高反映了中国在世界经济中的比重增长,反映了中国在国际中的地位在不断提高。

中国从1981年起开始向世界银行借款。此后,中国与世界银行的合作逐步展开、扩大,世界银行通过提供期限较长的项目贷款,推动了中国交通运输、行业改造、能源、农业等国家重点建设,以及金融、文卫环保等事业的发展,同时,还通过本身的培训机构,为中国培训了大批了解世界银行业务、熟悉专业知识的管理人才。

目前,世界银行集团对中国的援助主要表现在以下几个方面。

(1) 改善投资环境,加强体制建设,力求释放出运转良好和以知识为基础的市场经济的全部生产力。其包括建立质优价廉的社会服务系统以缓解调整过程中的困难,支持企业家担风险;建设符合市场需要并在财务上具有可持续性的物质和商业基础设施;建立在全球环境中具有竞争力的企业和银行;建立符合新的形势需要的行政管理体制和治理结构;稳定宏观经济管理和公关财政。

(2) 解决遗留的极度贫困问题,减少沿海地区与内陆落后地区之间日益扩大的不平衡现象,从而缓解流动人口的压力。在落后地区,世界银行将在关注增长速度的同时更加强调增长的质量,采取的方式包括加大对人力资源开发、社会保障和环境保护的有效投资,为交通基础设施建设提供资金以缩小落后地区与先进地区和市场之间的地理距离,根据需要提供分析咨询服务,为中国引进国际先进经验。

随着中国的财力不断增强,世界银行的援助计划更多地将重点放在支持相对贫困落后的中西部地区的基础设施项目,对比较发达的东部沿海地区则着眼于支持具有创新性的尝试和改革举措。贷款对象主要是以减贫为重点的项目、城市发展项目和环保项目。世界银行也在尝试与双边援助机构以联合融资的方式支持社会发展和直接扶贫的项目。

小思考

如何看待国际货币基金组织和世界银行的分工?

任务三 了解区域性和半区域性的国际金融机构

一、亚洲开发银行

亚洲开发银行(Asian Development Bank,简称亚行,ADB)是一个致力于促进亚洲及太平洋地区发展中成员经济和社会发展的区域性政府间金融开发机构。自1999年以来,亚行特别强调扶贫为其首要战略目标。它不是联合国下属机构,但它是联合国亚洲及太平洋经济社会委员会(联合国亚太经社会)赞助建立的机构,同联合国及其区域和专门机构有密切的联系。

亚洲开发银行创建于1966年11月24日,总部位于菲律宾首都马尼拉。截至2019年,亚行有68个成员,其中49个来自亚太地区,19个来自其他地区。中国于1986年3月10日加入亚行。按各国认股份额,中国居第三位(6.44%),日本和美国并列第一(15.60%)。按各国投票权,中国也是第三位(5.45%),日本和美国并列第一(12.78%)。在这个组织中都是第一大出资国拥有一票否决权。

（一）成立宗旨与任务

建立亚行的宗旨是通过发展援助帮助亚太地区发展中成员消除贫困，促进亚太地区的经济和社会发展。

亚行主要通过开展政策对话，提供贷款、担保、技术援助和赠款等方式支持其成员在基础设施、能源、环保、教育和卫生等领域的发展。其具体任务包括以下几项：

（1）为亚太地区发展中会员国或地区成员的经济发展筹集与提供资金；

（2）促进公、私资本对亚太地区各会员国投资；

（3）帮助亚太地区各会员国或地区成员协调经济发展政策，以更好地利用自己的资源在经济上取长补短，并促进其对外贸易的发展；

（4）对会员国或地区成员拟定和执行发展项目与规划提供技术援助；

（5）以亚行认为合适的方式，同联合国及其附属机构，向亚太地区发展基金投资的国际公益组织，以及其他国际机构、各国公营和私营实体进行合作，并向他们展示投资与援助的机会；

（6）发展符合亚洲开发银行宗旨的其他活动与服务。

（二）组织机构

亚行的组织机构主要有理事会和董事会。

（1）理事会。亚行最高的决策机构是理事会，一般由各成员国财长或中央银行行长组成。亚行理事会每年召开一次会议，通称年会。理事会的主要职责是：接纳新会员；改变注册资本；选举董事或行长；修改章程。

（2）董事会。董事会负责指导亚行的总体运营，12名董事由董事会选举产生。在这12名董事中，有8个是从亚太内部选举产生的，另外4个是从该区域外部选举产生的。董事会在菲律宾马尼拉的亚行总部全职履行职责。亚行行长担任董事会主席。

（3）行长（总裁）。亚洲开发银行设行长（总裁）一名，负责主持董事会，管理亚行的日常工作。行长是该行的合法代表，由理事会选举产生，任期5年，可连任。行长下设6名副行长（副总裁）。

（三）资金来源

1. 普通资金

普通资金是亚洲开发银行进行业务活动最主要的资金来源。普通资金来源于股本、借款、普通储备金、特别储备金、净收益和预交股本等。

2. 开发基金

亚洲开发银行开发基金创建于1974年6月，基金主要是来自亚洲开发银行发达会员国或地区成员的捐赠，用于向亚太地区贫困国家或地区发放优惠贷款。同时，亚洲开发银行理事会还按有关规定从各会员国或地区成员缴纳的未核销实缴股本中拨出10%作为基金的一部分。此外，亚洲开发银行还从其他渠道取得部分赠款。

3. 技术援助特别基金

亚洲开发银行认为，除了向会员国或地区成员提供贷款或投资以外，还需要提高发展中国家会员或地区成员的人力资源素质和加强执行机构的建设。为此，亚洲开发银行于 1967 年成立了技术援助特别基金。该项基金的一个来源为赠款；另一个来源是根据亚洲开发银行理事会 1986 年 10 月 1 日会议决定，在为亚洲开发基金增资 36 亿美元时将其中的 2% 拨给技术援助特别基金。

4. 其他

日本特别基金于 1988 年 3 月 10 日由日本政府出资设立。其主要作用有三个：第一，以赠款的形式，资助在会员国或地区成员的公营、私营部门的开发项目。第二，通过单独或联合的股本投资，支持私营部门的开发项目。第三，以单独或联合赠款的形式，对亚洲开发银行向公营部门开发项目进行贷款的技术援助部分予以资助。

联合融资，也称共同投资，是指一个或一个以上的外部经济实体与亚行共同为某一开发项目融资。联合融资的使用方法有平行投资、合资投资、伞型投资等。

（四）主要业务

1. 贷款

亚行所在地发放的贷款按条件划分，有硬贷款、软贷款和赠款三类。硬贷款的贷款利率为浮动利率，每半年调整一次，贷款期限为 10～30 年（2～7 年宽限期）；软贷款也就是优惠贷款，只提供给人均国民收入低于 670 美元（1983 年的美元）且还款能力有限的会员国或地区成员，贷款期限为 40 年（10 年宽限期），没有利息，仅有 1% 的手续费；赠款用于技术援助，资金由技术援助特别基金提供，赠款额没有限制。亚行贷款按方式划分有项目贷款、规划贷款、部门贷款、开发金融机构贷款、特别项目执行援助贷款和私营部门贷款等。

2. 股本投资

股本投资是对私营部门开展的一项业务，也不要政府担保。除亚行直接经营的股本投资外，还通过发展中成员的金融机构进行小额的股本投资。

3. 技术援助

技术援助可分为项目准备技术援助、项目执行援助、咨询技术援助和区域活动技术援助。技术援助项目由亚行董事会批准，如果金额不超过 35 万美元，行长也有权批准，但须通报董事会。

4. 联合融资和担保

亚行不仅自己为其发展中成员的发展提供资金，而且吸引多边、双边机构及商业金融机构的资金，投向共同的项目。这是亚行所起的催化作用。这种做法对各方都有利。对受款国来说，增加了筹资渠道，而且条件优惠于纯商业性贷款；对亚行来说，克服了资金不足的困难；对联合融资者来说，可以节省对贷款的审查费用。亚行对参加联合融资和私营机构所提供的贷款还提供担保服务。担保服务可以帮助发展中成员从私营机构那里争取到优惠的贷款。亚行做的第一项担保业务是在 1989 年。亚行为担保收取一定的费用。

二、亚洲基础设施投资银行

亚洲基础设施投资银行（Asian Infrastructure Investment Bank，简称亚投行，AIIB）是一个政府间性质的亚洲区域多边开发机构，重点支持基础设施建设，成立宗旨是为了促进亚洲区域的建设互联互通化和经济一体化的进程，并且加强中国及其他亚洲国家和地区的合作，是首个由中国倡议设立的多边金融机构，总部设立在北京，法定资本为1 000亿美元。截至2019年4月，亚投行有97个正式成员国。

2013年10月2日，中国国家主席习近平提出筹建倡议，2014年10月24日，包括中国、印度、新加坡等在内的21个首批意向创始成员国的财长和授权代表在北京签约，共同决定成立投行。2015年12月25日，亚投行正式成立。2016年1月16日至18日，亚投行开业仪式暨理事会和董事会成立大会在北京举行。

亚投行的介绍

（一）创立背景

（1）在全球层面上，亚投行建立的主要背景是新兴大国的异军突起。进入21世纪以来，世界各国经济在全球化的推动下实现了不同程度的发展，但各国的发展速度极不均衡。发展中国家普遍实现了较快增长，新兴国家发展突出，而发达国家的发展速度则相对缓慢。全球金融危机后，发达国家的经济长期陷入低迷，以新兴大国为代表的发展中国家则率先摆脱危机影响，不仅成为全球经济的新引擎，而且成为全球治理的主要主体。为了更好地发挥新兴国家在世界经济和全球金融治理中的作用，改革原有的国际金融制度与体系顺理成章地提上日程。

（2）在区域层面上，亚投行建立的主要背景是亚洲基础设施落后。亚洲地区的经济总量占全球经济总量的1/3，人口占全球人口的六成，是当今世界最具经济活力和增长潜力的地区。但因建设资金有限，一些国家铁路、公路、桥梁、港口、机场和通信等基础建设严重不足，这在一定程度上限制了该区域的经济发展。

亚洲各国要想维持现有的经济增长水平，需要加大内部基础设施的投资，平均每年需要投资近万亿美元。现有的包括亚行和世界银行在内的多边金融机构并不能提供如此巨额的资金。同时，由于基础设施投资的资金需求量大、实施的周期长、收入流不确定等因素，私人部门大量投资于基础设施的项目是有难度的。

（3）在国家层面上，亚投行建立的主要背景是中国进入"新常态"。在2012年，中国已经成为世界第三大对外投资国。同时，经过30多年的发展和积累，中国在基础设施建设、装备制造方面已经形成完整的产业链，在公路、桥梁、隧道、铁路等方面的工程建造能力在世界上已经是首屈一指。中国基础设施建设的相关产业期望更快地走向国际。但是，亚洲各经济体之间难以利用各自所具备的高额资本存量优势，缺乏有效的多边合作机制，缺乏将资本转化为基础设施建设的投资。

(二)宗旨与职能

1. 主要宗旨

秉持"简洁、廉洁、清洁"的核心价值观,通过在基础设施及其他生产性领域的投资,促进亚洲经济可持续发展、创造财富并改善基础设施互联互通;与其他多边和双边开发机构紧密合作,推进区域合作和伙伴关系,应对发展挑战。

2. 主要职能

(1)推动区域内发展领域的公共和私营资本投资,尤其是基础设施和其他生产性领域的发展;

(2)利用其可支配资金为本区域发展事业提供融资支持,包括能最有效支持本区域整体经济和谐发展的项目和规划,并特别关注本区域欠发达成员的需求;

(3)鼓励私营资本参与投资有利于区域经济发展,尤其是基础设施和其他生产性领域发展的项目、企业和活动,并在无法以合理条件获取私营资本融资时,对私营投资进行补充;

(4)为强化这些职能开展的其他活动和提供的其他服务。

(三)机构设置

1. 理事会

银行一切权力归理事会。每个成员均应在理事会中有自己的代表,并应任命一名理事和一名副理事。每个理事和副理事均受命于其所代表的成员。除理事缺席情况外,副理事无投票权。在银行每次年会上,理事会应选举一名理事担任主席,任期至下届主席选举为止。

理事会应举行年会,并按理事会规定或董事会要求召开其他会议。当五个银行成员提出请求时,董事会即可要求召开理事会会议。当出席会议的理事超过半数,且所代表的投票权不低于总投票权三分之二时,即构成任何理事会会议的法定人数。

2. 董事会

董事会负责指导银行的总体业务,为此,除行使本协定明确赋予的权力外,还应行使理事会授予的一切权力。

董事会应由十二名成员组成,董事会成员不得兼任理事会成员。九名应由代表域内成员的理事选出;三名应由代表域外成员的理事选出。每名董事应任命一名副董事,在董事缺席时代表董事行使全部权力。理事会应通过规则,允许一定数量以上成员选举产生的董事任命第二名副董事。董事任期两年,可以连选连任。

3. 高管层

(1)行长。理事会通过公开、透明、择优的程序,经投票选举银行行长。行长应是域内成员国的国民。任职期间,行长不得兼任理事、董事或副理事、副董事。行长任期五年,可连选连任一次。理事会可依照《亚洲基础设施投资银行协定》第二十八条规定经超级多数投票通过,决定中止或解除行长职务。

行长担任董事会主席,无投票权,仅在正反票数相等时拥有决定票。行长可参加理事会会议,但无投票权。行长是银行的法人代表,是银行的最高管理人员,应在董事会指导下开展银行日常业务。

(2)银行高级职员。董事会应按照公开、透明和择优的程序,根据行长推荐任命一名或多名副行长。副行长的任期、行使的权力及其在银行管理层中的职责可由董事会决定。在行长空缺或不能履行职责时,应由一名副行长行使行长的权力,履行行长的职责。

三、金砖国家新开发银行

金砖国家新开发银行(New Development Bank,简称新开发银行,NDB,又称金砖银行),是由巴西、俄罗斯、印度、中国、南非五个国家共同倡议建立的国际性金融机构。

(一)成立背景与发展历程

2008年金融危机以后,美国金融政策变动导致国际金融市场资金的波动,对新兴市场国家的币值稳定造成很大影响。中国货币波动较小,但是印度、俄罗斯、巴西等国都经历了货币巨幅贬值,导致通货膨胀。而靠国际货币基金组织救助存在不及时和力度不够的问题,金砖国家为避免在下一轮金融危机中受到货币不稳定的影响,计划构筑一个共同的金融安全网。一旦出现货币不稳定,可以借助这个资金池兑换一部分外汇来应急。

2011年4月,金砖国家领导人第三次会晤在中国三亚举行,南非作为正式成员加入金砖国家合作机制,自此形成"金砖五国",即"金砖国家"。

2013年3月,第五次金砖国家领导人峰会宣布成立金砖国家开发银行,目的是简化金砖国家之间的相互结算与贷款业务,方便成员国资金流动与贸易往来,从而减少对美元和欧元的依赖。

2014年7月15日,第六次金砖国家领导人峰会发布的《福塔莱萨宣言》宣布成立金砖国家新开发银行,初始资本为1 000亿美元,由5个创始成员平均出资,总部设立在中国上海。

2015年7月7日,在金砖国家领导人第七次会议召开前夕,金砖国家开发银行在莫斯科举行了首次理事会会议,以完成正式运营前的组织准备工作。在本次会议上,来自印度的瓦曼·卡马特被任命为首任银行行长,任期5年,之后将按巴西、俄罗斯、南非、中国的顺序轮流产生。会议上还产生了成员国驻银行董事会的代表名单。金砖国家开发银行首任理事长来自俄罗斯,首任董事长来自巴西,首任行长来自印度。

2015年7月21日,金砖银行正式更名为新开发银行,于当日8点30分开业。

2016年4月,新开发银行宣布总额8.11亿美元的首批贷款项目,用于支持中国、印度、巴西和南非的多个绿色能源项目。

2016年7月,新开发银行发行第一只绿色金融债券,这是多边开发银行首次获准在中国银行间债券市场发行人民币绿色金融债券,也是新开发银行在资本市场的首次亮相。

2017年1月1日,中国正式接任金砖国家主席国,开启了金砖国家的"中国年"。

（二）宗旨与作用

金砖国家开发银行的宗旨是：银行应为金砖国家及其他新兴经济体和发展中国家的基础设施建设和可持续发展项目动员资源，作为现有多边和区域金融机构的补充，促进全球增长与发展。为履行其宗旨，银行应通过贷款、担保、股权投资和其他金融工具为公共或者私人项目提供支持。银行还应与国际组织和其他金融实体开展合作，并为银行支持的项目提供技术援助。

新开发银行的作用主要体现在：作为金砖国家的资金池以避免国际金融动荡；作为储备基金以防范风险；用于基础投资建设。新开发银行主要资助金砖国家及其他发展中国家的基础设施建设，对金砖国家具有非常重要的战略意义。巴西、南非、俄罗斯、印度的基础设施缺口很大，在国家财政力所不逮时，需要共同的资金合作。金砖国家开发银行不只面向5个金砖国家，而是面向全部发展中国家，作为金砖成员国，可能会获得优先贷款权。

金砖银行拓展了中国和金砖国家在合作方面新的空间，作为金融合作方面的一个具体体现，金砖银行建立之后，会不断拓展金砖国家合作新的空间；同时，它也代表着金砖国家在金融合作方面新的进程。

项目训练

1. 判断（你认为正确的在后面括号填"T"，错误的填"F"）

(1) 国际货币基金组织和世界银行都属于全球性国际金融机构。　　　　（　　）
(2) 国际货币基金组织向成员国提供贷款的额度与缴纳份额无关。　　　（　　）
(3) 中国于1980年正式恢复在国际货币基金组织的合法席位。　　　　（　　）
(4) 金砖五国分别是巴西、俄罗斯、印度、中国、南非。　　　　　　　（　　）
(5) 首个由中国倡议设立的多边金融机构是亚行。　　　　　　　　　　（　　）

2. 单选（把你认为正确的选项的代表字母填在题后的括号内）

(1) 国际货币基金组织的最高决策机构是（　　）。
A. 理事会　　　　B. 执行董事会　　　C. 临时委员会　　　D. 发展委员会
(2) 国际货币基金组织最重要的资金来源是（　　）。
A. 拍卖黄金所得收益　B. 贷款利息收入　C. 借款　　　　　D. 份额
(3) 亚行总部设立在（　　）。
A. 上海　　　　　B. 华盛顿　　　　　C. 马尼拉　　　　　D. 北京
(4) 以下不是亚投行建立的背景的是（　　）。
A. 新兴大国的异军突起　　　　　　　B. 亚洲基础设施落后
C. 中国进入"新常态"　　　　　　　　D. 中西方文化的差异
(5) 目前，在世界银行的投票权位于第一位的国家是（　　）。
A. 美国　　　　　B. 日本　　　　　　C. 英国　　　　　　D. 中国

3. 讨论与思考

（1）国际货币基金组织的资金来源有哪些？

（2）简述世界银行集团的构成。

（3）亚投行和金砖国家新开发银行的建立对我国有何重要影响？

 建议参考网站

1. 中国人民银行　http：//www.pbc.gov.cn

2. 国际货币基金组织　https：//www.imf.org

3. 国家外汇管理局　http：//www.safe.gov.cn

4. 国家发展和改革委员会　https：//www.ndrc.gov.cn/

5. 中华人民共和国外交部　http：//www.mfa.gov.cn

6. 财经中心_中国网　http：//finance.china.com.cn

项目三 国际金融市场

项目学习目标

本部分学习内容主要是国际金融市场的融资方式、程序和做法。通过学习，使学生了解国际货币市场与国际资本市场的组成和美国等世界著名的金融市场，熟悉欧洲货币市场及其他世界主要金融市场贷款的程序、贷款协议的主要内容，以便在利用国外商业银行贷款时，争取对我有利的贷款条件。

重点和难点

1. 国际货币市场的主要交易形式；
2. 国际资本市场的主要交易形式；
3. 新型离岸市场的特点；
4. 欧洲货币市场的形成成因及特点；
5. 欧洲债券与外国债券的比较。

课前任务

回顾贴现、证券等知识点。

任务一 分析国际金融市场

一、国际金融市场的概念

金融是资金融通的简称，即指货币流通和信用活动的总称。一般来说，国际金融市场是指从事国际资金融通活动的场所。但随着科学技术的发展与进步，尤其是计算机在金融交易的广泛运用，国际金融市场概念也发生了变化。现代的国际市场实际上是指具有现代化通信设备、具有广泛联系的国际金融进行交易的场所。因此，它有时又同国际金融中心密切相连。

二、国际金融市场的类型

一般可将国际金融市场分为广义和狭义两种。狭义的国际金融市场是指进行国际长短期资金借贷的场所，有时又称传统的国际金融市场。其包括货币市场、资本市场、外汇市场、黄金市场及期货市场。广义的国际金融市场是指包括离岸金融市场和全球一体化的24小时营业的、以多种货币交易的国际金融市场。无论是广义的国际金融市场还是狭义的国际金融市场，必须是本国居民与非居民之间的金融交易活动才是国际金融市场，否则只能称为国内金融市场。

三、国际金融市场的作用

（一）促进国际贸易和投资

通过国际金融市场的融资、结算、资金调拨等方式，便利了国际投资与贸易，在世界范围内调拨资金调剂余缺，使闲置资本转化为投资资本，将储备有余国家的资金融通到资金不足的国家，从而促进生产和资本的国际化。第二次世界大战后西欧复兴，日本和德国经济的发展，发展中国家的经济建设，都大量利用了国际金融市场的资金。

（二）调节国际收支

国际金融市场对国际收支调节的影响主要表现为跨国银行的国际贷款。自1973年起，由于原油价格上涨和世界能源危机，许多石油进出口包括一些发达国家和多数发展中国家都出现了大量国际收支逆差。另外，石油输出国都积累了大量"石油美元"盈余。通过国际金融市场进行"石油美元回流"，缓和了许多国家国际收支的失调。

（三）使国际资金分配和世界资源配置更有效率

国际金融市场是随着国际贸易发展，私人对外直接投资的发展，以及纸币国际作用的扩大等因素而发展起来的。国际金融市场的发展反过来又使各国的货币市场和资本市场更紧密地联系在一起，促进了国际金融市场一体化的形成，受市场规律的作用使资金流向经济效益最好、资金利润率最高的国家和地区，从而国际金融市场在加速生产和资本国际化的同时，对优化世界经济资源配置、建立合理的国际分工体系也起一定的积极作用。

总体来看，国际金融市场对世界经济的影响是积极的，但也存在以下一些消极因素。
（1）投机活动的猖獗、资金调拨频繁，加剧了国际金融市场的动荡性。
（2）利率和汇率波动加大，对投资和贸易不利，甚至发生连锁效用。

(3) 在开放经济情况下，国际金融市场对通货膨胀和经济衰退常常在各国起传递作用，发生所谓的"多米诺骨牌"效应。

(4) 资金在各国之间流动冲击一国的外汇市场和使货币政策贯彻困难。

四、国际金融市场发展的新特点

20 世纪 80 年代中期以来，在国际金融市场上出现的主要发展趋势可以概括为以下几个方面：

（一）国际金融工具不断创新

自 20 世纪 70 年代初期，国际固定汇率崩溃出现浮动汇率及西方通货膨胀加剧而市场利率上下波动，同时，各国政府推动本国货币自由化进程，外汇风险加大，为了减少或转移因汇率与利率波动给投资者带来的风险，在国际金融市场上出现了很多新的金融工具，主要有金融衍生工具。

（二）国际金融管制越来越放宽

自 20 世纪 70 年代中期以来，在西方金融方面出现了金融管制渐渐放宽的趋势，特别是有关国际资本输入管制方面的放宽或解禁，直接促进了国际金融市场的发展。英国在 1979 年采取了 20 个比较重要的金融管制的措施，放宽了对欧洲日元债券发行的管制，开放了东京外国债券市场，东京股票市场也向外国人开放；美国也取消了对资本输出的管制。西方主要国家在对外金融管制上的放宽或解禁，大大推动了发展中国家的国际金融自由化。

（三）金融市场国际化和全球一体化

由于电子技术的广泛应用，计算机和卫星通信网络正在将遍布世界各地的金融市场和金融机构紧密地联系在一起，全球性的资金调拨和融通几秒钟便可以完成，从而遍及全球的金融中心和金融机构正在形成一个全时区、全方位的一体化国际金融市场。对于全世界的投资者来说，他们可以全天 24 小时在任何一个主要金融市场上不停地进行各种金融活动。

（四）国际融资手段证券化

传统的通过商业银行筹集资金的方式开始逐渐让位于通过金融市场发行长期、短期债券的方式，商业银行在吸收存款、发放贷款方面的优势逐渐削弱，这就是融资手段证券化。主要标志：一是国际债券发行急剧增长，而国际银行贷款却出现下降趋势；二是国际银行直接参与国际资本市场业务，它们不仅是市场的投资者，而且是证券的发行者（即也是筹资者）。

任务二　比较国际金融市场的种类

一、国际货币市场

（一）国际货币市场的概念

货币市场是国际金融市场的重要组成部分。货币市场一般是指期限在一年以内（含一年）的交易市场，货币市场又称短期资金市场。在货币市场上，由于各个专业市场短期资金融通方式的不同及世界各国的传统和习惯不同，各种短期资金市场的中介机构的构成及其地位也有所不同。例如，美国的短期资金市场以银行信贷和短期债券为主，商业银行居于重要地位。而英国伦敦的短期资金市场是最典型的短期资金市场，贴现公司历史悠久，贴现公司地位也十分重要。

货币市场的主要特点是资金融通期限短，有的是隔夜拆借；融通资金数量一般不大，主要解决公司短期资金的需要或政府临时的支付困难；货币市场上的各种金融工具具有较强的流动性，变现能力强。

（二）货币市场的主要金融工具

货币市场的工具多种多样，虽然各国货币市场工具有所不同，但是大致都可以将其分成两大类：一类是与银行有关的市场信用工具；另一类是非银行的市场信用工具。在主要西方国家的货币市场上，经常交易的短期金融工具主要有以下几种。

1. 国库券

国库券是一国政府发行的短期债券，期限一般为 3~12 个月。发行国库券主要为应付国库季节性的财政需要和调整货币利率政策提供依据。由于国库券是政府发行的以财政的可靠收入作为保证条件的，国库券的风险系数几乎等于零。因此，国库券的信用程度高于任何一家银行的信用程度或任何一家商业企业的信用程度。加上国库券的期限短，流动性强，使国库券成为人们短期投资的最好目标。在美国，短期证券市场上占主要地位，发行量最大的是国库券。

2. 商业票据

商业票据主要是商业期票和商业汇票。其是非金融机构或企业为筹集资金发行的短期金融工具，期限一般在 30 天到 1 年不等，但是以 30~120 天的为多数。商业票据多以折价形式出售，也有的商业票据带有票面利息或附有票。信用很高的大公司可以直接向一般公众发售商业票据，直接进入流通，但多数商业票据的发行还是要经过大商业银行或证券投资商等中介机构，这些中介机构可以单纯为证券的买卖双方搭线，也可以作为包销商承购全部发行的票据，然后自行安排销售。

3. 银行承兑票据

银行承兑票据是指经借款人的联系，银行承诺兑付的商业汇票。一般企业在货币市场发行短期票据筹集资金需要有较高的信用,而银行承兑票据的发行则是基于借款人及其联系银行双方的信誉,从而银行承兑票据的出现为一般信誉稍差的中小企业进入货币市场打开了方便之门。银行承兑票据以银行信用为基础,信誉较高,对银行承兑票据的面额一般没有限制,其持有人可以在到期以前银行贴现,或者在二级市场转售,转售时的价格按面值打一定折扣,买价与面额的差额为持票人的收益。

4. 大额可以转让定期存单（CD）

CD是20世纪60年代美国的银行首创,尽管历史不长,但它的发展很快,目前在美国CD的流通额仅次于国库券。CD同普通的存单都是标明金额、期限、浮动或固定利率的接受存款的凭证,但CD同普通存单相比具有以下特点:一是不记名存单;二是发行总额固定且每张存单的面额较大,像美国面额有100万美元和50万美元;三是可以在二级市场自由转让交易;四是期限一般在1个月到1年以内;五是利率基本上与银行同业拆借利率相等。

5. 联邦资金和回购协议

联邦资金是美国商业银行所持有的超额储备。美国联邦储备系统对商业银行规定的法定存款准备率是按日计算的。商业银行由于经营上的缘故,一天之内有的银行可能出现多余储备,而另一些银行在美国联邦储备银行的账面现金可能不能满足法定准备率的要求,于是银行之间就会出现大笔的资金融通,通常都在百万美元以上,如此形成联邦资金市场。联邦资金互相融通的利率称为联邦资金利率,这是美国货币市场乃至国际货币市场的重要基准利率之一。

所谓回购协议是指银行等金融机构为获得短期流动资金而将手中持有的政府国库券或其他债券售予中央银行或一般客户,同时订下协议将来某时以特定的价格购回,债券的买卖差价为银行等借款者支付的利息。大多数回购协议的期限为1天至3个月,也有长达6个月甚至1年的。回购协议与联邦资金市场的交易大多数是商业银行之间进行的,它们相当于美国的银行同业拆借市场。

（三）货币市场的构成

1. 短期信贷市场

短期信贷市场包括两部分内容:一是一国银行对他国工商企业用于解决临时性的短期流动资金需要而发放的短期信贷;二是银行对银行发放的短期贷款即银行同业拆借。目前,短期信贷市场中银行同业拆借市场最为主要。20世纪60年代在伦敦出现了银行与银行同业之间的英镑资金拆借市场,后来世界各国银行也参加了交易,使伦敦同业拆借市场成为世界上最著名的银行同业拆借市场,伦敦同业拆借利率成为国际贷款制定利率的基础。银行同业拆借市场具有以下特点:一是参加者是商业银行或经营性的金融机构;二是交易对象是各国金融机构多余头寸;三是利率较低,一般参照市场利率;四是拆借以信用方式为主,有时也要用证券抵押;五是期限较短,有日拆、一周、一个月、三个月、六个月几种。

2. 短期证券市场

短期证券市场的交易主要是以各种信用工具为对象,这些短期信用工具要具备安全性、流动性,并应符合有关金融法令的规定。各国货币市场上的短期信用工具种类繁多,名称也不尽相同,典型的有国库券、银行定期存单、商业票据和银行承兑票据等。

3. 贴现市场

贴现是客户将来未到期的票据向银行融通资金,银行收取票据并扣取贴现日至到期日的利率及手续费后,以票面余额付给持票人资金的经济业务。以这种贴现业务为主的短期资金市场称为贴现市场。贴现市场是短期资金市场融通资金的一种重要方式。贴现市场并无固定的场所,主要由贴现公司组成。贴现交易的票据主要有政府国库券、短期票据,利率一般高于银行贷款利率。在贴现市场上,除贴现公司贴现上述短期票据外,商业银行可以对贴现公司进行拆放,贴现公司或从事贴现业务的银行还可以向中央银行办理再贴现。目前世界上最大的贴现公司在英国伦敦。

二、国际资本市场

(一) 国际资本市场的概念

国际资本市场也称长期资金市场,一般是从事借贷期限在一年以上的巨额资金交易的场所。国际资本市场是国际金融市场的重要组成部分,也是国际金融市场中最为活跃的领域之一。其起着组织吸收和利用国内、国际各种资金,提供和促进各国生产建设所需要的长期资本,满足国民经济发展的要求。国际资本市场与货币市场相比具有以下特点。

(1) 资金融通期限长,一般在一年以上,甚至是十几年。
(2) 资金融通量巨大,以追加资本或弥补财政巨额赤字的需要。
(3) 金融工具的期限长,流动性较差、风险大。

(二) 国际资本市场的构成

资本市场是长期资金市场,如果短期资金的融通可以通过银行信用来解决,那么长期资本的来源则不能通过银行信用来创造,而只能通过国民储蓄的再分配或转移来获得,因此,长期资本只能来源于资本市场。国际资本市场是国内资本市场的延伸,但并不是简单的延伸,它是资本市场国际化和国际金融一体化的体现。国际资本市场是有形市场和无形市场的结合。

国际资本市场可分为广义和狭义两种。广义的国际资本市场是由国际银行中长期信贷市场和国际证券市场构成的;狭义的国际资本市场仅是指国际证券市场。人们通常所说的资本市场大都是指国际证券市场。国际银行中长期信贷市场是指国际期限在 1 年以上的银行中长期信贷市场,以欧洲货币市场独家中长期信贷独家银行信贷和银团贷款为主。国际证券市场可以分为国际股票市场和国际债券市场。国际债券市场上发行的金融工具有政府债券、公司债券和欧洲债券。

(三) 国际银行中长期信贷市场

国际银行中长期信贷市场是国际资本市场的重要组成部分。贷款银行主要是工业发达国家的大商业银行,借款人包括各国公司、政府机构、国际金融机构等。贷款期限1~5年者一般称为中期贷款;5年以上者称为长期贷款。由于中长期信贷贷款期限长,金额大,风险大,借贷双方要签订严格的贷款协议,详细规定各有关事项的处理方法;同时,还需要有借款人所属国政府提供的担保。由于中长期信贷规模大、期限长,往往不能由一家银行独家承担,一般采取辛迪加贷款的方式,又称银团贷款。这样,既可以增加资金的供给实力,又可以分散风险,颇受人们欢迎,因而发展迅速,目前国际银行中长期信贷中,大部分采用银团贷款方式。

1. 国际银行中长期信贷的特点

(1) 银行信贷在资金的使用上比较自由,一般情况下,不受贷款银行限制,借款人可以根据自己的实际需要自由使用。

(2) 银行信贷利率较高,且利率随着国际金融市场上资金供需情况变动较大。除利率外,贷款人还要收取管理费、代理费、杂费和承担费等。

(3) 资金供应充裕、借用方便。国际金融市场上有大量的"游资"可供借用,只要借款人资信可靠,具有偿还能力,就可以筹措自己所需要的大量资金。

(4) 贷款方式灵活多样,手续简便易行。银行信贷期限可长可短,金额可大可小,贷款货币也可以选择多种,很灵活。银行贷款的民间性质,使其不用政府有关部门审批,手续简便易行。

2. 国际银行中长期信贷的期限

国际银行中长期信贷的期限是指贷款人从使用贷款到偿还完毕的期限。在贷款期限内借款人必须按期分次偿还本金及利息,在贷款到期时本金及利息必须全部偿清。偿还方式大体有三种:一是分期支付利息,到期一次支付本金。二是有宽限期的分次等额偿还本息。这对贷款金额大、期限长的贷款较适用。在宽限期内,借款人只付息而不用还本,从宽限期满后每半年等额还本付息一次。三是无宽限期的分次等额偿还本息。

3. 国际银行中长期贷款的货币选择

由于国际金融市场上汇率变动频繁,使用何种货币直接涉及借贷双方各自的利益,因此,应注意对贷款货币的选择,这对借款人来说更为重要。一项贷款,其资金成本主要取决于利率的高低。但在具体的国际筹资用于国内建设时,必须将外国货币按当时汇率兑换成本国货币,偿还贷款时还需要用本国货币去购买贷款时的外国货币,即涉及货币兑换,以及由此引发的借款者多付款或少付款的问题。而且,在外汇市场,各种货币汇率升降幅度不同,而呈现软硬不同的货币,即汇率趋向升值的为硬通货,汇率趋向贬值的为软通货。对借款人而言,借款时最好选用软通货,这样偿还贷款时,借入同数量的外币,可以支付较少的本国货币;反之,借款人若选用硬通货,则会使借款人借款成本增加,到偿还贷款时支付更多的本币。但软通货、硬通货也只是相对而言,且由于借贷双方利益的对立,贷款银行为了避免所用货币汇率下跌时蒙受损失,就要抬高以这种软通货提供的贷款利率;反之,借款人在获得银行信贷时,若预期贷款所用货币的汇率将会提高,则竭力想付出较少的利息。这样,在国际金融市场上以软通货筹款常常要比以硬通货借款的代价要大。因此,在选择银行信贷所使用的货币时,不能单纯考虑各种通货的软硬情况,而应将汇率和利率二者结合起来,综合考虑,动静结合,才能作出正确的抉择。

(四) 国际证券市场

国际证券市场是从事有价证券，主要是股票及债券发行和交易的场所。证券市场的主要资金来源是保险公司、投资信托公司、储蓄银行和各种基金组织等，它们将一部分从存户、保户、投资者方面所吸来的资金投放证券市场；而这一市场的资金需求者，主要是政府和公司企业，它们在这里筹集资金以满足其建设、发展和经营的需要。证券市场在西方国家有着悠久的历史，早在16世纪的比利时和法国就出现了证券交易所。随着"二战"后世界经济的发展，生产和资本国际化的加深，证券市场也逐渐走向国际化，形成国际证券市场。证券市场按证券的种类划分，可分为股票市场和国际债券市场。

1. 股票市场

股票市场又称股权市场，是指股权发行、交易的市场。股权的具体体现形式是股票，因此，股权市场也就是股票市场。国际股权市场是指在国际范围内发行并交易股权的市场。

（1）股票发行市场。股票是股东在股份公司中拥有股权的凭证。发行股票主要是为筹措资金，以保证生产经营资金的需要或扩大生产规模。发行股票主要有两种：一是设立性发行，即设立新股份公司发行股票。创建新股份公司需要初始资本，需要通过发行股票来予以筹措。二是原有股份公司经营性发行，即股份公司增资而发行股票。已成立的股份公司在需要扩大公司规模，增强竞争能力，购买必要的技术设备，筹措周转资金，归还银行贷款情况下，往往需要增加公司资本，此时便可以发行股票。

除以上两种为筹措资金而发行股票外，还有三种原因会促进股份公司发行股票：一是为维护公司的经营权而增资发行股票。这种股票发行的目的，不是筹措资金，而是维护公司的经营权。二是为了股东直接利益而增资发行股票。这种股票发行是属于为股东利益而进行的无偿增资。公司股本的增加不是靠外界募集，而是靠减少公司的公积金或盈余结存，按比例将新股无偿交付给原股东。三是出于其他目的而发行股票。这种股票发行的目的比较复杂，往往具有策略性，如为转换企业经营机制而发行股票，或为提高公司信誉而发行股票。

（2）股票交易市场。股票的交易市场是股票交易的二级市场，股票交易的顺畅也为股票发行起了积极的推动作用。对于投资者来说，通过股票交易市场的活动，可以使长期投资短期化，在股票和现金之间随时转换，增强了股票的流动性和安全性。股票交易市场上的价格变动只有反映出资金供求状况、市场供求、行业前景和政治经济形势的变化，才能真正成为反映经济变动的"晴雨表"。对于企业来说，股权的转移和股票行市的涨落是其经营状况的指示器，还能为企业及时提供大量信息，有助于它们的经营决策和改善经营管理。可见，股票交易市场具有重要的作用。

2. 国际债券市场

国际债券市场是国际证券市场的重要组成部分，是国际债券发行和转让的市场。国际债券是一国政府、金融机构、企业为筹集外币资金，而在国外发行的以国外货币计价的债券。

（1）国际债券发行的目的。国际债券发行的目的有：弥补发行国国际收支逆差；弥补财政赤字；用于大型工程项目；用于金融机构的开发计划或贷款计划；用于增加企业的资本。但国际债券的公开发行，要由国际上专门的权威机构，根据发行人的资信状况和资本能力，按照一定的等级指标对发行人的信誉和偿付能力进行评估，这就是证券信用评级。目前，在国际资本市场上，应用最广泛、最有权威性的资信评级机构是美国的斯坦普尔公司和穆迪公司、加拿大的债务级别服务公司、英国的艾克斯尔统计服务公司、日本的日本公司债研究所等，这些都是国际公认的资信评定机构。

（2）国际债券的发行方式。国际债券的发行方式可以是公募发行与私募发行，也可以是直接发行与间接发行，还可以是平价发行、溢价发行和折价发行。在这里主要介绍私募发行和公募发行。

国际债券的私募发行，是指对特定范围内的投资人发售，一般不上市，不超过一定时间不能转让。一般来说，私募发行的投资人是特定的个人投资者（如职工或股东），或者是机构投资者（如专业性基金）。私募发行可以节省发行费用，但筹资数量有限。

国际债券的公募发行是公开向社会非特定投资者的发行，充分体现公开、公正的原则。公募发行债券的一般是具有一定知名度和良好信用度的公司。债券发行后可以上市转让流通，具有较强的流动性，同时，发行公司可以筹集较充足的资金。债券的公募发行一般由证券承销商和银行共同组成包销集团，承揽全部债券发行工作，然后再将债券发售给投资人。债券公募发行的费用高，有时推销成本很大。

（3）国际债券的种类。国际债券的种类有外国债券和欧洲债券两类。

外国债券是本国发行人在国外债券市场发行的以外币计值的债券。外国债券发行的担保是由发行所在国的证券机构承担的，并在该国的主要市场上进行发售。发行外国债券必须得到发行所在地国家证券监督机构的同意，并受到该国金融法令的制约。在美国发行国际债券需要在美国证券交易委员会注册，发行的美元债券称为"扬基债券"。在日本发行债券需要经过日本大藏省批准，在日本发行的日元债券称为"武士债券"。在英国发行的英镑债券需要英格兰银行批准，称为"猛犬债券"。目前，英国伦敦是世界上最大的外国债券市场。

欧洲债券是发行人在本国之外的市场上发行的，不以发行所在地国家的货币计值，而是以其他自由可兑换的货币为面值的债券。欧洲债券是欧洲货币市场重要的融资工具，具有以下特点：是境外债券，不预先扣税，卖给的是非居民且一般是浮动利率。像美国的公司在德国法兰克福市场发行的以日元为面值货币的债券就是欧洲债券。欧洲债券市场由辛迪加或财团控制，借款者大部分是跨国银行或跨国公司、国营企业或地方政府。欧洲债券使用的货币最主要是美元，其他货币有日元、欧元、加拿大元等。

三、新型离岸金融市场

（一）离岸金融市场的概念

离岸金融市场（Offshore Finance Market），是指主要为非居民提供境外货币借贷服务的国际金融市场，也称境外金融市场。其特点可简单概括为市场交易以非居民为主，基本不受所在国法规和税制限制。世界主要的离岸金融市场有英国伦敦、美国纽约、日本东京等。

（二）离岸金融市场的特点

（1）业务活动很少受法规的管制，手续简便，低税或免税，效率较高。

（2）离岸金融市场由经营境外货币业务的全球性国际银行网络构成，这些银行被称为"境外银行"。

（3）离岸金融市场借贷货币是境外货币，借款人可以自由挑选货币种类。该市场上的借贷关系是外国放款人与外国借款人的关系，这种借贷关系几乎涉及世界上所有国家。

（4）离岸金融市场利率以伦敦银行同业拆借利率为标准。一般来说，其存款利率略高于国内金融市场，而放款利率又略低于国内金融市场，利差很小，更富有吸引力和竞争力。

（三）离岸金融市场的类型

从不同角度来看，离岸金融市场有不同的类型。从业务范围来看，有混合型、分离型、避税型及渗漏型等；从市场形成的动力来看，有自然渐成型和政府推动型；从市场功能来看，有世界中心、筹资中心、供资中心及簿记中心等。下面仅从市场业务范围来考察离岸金融市场的类型。

1. 混合型离岸金融市场

混合型离岸金融市场的特点是：离岸金融交易的币种是市场所在地国家以外的货币，除离岸金融业务外，还允许非居民经营在岸业务和国内业务，但必须缴纳存款准备金和有关税款，管理上没有限制，经营离岸业务不必向金融当局申请批准。我国香港离岸金融市场属此类型。

2. 分离型离岸金融市场

分离型离岸金融市场是指没有实际的离岸资金交易，只是办理其他市场交易的记账业务而形成的一种离岸金融市场。该类型离岸市场的特点是：离岸业务所经营的货币可以是境外货币，也可以是本国货币，但是离岸金融业务和传统业务必须分别设立账户；经营离岸业务的本国银行和外国银行，必须向金融当局申请批准；经营离岸业务可获得豁免交纳存款准备金、存款保险金的优惠，并享有利息预扣税。纽约、东京、新加坡等离岸金融市场属此类型。

3. 避税或避税港型离岸金融市场

避税或避税港型离岸金融市场的特点是：市场所在地政局稳定，税赋低，没有金融管制，可以使国际金融机构达到逃避资金监管和减免租税的目的。巴哈马和开曼群岛及百慕大等属于此类型。

4. 渗漏型离岸金融市场

渗漏型离岸金融市场兼有伦敦型和纽约型的特点，但最突出的特点是离岸资金可贷放给居民，即国内企业可以直接在离岸金融市场上融资。

(四) 离岸金融市场的作用

离岸金融市场的产生和发展，有利于大量国际资本的流入，弥补国内资金缺口，使国内市场主体能以更加灵活的方式和渠道筹资、融资；有利于缩小各国金融市场的时空距离，更利于国际借贷资金成本的全球性降低；有利于引进大量现代化的金融技术工具和金融产品，促使东道国国内同业改进经营管理方式，提高服务质量和从业人员素质，加快金融创新；有利于加快东道国的金融监管向国际惯例靠拢，提高监管质量；有利于增加外汇收入，增加本国外汇储备；有利于调节东道国的国际收支，稳定国际经济金融秩序；有利于带来广泛的经济效益。

离岸金融市场作为一个高度自由灵活、快捷便利、高效新型的市场，其建立必须具备以下条件：所在国或地区的政治和经济稳定；有发达的国内金融市场，完善的金融体系和经验丰富、运作高效的金融机构；有灵活自由的金融法规制度及有利于市场发育的财税政策，放松或取消外汇管制，放松金融管理，提供减免税的优惠；有比较优越的经济和自然地理位置。

任务三　探究欧洲货币市场

一、欧洲货币市场的概念

欧洲货币市场发端于欧洲美元市场。欧洲美元市场是在第二次世界大战后，首先在英国伦敦出现的一个新兴国际金融市场。之所以这样说，是因为这个市场在欧洲，经营的是美元资金交易，一切借贷、存放都是以美元为计算单位。所谓"欧洲美元"是指存放在美国境外的各国银行（包括美国银行在国外的分支机构）的生息美元存款。"欧洲美元"并不是一种特殊的美元，它与美国国内流通的美元是同样的，具有同等的价值和购买力。由于欧洲美元属于国际短期资金，经常在国际金融中心之间迅速而大量流动，因而，欧洲美元市场实质上是一个国际短期资金市场。

随着欧洲美元市场的不断发展，欧洲货币市场的含义也相应扩大。从货币而言，也不限于欧洲美元，还包括欧洲德国马克、欧洲瑞士法郎、欧洲法国法郎、欧洲英镑等；从地域而言，这个市场不限于伦敦和欧洲的其他金融中心，如苏黎世、巴黎、法兰克福等，而是扩大到欧洲以外的其他国家的金融中心，如亚洲的新加坡成为亚洲美元市场，拉丁美洲的巴哈马成为拉丁美洲美元市场。因此，"欧洲美元"这个名词与实际内容并不确切相符。所以，欧洲货币市场主要是指欧洲各国银行接受其非居民存入，除其本国货币外的其他各国货币的存款，并进行贷放的市场。这个市场为需要存放资金的存户提供了能储存生息短期存款的场所，同时，也向需要借用资金的借款户提供了获取中长期贷款资金的场所。例如，一家法兰克福银行从德国的非居民（如美国）那里接收了美元存款，他就拥有一笔欧洲资金。他可以利用这笔资金对其客户提供贷款，存贷款之间的利差就是银行的收益。欧洲美元是欧洲货币中最主要的一种货币，约占40%，其次是欧洲英镑，最后是包括瑞士法郎、德国马克、荷兰盾在内的其他欧洲货币。加入欧元区的国家将被欧元代替。欧洲货币市场设立在伦敦（欧洲美元的中心）、巴黎（欧洲英镑的最大市场）、法兰克福、米兰、布鲁塞尔、阿姆斯特丹、斯德哥尔摩，以及加拿大、瑞士、拉丁美洲的巴哈马和中东的金融中心。为了区别国内金融市场，国际界将欧洲货币市场又称为离岸金融市场。

二、欧洲货币市场的产生和发展

欧洲货币市场的由来

（1）以美元为中心的布雷顿森林货币体系的建立，使美元取得了等同于黄金的优越地位，从而为美元在世界上流动创造了前提条件。

当时有以下几个主要原因促进了欧洲货币市场的产生。

第二次世界大战以后，美国对西欧各国进行援助、投资，使大量美元流入西欧。英国政府为了刺激战争带来的经济萎缩，企图重新恢复英镑地位，英格兰银行采取了措施：一是加强外汇管制，禁止英国商业银行将英镑借给英国以外的国家；二是允许本国商业银行接收美元存款并办理美元贷款。这样，一个在美国境外大规模经营美元借贷业务的资金市场就在伦敦活跃起来。

第二次世界大战后，由于冷战期间东西关系恶化，美国在发动侵朝战争后冻结了我国在美国的全部资产，苏联和一些东欧国家有鉴于此，便将它们的国家银行持有的美元资金，转存在美国境外的其他银行，主要是存放在伦敦的各大商业银行，以防止美国冻结或没收。这些资产都是欧洲美元最早的来源。

1956年英国、法国联合入侵埃及，英国的国际收支严重恶化，外汇短缺。1957年英镑发生了危机，英国采取外汇管制以防止英镑外流。当时伦敦一些商业银行为解决外汇市场对美元的需求，便将它们吸收的美元存款贷出，这便形成了欧洲美元的借贷活动，但其数量并不很多。到了20世纪60年代，欧洲货币市场才开始迅速地发展起来。

（2）20世纪50年代末期欧洲货币市场产生后，得到迅速发展，具体原因有以下几个方面。

①美国国际收支逆差是欧洲美元迅速增长的根本原因。"欧洲美元"存款在形式首先是美元存款。私人公司或其他经济实体在欧洲银行存入一笔美元存款，归根结底只能将原来在美国银行里的一笔活期存款转存到欧洲银行来。同样，一家欧洲的银行贷出一笔欧洲美元，也只能是将它原来存在美国银行里的一笔活期存款转贷给借款人。所以，欧洲美元的根子是美国银行对负债的转移，没有这个根子，欧洲美元就无从产生。这种对外流动负债的转移，与美国国际收支逆差有着直接关系。1956—1965年，美国的国际收支逆差总额高达340亿美元。进入20世纪70年代以后，以美元为中心的固定汇率制度的崩溃，加之受石油价格猛涨等系列因素的冲击，美国的国际收支逆差局面就更大了。

②美国的国内政策促进了美元外流。进入20世纪60年代以后，美国的国际收支逆差不断扩大，资金不断外流，美国政府被迫采取一系列限制措施，防止资金外流。这些措施一方面限制了美国银行的对外贷款能力，另一方面却加强了美国银行海外分支机构的活动，从而加速了欧洲美元市场的发展。

1963年7月美国政府实施征收"利息平衡税"。美国居民购买外国居民在美国发行的有价证券（包括美国商业银行对非居民的贷款）所得利息一律要纳税，以限制美国资本外流。同时，由于美国联邦储备法案的Q字条款（于1970年停止实行）规定，美国商业银行对存款1个月以下的活期存款不付利息，并对定期存款利率规定最高限额。因此，在20世纪60年代，美国国内利率低于西欧，于是存户纷纷将大量美元转移到欧洲。1968年，美国政府又颁布了"自愿限制对外贷款指导方针"，要美国的银行和跨国公司自愿限制对外贷款及对外直接投资的规模。正是由于这一系列法规和措施的实施，美国银行和跨国公司为了营利纷纷将资金调到海外分支机构，或者将筹资的重点放在欧洲货币市场，积极开展其国外分支机构的经营活动。

③西欧国家的贷款政策促进了欧洲货币市场的形成，并为其顺利发展铺平了道路。1957年英镑危机时期，英国政府加强了外汇管制，促进了英国各商业银行扩大了美元存放业务的经营和欧洲市场在伦敦的形成。1958年年底，西欧国家基本上都取消了外汇管制，恢复了货币的自由兑换，从此美元在欧洲地区可以自由买卖，资金可以自由流动，这就为欧洲货币市场发展开辟了道路。20世纪60年代末70年代初，投机性国际短期资本流动日趋频繁，原联邦德国、瑞士等国为限制资本流入，遏止通货膨胀，对非居民存款不付给利息，甚至倒收存户利息，从而导致大量资金涌向欧洲货币市场，这也是促进欧洲货币市场发展的一个重要因素。另外，跨国公司的发展和石油输出国组织因两次石油提价而获得巨额国际收支盈余，也是推动欧洲货币市场不断发展的重要原因。

欧洲货币市场自1957年正式开始出现，成为目前最大的国际金融市场。然而，最初欧洲美元市场并没有引起足够的重视，也并没有正确可靠的统计资料，只能依赖各方面所提供的估计数字，例如，1960年欧洲美元存款约为100亿美元。其后国际清算银行公布1964年以后的数字，才开始有了权威性的资料。这项资料显示，1964年欧洲货币存款为200亿美元，其后各年均维持高达30%的增长率，到1970年增至1 100亿美元，为1964年的5.5倍，可见其增长速度之快。据纽约摩根保证信托公司在《世纪金融市场》月刊中提供欧洲货币市场规模的估计数据，1964—1988年，欧洲货币毛值由200亿美元增至52 990亿美元，增加264倍，净值由140亿美元增至25 870亿美元，增加184倍。由于不同时期受不同因素的影响，1971—1981年是欧洲货币市场急剧发展和成长的时期，这一时期该市场融资方式以贸易融资为主。1982年至今是欧洲货币市场平衡发展阶段，这一时期该市场业务既有贸易融资，同时，非贸易的借贷业务也大量增加，业务也有很多创新。

三、欧洲货币市场的特点

欧洲货币市场是一种完全国际化的金融市场。由于它经营的是境外货币，因此具有许多与国内金融市场和传统国际金融市场不同的经营和管理特点。这些特点可以归纳为以下几点。

（1）欧洲货币市场经营非常自由。欧洲货币市场由于从事非居民的境外货币借贷，不受所在地政府法令的管制及金融政策的约束,而传统的国际金融市场则需要受所在国的政策、法令的约束。

(2) 欧洲货币市场资金规模极其庞大。欧洲货币市场的资金来自世界自地,数额极其庞大,交易币种繁多,故能满足各种不同类型的国家及其银行、企业对各种不同期限与不同用途的资金需要。

(3) 欧洲货币市场资金调度灵活,手续简便,有很强的竞争力。欧洲货币市场资金周转极快,调度十分灵活,因为这些资金不受任何管辖。这个市场与西方国家国内金融市场、传统的国际金融市场相比,有很强的竞争力。

(4) 欧洲货币市场有独特的利率体系。欧洲货币市场的利率是以伦敦市场的同业拆放利率为基础,不受所在国货币当局的控制,但具有独特的利率结构。欧洲货币市场上存款利率相对较高,放款利率较低,存放款利率的差额很小。

(5) 欧洲货币市场的经营以银行交易为主,银行同业之间的资金拆借占欧洲货币市场业务总额的比重很大,它也是一个"批发市场"。因为大部分借款人和存款人都是一些大客户,所以每笔交易数额很大,一般少则数百万美元,多则可达到数十亿美元。

四、欧洲货币市场的构成

按照筹集资金的方式划分,欧洲货币市场的资金运用大致可分为欧洲信贷市场和欧洲债券市场。

(一) 欧洲信贷市场

欧洲信贷市场按期限可以划分为短期信贷市场和中长期信贷市场。

1. 短期信贷市场

短期信贷的期限较短,多数为 1~7 天,长则 3 个月,一般不超过一年。每笔的成交额都很大,通常在 100 万美元以上。这个市场对借款人最大的吸引力是:其在借款期限、借款货币种类及借款地点等方面,都有较大选择余地。欧洲短期信贷市场的主要需求有两类:一类是跨国公司、工商企业用以弥补资金周转不足;另一类是银行与银行之间的资金拆借,这种同业资金拆借期限较短,有时是隔夜的。

2. 中长期信贷市场

中长期信贷的资金来源,少数为长期存款,多数为短期存款。资金借贷者大多数是世界的私营或国有企业、大跨国公司、社会团体、政府当局或国际机构,主要是用于进口成套设备或大型工程项目的投资。这是欧洲货币市场放款的重要形式。其期限为 5~7 年不等,利率采用"浮动利率",即通常以伦敦欧洲货币 3 个月或 6 个月按市场利率的变化调整一次,所以又称"浮动利率"放款。如果金额大,期限长,借贷双方一般要签订合同,有的还需要借款方的官方机构或政府担保。贷款方往往是由几家甚至几十家银行组成的银团,而由少数几家出面提供贷款,即辛迪加贷款。20 世纪 80 年代以来,我国在欧洲货币市场的借款,凡大项目大多采用这种贷款方式。

(二) 欧洲债券市场

欧洲债券市场是在欧洲货币市场基础上发展起来的，是欧洲货币市场的一种长期借贷形式。欧洲债券是境外债券，且是国际债券市场的主体。现在国际债券市场上几乎60%的债券是在欧洲债券市场上发行的，伦敦是其交易中心。欧洲债券的借款人从国别看，以欧洲国家、美国、加拿大为主。我国从20世纪80年代以来也曾多次在欧洲货币市场发行债券，筹措外资。但总的来说，发展中国家由于受种种限制，较难进入这个市场，所以借款不多，它们的债券通常作为二流债券上场。发行欧洲债券一般需要经过国际辛迪加银行集团的承购包销，辛迪加银行集团是承购债券的主要部分。欧洲债券期限一般为3～5年，最长为20年。其按利率可以划分为固定利率和浮动利率两种。另外，还有一种可转换股票的债券。

欧洲债券发行自由，无须得到有关国家政府的批准，一般以不记名发行，而且可以转让，期限灵活，无须抵押担保，持有者所获得利息无须缴纳所得税。由于有这些优点，加上近几年来受发展中国家债券危机的影响，欧洲债券的发行额大幅度上升，它已取代欧洲银行信贷而成为国际债务的主要形式。

五、欧洲货币市场的作用

迄今为止，欧洲货币市场已发展到空前巨大的规模，上万亿美元的资金通过它在各国、各地区、各跨国银行、跨国公司之间进行日夜不间断的再分配，无疑对世界经济有着极大的作用和影响。这些作用和影响既有积极方面也有消极方面。

(一) 欧洲货币市场对世界经济的积极影响

1. 具体实现了国际金融市场的全球一体化

生产和资本国际化的不断深化，是当代世界经济发展的必然趋势。欧洲货币市场的出现，打破了传统国际金融市场的国界限制，通过众多离岸金融市场的24小时不间断的业务活动，形成一个全球性金融市场，使各国之间的金融联系大大加强。同时，通过这个市场的借贷和外汇交易活动所形成的利率，使各国国内利率更加相互依赖，成为全球经济一体化的一个重要内容。国际金融市场一体化，应符合生产国际化和资本国际化的客观要求，有利于资源在全球进行优化配置，从而促进世界经济的繁荣与发展。

2. 促进了一些国家的经济发展

欧洲货币市场在资本的国际转移和国际再分配中起到了相当大的作用。第二次世界大战后，西欧国家和日本经济的迅速恢复与发展，都从欧洲货币市场获得了巨额的资金。一些发展中国家尤其是进口石油的发展中国家也从这个市场筹集它们发展本国经济所需要的一部分资金。这些资金加速了它们经济的发展，在不同程度上增强了它们的实力。

3. 加速了国际贸易的发展

欧洲货币市场为国际贸易的筹集资金进一步提供了方便，在一定程度上满足了对国际清偿能力日益增长的需要,还解决了一些国家在国际支付中外汇资金不足的困难,这对于国际贸易的发展起着不可忽视的作用。例如,在两次石油危机冲击以后,非产油国由于大量进口石油而发生贸易逆差,它们从欧洲货币市场直接借入一批石油美元弥补,从而部分地满足了国际清偿能力增长的需求,促进了国际贸易的发展。

4. 部分地解决了某些国家国际支付中外汇不足的困难

欧洲货币市场方便了短期资金的国际流动,国际储备有余的国家和国际储备短缺的国家,互通有无,进行调剂,国际收支困难得以缓和。欧洲货币已经成为弥补这些国家国际收支逆差的一个补充手段。特别是20世纪70年代石油大幅度提价以后,欧洲货币市场对石油进口国解决国际收支赤字问题,起到了积极作用,避免了国际收支危机的爆发。

(二) 欧洲货币市场对世界经济的消极影响

欧洲货币市场是在世界经济发展不平衡和矛盾加剧的背景中产生与发展起来的。其本身又具有激烈的竞争性。因此,在发挥积极作用的同时,也给世界经济带来了消极的破坏性影响。这主要表现在以下几个方面。

1. 欧洲货币市场加剧了世界性通货膨胀

欧洲货币市场上资金的自由流动,使过量的货币供给从一国转入其他国家。同时,由于欧洲货币市场存款不受法定准备金和存款利率最高额限制,对资金存款人和资金借款人都具有吸引力。这些充裕的存款经过银行之间的转换贷放而使信用得到扩大,银行贷给公司和政府的贷款,若被公司和政府又存回欧洲货币市场,则构成欧洲货币市场的派生资金来源,用其贷放出去则形成欧洲货币市场派生的信用创造。这样就增加了世界市场的货币供给,加剧了世界性通货膨胀。

2. 使国际金融市场变得更加脆弱

欧洲货币市场的借贷业务有一个突出的特点,就是短存长放。其所吸引来的欧洲货币存款,95%以上是一年以下的短期资金,但从20世纪70年代以后,借款又多半是中长期的。而且,这些资金通过银行多次转存,形成锁链式借款关系。因而,国际金融市场一有风吹草动,客户纷纷提存,许多银行就会发生资金周转困难,甚至导致一场金融灾难。

3. 增加外汇投机,使汇率变动加剧

欧洲货币市场的资金交易与外汇市场交易联结在一起,大部分短期资金几乎全部用于外汇交易,套汇活动和套利活动相结合,达到了十分庞大的规模。巨额资金在不同金额中心之间,在不同种类的欧洲货币之间,通过上述交易活动频繁移动,往往使外汇汇率发生剧烈的波动,反过来又进一步助长外汇投机,从而加剧外汇市场的动荡,使各国货币政策的效果削弱。由于欧洲货币市场的存在,各国银行、企业和其他机构都可以通过这个市场在世界范围内借入和投放资金。例如,西方国家为了抑制通货膨胀采取紧缩的货币政策,但国内银行和工商企业却可以从利率低的欧洲货币市场借入资金,从而削弱或抵消了本国政府紧缩政策的效果。同时,紧缩的货币政策由于国内高利息还会吸引国际游资的大量涌入,进一步削弱了国内货币政策的效果。

一、项目训练

1. 判断（你认为正确的在后面括号填"T"，错误的填"F"）

（1）欧洲货币市场是当前世界最大的国际金融市场。（　）
（2）欧洲货币市场专指欧洲的货币市场。（　）
（3）欧洲货币市场交易的是境外货币。（　）
（4）欧洲债券市场是欧洲货币市场的一种长期借贷形式。（　）
（5）短期信贷市场是欧洲货币市场的主要资金运用方式之一。（　）
（6）浮动利率存款也称浮动利率票据，是欧洲货币市场的主要资金来源之一。（　）
（7）欧洲美元可以在美国国内流通。（　）
（8）扬基债券和武士债券是美国发行的两种外国债券。（　）
（9）欧洲货币市场的资金来源最初是"石油美元"。（　）
（10）欧洲债券是外国债券的一种。（　）

2. 不定向选择（把你认为正确的选项的代表字母填在题后的括号内）

（1）欧洲美元的价值和购买力是（　）。
A. 高于美国国内美元　　　　　　B. 低于美国国内美元
C. 与美国国内的美元相同

（2）欧洲货币市场的经营范围（　）。
A. 仅限于欧洲境内　　　　　　　B. 以西方的发达资本主义国家为主
C. 不受地域限制

（3）欧洲货币市场的资金来源主要有（　）。
A. 国库券　　　　　　　　　　　B. 可转让欧洲货币存款单
C. 定期存款　　　　　　　　　　D. 上市公司股票
E. 浮动利率存款

（4）下列说法中不正确的是（　）。
A. 欧洲货币市场是当前世界最大的国际资金融通市场
B. 欧洲债券市场是欧洲货币市场的一种短期借贷形式
C. 欧洲美元可以在美国国内流通
D. 短期信贷市场是欧洲货币市场的主要资金运用方式之一

（5）由一家银行或几家银行牵头，组织多家银行联合向借款人共同提供的贷款是（　）。
A. 双边贷款　　B. 银团贷款　　C. 保付代理　　D. 福费廷

3. 讨论与思考

（1）欧洲货币市场的主要成因有哪些？
（2）试比较欧洲货币市场与传统的国际金融市场的异同。
（3）欧洲货币市场上有哪些主要业务？

（4）离岸金融市场的主要类型有哪些？

4. 动手与动脑

设有三位美国客户甲、乙、丙，在美国境内的一家银行存款：甲 100 万美元，乙 50 万美元，丙 80 万美元。由于某种原因，甲、乙将全部存款转存于苏黎世银行。请问：此时上述三个客户，谁的美元变成了欧洲美元？共产生了多少欧洲美元？

 建议参考网站

1. 中国网　www.china.com.cn/chinese/zhuanti/249946.htm
2. 张五常凤凰博客　http：//zhangwuchang.blog.ifeng.com/
3. 中国交通银行　http：//www.bankcomm.com
4. 招商银行　http：//www.cmbchina.com.cn

项目四 国际资本流动

项目学习目标

通过本项目的学习，学生应理解国际资本流动的概念、类型；熟悉国际资本流动的发展历程；认识国际资本流动的原因；了解我国利用外资和对外投资合作的情况。

重点和难点

1. 目前国际资本流动的原因；
2. 我国目前利用外资和对外投资合作情况。

课前任务

以小组为单位，通过网络等途径查找我国最新吸收外资和对外投资合作情况。

任务一 认识国际资本流动

国际资本流动

一、国际资本流动的概念与类型

国际资本流动是资本从一个国家或地区转移到另一个国家或地区，即资本在国际的转移。笼统地讲，当一国居民向另一国居民购买了某种资产（包括商品、服务、技术、管理等）的所有权或是发放贷款时，就会发生资本的跨国移动。

（1）按照流动方向不同，国际资本流动可分为资本流入和资本流出。资本流入，是指外国（或地区，下同）输出资本，本国（或地区，下同）输入资本，表现为外国在本国的资产增加，即本国对外国的负债增加，或外国对本国的负债减少，即本国在国外的资产减少；资本流出，是指本国输出资本，外国输入资本，表现为本国在外国的资产增加，即外国对本国的负债增加，或本国对外国负债减少，即外国在本国的资产减少。

（2）按照与实际生产、交换的关系不同，国际资本流动可分为实际资本流动和金融资本流动。实际资本流动是指与实际生产、交换发生直接联系的资本流动，如国际直接投资、国际贸易支付与信贷等；金融资本流动是指与实际生产、交换没有直接联系的资本流动，如国际投机资金进行的跨国股票交易、跨国衍生金融产品交易等。金融资本流动是以货币金融形态进行的资本流动，在国际资本流动中占主体地位。

（3）按照周转时间长短不同，国际资本流动可分为国际中长期资本流动和国际短期资本流动。国际中长期资本流动是指期限在一年或一年以上的国际资本流动。其主要形式为期限在一年以上的国际银行贷款，在国际证券市场上购买中长期债券与股票并持有期限在一年以上的证券投资活动；国际短期资本流动是指期限在一年以内的国际资本流动。其主要采取持有短期金融资产的形式，例如，持有活期存款、国库券、大额可转让定期存单（CD）、商业票据、银行承兑票据等货币市场金融工具。

二、国际资本流动的发展历程

19世纪中叶以来，国际资本流动经历了兴衰起伏的过程，具体来说可以分为以下4个阶段。

（1）19世纪后半期至第一次世界大战前的迅速发展期。当时最主要的资本输出国是英国、法国和德国，主要输入国是比较富裕、资源丰富、与输出国"亲源"较近的北美洲和大洋洲的国家，如美国、加拿大、澳大利亚等。这些资金以银行贷款、债券等方式进行跨国流动，主要用于铁路等基础设施建设及大规模农业工程，极大地推动了美国等国的工业化与城市化。

（2）自第一次世界大战爆发至第二次世界大战结束时的崩溃动荡期。这时的资本流动方向发生了重大变化。在资本输出一方，美国不仅成为净债权国，而且取代英国成为最大的资本输出国。在资本输入一方，欧洲国家，特别是德国，成为最大的借款国。

（3）第二次世界大战后至20世纪70年代初期的缓慢恢复期。在1973年布雷顿森林体系崩溃前近30年的时间里，国际资本流动具有"美援"特色。美国跨国公司的对外投资和以"美援"为依托的美元大规模跨国流动，构成了国际资本流动的主流，对战后经济恢复具有重要的意义。

（4）20世纪70年代至今的飞速发展期。国际资本流动速度和规模都快速上升。整体上，发达国家为净资本输出国，发展中国家为净资本输入国，但发达国家的资本流入规模同样突出，发展中国家的资本流出规模也在逐渐增加。另外，以国际证券投资方式为代表的间接投资在规模上超过了直接投资，国际资本流动呈现出证券化趋势。而且，由养老基金、共同基金、对冲基金、主权财富基金、保险公司等跨国机构投资者实现的私人资本流动，极大地刺激了国际金融市场的成长与整合，对开放经济体的发展与稳定产生了深远的影响。

资料卡

对冲基金与主权财富基金

对冲基金是指主要以私募方式募集资金以尽可能规避监管，具有很高的杠杆性并主要从事衍生金融产品交易，根据其设计的对冲组合等各种复杂的金融投资策略来追求高风险与高收益的投资基金。对冲基金受到很多投资者的欢迎，国际上的对冲基金总规模从1990年的392亿美元迅速增长到2017年的3.2万亿美元左右。目前，全球对冲基金总数约有10 000家，其中70%设立在美国，另有20%设立在欧洲，设立在亚洲的仅占5%。索罗斯管理的量子基金就是市场上非常有影响的对冲基金之一。

主权财富基金是指由一些主权国家政府为实现特定宏观经济目的而设立和拥有，由专门的政府投资机构持有、运作和管理，具有一整套专门投资策略的金融资产或基金。其主要资金来源是国家财政盈余、外汇储备、自然资源出口盈余等。美国主权财富基金研究所（Sovereign Wealth Fund Institute）数据显示，截至2019年年底，全球共有82家主权财富基金，总资产达8万亿美元，其中规模最大的是中国主权财富基金，中国的4家主权财富基金资产多达1.8万亿美元。排名第二的为阿联酋，其资产为1.21万亿美元，第三为挪威，其资产为1.1万亿美元，但挪威只有一个主权基金，因此挪威全球养老基金以1.1万亿美元的资产成为全球最大规模的主权财富基金。

三、国际资本流动的原因

自20世纪70年代以来，全球经济呈现出了经济金融化与经济全球化两个重要趋势。国际资本流动的迅速发展就是这两个趋势共同作用的结果。

所谓经济金融化，是指包括银行、证券、保险、房地产信贷等在内的广义的金融业在一个经济中的比重不断上升，并对该经济体的经济、政治等产生深刻影响。经济金融化的重要背景，一是自20世纪70年代以来，全球货币制度已经转向不兑现的信用货币本位，各国政府在纸币发行方面失去了原来在金本位制下的制约，货币滥发现象难以避免；二是金融业内部所发生的深刻变化，自20世纪60年代以来，金融创新浪潮在各国先后兴起，金融市场上新的金融工具与金融产品层出不穷，各国金融系统的证券化比率不断提高，全球金融资产总量相应也急剧膨胀。

经济全球化是指世界经济活动超越国界，通过商品与服务的国际贸易、资本跨国流动、人口迁移与劳务输送、技术与知识在国际的广泛传播，从而形成全球范围的有机经济整体的过程，金融全球化则是经济全球化的核心。自20世纪70年代以来，发达国家相继兴起了放松资本管制的浪潮，金融国际化获得了巨大进展。全球金融资产的迅速积累和资金在国际流动障碍的不断消除这两个因素的结合，使得国际资本流动迅速发展起来。

任务二　了解我国吸收投资和对外投资的基本情况

一、我国吸收外资的概况

改革开放以来，我国实际使用外资的金额逐年增加，营商环境越来越好，我国成为外商投资的热土。在全球跨境直接投资持续多年下降的背景下，2019年我国吸收外资保持逆势增长，全年实际使用外资9 415.2亿元人民币，同比增长5.8%（折合1 381.4亿美元，不含银行、证券、保险领域数据），再创历史新高，稳居发展中国家首位、全球第二位。截至2019年年底，我国累计设立的外商投资企业突破100万家，具有标志性意义。我国利用外资的规模不断扩大，外资质量和水平不断提高，高技术产业和服务业外资占比明显提升。我国吸收外资进入世界前列。

与此同时，我国政府采取各种政策措施扩大外资的准入、加大对投资的保护、扩大外资的便利化。2013年，我国发布第一张负面清单，将当时上海自由贸易试验区里设限的190多条措施，调整到限制外资、禁止外资的领域只有37条。2019年，我国出台了《外商投资法》，对外资企业明确地给予与国内企业同样的待遇，建立了外商投资的投诉机制。同时，我国简化了外资企业审批流程，99%的企业到我国投资只要到工商监管部门注册即可，无须审批。在中西部地区和一些优势行业上，我国还制定了吸引外资的优势行业指导目录。这些举措在激发创新活力、带动产业升级等方面发挥了重要的作用。

2020年1月1日起实施的《中华人民共和国外商投资法》（以下简称《外商投资法》）取代了"外资三法"（《中外合资企业法》《中外合作企业法》《外资企业法》），成为外国投资者在中国境内投资统一适用的法律。其中关于我国利用外资的方式有以下规定：

《外商投资法》第二条　本法所称外商投资，是指外国的自然人、企业或者其他组织（以下称外国投资者）直接或者间接在中国境内进行的投资活动，包括下列情形：

（1）外国投资者单独或者与其他投资者共同在中国境内设立外商投资企业；

（2）外国投资者取得中国境内企业的股份、股权、财产份额或者其他类似权益；

（3）外国投资者单独或者与其他投资者共同在中国境内投资新建项目；

（4）法律、行政法规或者国务院规定的其他方式的投资。

> **小思考**
>
> 外商直接投资与外商间接投资的主要区别是什么？

二、我国对外投资的发展

我国对外投资合作起步晚，但我国政府一直以来都在积极鼓励本国企业"走出去"，在政策改革等方面都给予支持。2012年，我国对外直接投资创下流量878亿美元的历史新高，同比增长17.6%，首次成为世界三大对外投资国之一。2013年开始，通过共建"一带一路"，我国越来越多的企业到国外投资建厂、兴办实业。2019年，我国对外直接投资达1 369.1亿美元，蝉联全球第二位。截至2019年年底，中国2.75万家境内投资者在国（境）外共设立对外直接投资企业4.4万家，分布在全球188个国家（地区），年末境外企业资产总额7.2万亿美元。对外投资合作拓展了企业发展的空间，带动了中国制造、中国服务"走出去"，我国的对外投资也大大地推动了当地经济社会的发展。

对外直接投资在我国经济发展中起到了非常重要的作用，具体包括以下几项。

（1）促进和扩大了我国的出口。一方面，我国对外直接投资活动的展开，可以绕开各种贸易障碍，维持我国固有的出口市场；另一方面，也有利于开辟新的出口市场。

（2）提供了从海外获取短缺资源的新渠道。例如，我国到外国合资经营冶金厂、矿产机械、化工厂、纺织厂，既协助外国开发了当地资源，又弥补了国内资源的不足。

（3）有利于吸收和利用国外先进技术与企业管理经验。通过海外的合营企业，可以发挥"技术窗口"和"信息窗口"的作用，引进先进技术和设备，促进行业技术改造，提高我国产品在国际市场上的竞争能力。

（4）开展对外投资是我国利用外资的一种重要形式。由于对外投资的资金来源并非全部来自国内的资金输出，大量的资金需要通过国际金融市场和在东道国筹集，因而对外投资的发展实际上也就扩大了我国利用外资的规模。

（5）有利于培养和锻炼一批从事跨国企业生产、经营、管理等方面的高级专门人才，从而为我国参与国际市场竞争，带动和改善国内企业的经营与管理起到良好的作用。

（6）有利于增加外汇收入，改善我国国际收支状况。一方面，对外投资可带动本国商品出口，增加创汇；另一方面，一旦对外投资产生收益并汇回时，外汇储备会相应增加，这使得国际收支状况得以改善。

项目训练

1. 判断（你认为正确的在后面括号填"T"，错误的填"F"）

（1）资本流入表现为本国向外国输出资本。（　　）

（2）国际贸易支付与信贷属于金融资本流动。（　　）

（3）经济全球化是指世界经济活动超越国界，通过商品与服务的国际贸易、资本跨国流动、人口迁移与劳务输送、技术与知识在国际的广泛传播，从而形成全球范围的有机经济整体的过程。（　　）

（4）经济金融化，是指包括银行、证券、保险、房地产信贷等在内的广义的金融业在一个经济中的比重不断上升，并对该经济体的经济、政治等产生深刻影响。

（　　）

2. 单选（把你认为正确的选项的代表字母填在题后的括号内）

（1）按照流动方向不同，国际资本流动可分为（　　）。

A. 资本流出　　　　　　　　　　B. 实际资本流动

C. 资本流入　　　　　　　　　　D. 金融资本流动

（2）按照周转时间长短不同，国际资本流动可分为（　　）。

A. 资本流出　　　　　　　　　　B. 国际中长期资本流动

C. 资本流入　　　　　　　　　　D. 国际短期资本流动

（3）按照与实际生产、交换的关系不同，国际资本流动可分为（　　）。

A. 资本流出　　　　　　　　　　B. 实际资本流动

C. 资本流入　　　　　　　　　　D. 金融资本流动

（4）国际资本流动的原因包括（　　）。

A. 人民币可自由兑换　　　　　　B. 金融产品衍生化

C. 经济金融化　　　　　　　　　D. 经济全球化

建议参考网站

1. 中国人民银行　　http：//www.pbc.gov.cn

2. 国际货币基金组织　　https：//www.imf.org

3. 国家外汇管理局　　http：//www.safe.gov.cn

4. 中华人民共和国商务部　　http：//www.mofcom.gov.cn

5. 主权财富基金国际论坛　　https：//www.ifswf.org

6. 对冲基金研究公司　　https：//www.hedgefundresearch.com

7. 国家发展和改革委员会　　http：//www.ndrc.gov.cn/

8. 中华人民共和国外交部　　http：//www.mfa.gov.cn/

项目五 国际收支

项目学习目标

通过本项目的学习,学生应理解国际收支的概念;掌握国际收支平衡表的基本内容和编制方法;能分析国际收支失衡的原因和影响;掌握国际收支的调节手段。

重点和难点

1. 国际收支平衡表的主要内容;
2. 国际收支平衡表的记账方法;
3. 国际收支失衡的逐项分析;
4. 国际收支的调节手段。

课前任务

编制一份自己近一个月的个人收支表;查看我国最新一个季度的国际收支平衡表。

任务一 编制国际收支平衡表

一、国际收支的概念

(一) 广义的国际收支

第二次世界大战以后,随着世界经济的发展,各国之间的贸易往来更加频繁,以计算机和信息传输技术为特征的科技革命,使国际经济交易的范围和方式发生了深刻变化,跨国公司的兴起、离岸金融市场的形成、政府之间的无偿援助、私人捐赠、补偿贸易等新的经济交易不断涌现,将传统的贸易往来引起的外汇收支扩大到所有的国际经济交易。

广义的国际收支,是指在一定时期内(通常为一年),一国居民与非居民的全部经济交易的系统记录。这个概念是国际货币基金组织制定的，目前被世界各国广泛使用。

国际收支以经济交易为基础。经济交易包括四项内容：一是金融资产与商品、服务之间的交换，即商品和服务的买卖；二是商品、服务与商品、服务之间的交换，即物物交换；三是金融资产与金融资产的交换，如国际借贷和外汇买卖；四是无偿的、单向的商品、服务和金融资产的转移。

所谓居民，是指在本地居住一年以上的政府、个人或企事业单位。在本地居住一年以上的外国企业、跨国公司被视为本国的居民，他们同母国的外汇往来属于所在居民国同外国的往来。所谓非居民，是指外国政府驻本国的代表机构、外交使节、军事人员、外国在境内的留学生、就医人员及不在本国的个人和企业。例如，美国驻韩国的外交使节、驻日军事人员等，尽管在日本居住时间达到一年以上，但仍是日本的非居民、美国的居民。

（二）狭义的国际收支

在国际信用不是很发达、国际跨国资本流动也很少的时期，主要的国际经济交易是对外贸易。随着国际经济交往的内容和形式及国际信用体系的建立，以延期支付和分期付款为基本特征的债权债务的清偿成为国际收支的重要内容，票据被广泛应用于国际贸易的结算当中，但这一时期的国际收支仍是以贸易往来为主要特征的外汇收付，只不过结算的工具扩大化了，从纯粹的货币扩大到票据等信用工具。因而，狭义的国际收支概念是指一国一定时期的贸易收入与支出的差额。

资料卡

非居民的界定

（1）国际机构如联合国、国际货币基金组织、世界银行等是任何国家的非居民；
（2）移民是移出国的非居民；
（3）官方外交使节、驻外军事人员一律是所在国的非居民；
（4）逗留时间在一年以上的留学生、旅游者是派出国的非居民。

二、国际收支平衡表的基本内容

国际收支
平衡表

（一）国际收支平衡表的含义

国际收支平衡表是指系统地记录一个国家或地区某一特定时期（一年、一季或一月）各种国际经济交易的收入和支出的一种统计表。其集中地反映了该国国际收支的构成。

国际货币基金组织成立后，规定了国际收支平衡表的统一格式，并将各个成员国的国际收支平衡表编辑成年鉴形式出版，这里采用国际货币基金组织所规定的统一格式来介绍国际收支平衡表（表5-1）。

表 5 – 1 国际收支平衡表的基本结构　　　　　　　　　　　亿美元

账　户	借方	贷方	余额
经常账户			
（一）货物和服务			
1. 货物			
2. 服务			
加工服务			
维护和维修服务			
运输			
旅行			
建设			
保险和养老金服务			
金融服务			
知识产权使用费			
电信、计算机和信息服务			
其他商业服务			
个人、文化和娱乐服务			
别处未提及的政府服务			
（二）初次收入			
1. 雇员报酬			
2. 投资收益			
3. 其他初次收入			
（三）二次收入			
1. 个人转移			
2. 其他二次收入			
资本和金融账户			
（一）资本账户			
1. 资本转移			
2. 非生产、非金融账户的收买或放弃			
（二）金融账户			
1. 非储备性质的金融账户			
直接投资			
证券投资			
金融衍生工具			
其他投资			
2. 储备资产			
货币黄金			
特别提款权			
在国际货币基金组织的储备头寸			
外汇储备			
其他储备资产			
净误差与遗漏			

注：本表格参考我国外汇管理局 2018 年国际收支平衡表体例

(二) 国际收支平衡表的内容

国际收支平衡表包含的项目比较多且繁杂，各国又都根据自己的情况和需要来编制，因而，各国所公布的国际收支平衡表的内容有较大差异。但根据国际货币基金组织的规定，国际收支平衡表的基本项目大致可分为三类，即经常项目、资本和金融项目、平衡项目。

1. 经常项目

经常项目是国际收支平衡表中最基本、最重要的项目。其反映了一国与其他国家之间真实资源的转移状况，通常包括以下四个子项目。

(1) 贸易收支。贸易收支，由商品的出口和进口构成，又称有形贸易。其不仅是经常项目中而且也是整个国际收支中最重要的项目。因为贸易收支记录了一国全部的商品出口和进口，并最终直接反映一国的经济实力。商品出口所得货款，构成一国的贸易收入，记入贷方；商品进口所付货款，构成贸易支出，记入借方。两者之间的差额称为贸易差额。例如，出口收入大于进口支出即贸易顺差；反之，即贸易逆差。根据国际货币基金组织的规定，商品的进口和出口以各国的海关统计为准，而且按离岸价格（FOB）计价。但有些国家，出口商品以离岸价格计算，进口商品以到岸价格（CIF），即离岸价格加运费和保险费计算，如按基金组织规定，这些国家在编制国际收支平衡表时应从进口商品价格中减去运费、保险费，并将后两项费用列入劳务收支项目中。

(2) 劳务收支。劳务收支，是指为外国服务和利用外国的劳务而引起的外汇收支，又称无形贸易。劳务收支所包括内容十分复杂，主要有运输、旅行、通信服务、建筑服务、保险服务、金融服务、计算机和信息服务、专利费和手续费、其他商业服务、政府服务、其他私人服务等方面。政府服务主要是使领馆费用，使领馆费用是指使领馆在所在国当地的开支，不包括派驻国和其驻外使领馆的汇款，因为根据国际法的规定，使领馆属于该使领馆派驻国家的领土，派驻国政府向其驻使领馆的汇款，应作为内部交易，不应列入该国的国际收支。另外，凡属无偿提供的劳务不列入国际收支。在本账户内，贷方记录劳务输出，借方记录劳务输入。

(3) 无偿转移收支。无偿转移收支又称无偿贸易，是指单方面的、不对等的经济交易。这种交易引起的资金国际转移后不产生归还或偿还问题，所以，其也称单方面转移或不偿还的转移。转移收支按主体又可分为私人转移和政府转移收支两大类。其具体包括侨汇、年金、赠予、政治援助、经济援助、战争赔款、捐款等。国际收支平衡表的贷方记录外国对本国的无偿转移；借方记录本国对外国的无偿转移。

(4) 收益。收益记录因生产要素在国际的流动而引起的要素报酬收支。国际的生产要素流动包括劳工的输出输入和资本的输出输入，因此，该项目相应下设"雇员报酬"和"投资报酬"两个项目。本国季节工人和边境工人受雇在国外工作所赚取的工资、薪金或其他报酬，记录在雇员报酬的贷方；而本国雇用外国季节工人和边境工人，则作借方记录。同样，因本国居民购买和持有的国外资产而获取的利润、股利、利息等收入，列入投资收益的贷方；而非居民购买和持有本国资产而产生的利润、股利、利息等支出，则列入投资收益的借方。

目前，国际收支上劳务收支的重要性日益突出，不少国家的劳务收支在该国的国际收支中占有举足轻重的位置，有的甚至超过了该国的有形贸易收支。

2. 资本和金融项目

资本和金融项目反映金融资产在一国与其他国家之间的转移，包括资本输出和资本输入。一国资本输出就是该国对外资产的增加或对外负债的减少，在国际收支平衡表中列入借方；一国资本输入就是该国对外资产的减少或对外负债的增加，在国际收支平衡表中列入贷方。国际资本流动对国际收支平衡表有重大的影响，它可以暂时改善一国的国际收支状况，也可以扩大国际收支差额。第二次世界大战后，随着生产和资本国际化的加强，资本项目在国际收支的地位也日益重要。必须注意的是，因国际资本流动而产生的利息、股息、利润等不能列入资本项目，而属于劳务收支。资本项目按主体不同可分为政府资本项目和私人资本项目；资本项目按期限可分为长期资本项目和短期资本项目两大类。

（1）长期资本。长期资本，是指期限在一年以上或未规定期限（如股票）的资本。长期资本流动又可分为政府长期资本和私人长期资本流动。前者主要包括政府贷款、政府投资、政府债券及其他，如向国际金融机构的借款等，但国际货币基金组织的贷款不属于资本项目，而列入储备项目；后者主要包括直接投资、证券投资、企业信贷等。

（2）短期资本。短期资本，是指期限在一年或一年以下的资本，也可分为政府短期资本流动和私人短期资本流动。短期资本流动形式和内容十分复杂，主要包括各国银行之间的调拨和拆放，国际贸易和短期融通与清算结算，逃避外汇管制和货币贬值风险的资本外逃，套汇、套利、抵补保值等外汇买卖，以及利用货币危机或某些政治事件冲击资金、股票、外汇交易牟取暴利的投机活动等。国际上有一种所谓"游资"或"热钱"的短期资本流动形式，数额巨大，流动性强，对国际金融市场的影响很大。

（3）分配的特别提款权。特别提款权是1969年创立的一种国际储备资产。其是国际货币基金组织按会员国缴纳的份额分配给会员国的一种记账单位或账面资产。这种账面资产能够用于政府之间的结算，可以与黄金、外汇一起作为国际储备资产，也可以用来向其他会员国换取可自由兑换的外汇及偿还基金组织的贷款，但不能用于贸易和劳务方面的直接支付及私人之间的国际结算。各国分配到的特别提款权是该国国际收支的收入，故记录在国际收支平衡表的贷方。

3. 平衡项目

从理论上讲，国际收支平衡表应当是平衡的。通常所讲的国际收支差额是指经常项目和资本项目借贷两方相抵后发生的顺差或逆差。平衡项目是用以弥补这种差额而使国际收支平衡表达到平衡的项目，用"官方储备"和"错误和遗漏"两个项目来记录。

官方储备是指一国货币金融当局（中央银行或其他官方机构）所持有的储备资产及其对外债权。其包括货币黄金、外汇储备、特别提款权和普通提款权。当经常项目和资本项目差额之和出现顺差时，表示官方储备的增加，增加额记在国际收支平衡表的借方；反之，如果出现逆差时，表示官方储备的减少，减少额记在贷方。这样就达到了国际收支平衡表的平衡。所以，反映在国际收支平衡表上的官方储备是增减额而不是持有额。或者说，表上官方储备的数字只是编表年份该国官方储备的变动情况，而不是该国持有多少储备资产的数额。

错误和遗漏是为了轧平国际收支平衡表中借贷总额而设立的人为项目。因为国际收支平衡表的内容繁多,资料来源不一,有的是海关,有的是银行,有的是统计部门或企业,数据不尽相同;同时,国际收支平衡表中所收集统计资料并不完备,如商品走私、资金外逃、私自携带现钞出入国境等就难以收集和统计;另外,有的交易不便在国际收支平衡中反映,如军火交易。所以,国际收支平衡表中出现差额就用这一项目来调整。如果出现贷方余额,错误和遗漏项目放在借方;若出现借方余额,则放在贷方。

资料卡

国际收支项目内涵注释

(1) 经常账户:包括货物、服务、收益及经常性转移。

(2) 货物:是指通过我国海关进出口的货物,以海关统计资料为基础,并根据国际收支统计口径的要求,出口、进口都以商品所有权变化为原则进行调整,并按离岸价格统计。

(3) 服务:包括运输、旅游、通信、建筑、保险、国际金融服务、计算机和信息服务、专利权利使用费和特许费、各种商业服务、个人文化娱乐服务及政府服务。

(4) 收益:包括职工报酬和投资收益(直接投资、证券投资与其他投资的收益和支出,直接投资的收益再投资,也包括在此账户内)。

(5) 经常转移:包括所有非资本转移的单方面转让,如侨汇、工人汇款、无偿捐赠、赔偿等。

(6) 资本和金融账户:包括资本账户和金融账户。

①资本账户:包括移民转移、债务减免等资本性转移。

②金融账户:包括直接投资、证券投资和其他投资。

a. 直接投资:是指外国在我国(或港澳台地区在祖国大陆)和我国在外国(或祖国大陆在港澳台地区)以独资、合资、合作及合作勘探开发方式进行的投资。

b. 证券投资:是指外国购买(或我国买回)我国(包括地方政府和企业)及我国港澳台地区购买(或祖国大陆,包括地方政府和企业买回)祖国大陆(包括地方政府和企业)发行的股票、债券等有价证券。

c. 其他投资:包括外国提供给我国和我国提供给外国的贸易信贷、贷款、货币和存款及其他资产负债。

(7) 储备资产变动:反映我国在黄金储备、外汇储备、在国际货币基金组织的储备头寸、特别提款权、使用基金信贷等方面在本年年末与上年年末余额之间的变动额。储备资产增加用负号表示。

三、国际收支平衡表的编制方法

国际收支平衡表采用复式记账原理,以某一特定货币为计量单位,采用借贷法则,即"有借必有贷,借贷必相等"。凡引起本国外汇收入的项目,记入贷方,记录一国对外资产的减少及负债的增加；凡引起本国外汇支出的项目，记入借方，记录一国对外资产的增加及负债的减少。具体项目应按下述方式记账。

（1）贸易往来，即各类货物的输出、输入。出口列为贷方金额；进口列为借方金额。

（2）非贸易往来，主要包括劳务收支、投资所得等。收入列为贷方金额；支出列为借方金额。

（3）无偿转让：从外国转入本国列为贷方金额；从本国转向外国列为借方金额。

（4）资本往来：可分为长期和短期。从外国流入本国的资本列为贷方金额；从本国流向外国的资本列为借方金额。

（5）储备，包括本国作为国际货币基金组织的成员国分配得到的特别提款权及作为国际储备的黄金和外汇等。储备本身是存量，其增减额是流量。本年度储备增加额列为借方金额，其减少额列为贷方金额，二者相抵得出储备净增额或净减额。

由于每笔经济交易都分别同时记录相关借贷科目且金额相等，因此国际收支平衡表的总额原则上是相等的。但是，各类项目却经常是不平衡的。商品输出大于输入，则贷方金额大于借方金额，形成外贸顺差；相反，则形成外贸逆差，或称为外贸赤字。资本项目中流入大于流出，则贷方金额大于借方金额，形成资本净流入；相反，则形成资本净流出。储备项目中本年度增加额大于减少额，则借方金额大于贷方金额形成借方净增金额，即本国的国际储备增加；相反，则形成借方净减金额，即本国的国际储备减少。

任务二　进行国际收支分析

一、国际收支平衡表的差额分析

通常，所说的国际收支平衡表的平衡，仅是账面上的平衡，是会计意义上的平衡；而真正意义上的国际收支平衡，是一个国家经济基本的和长期的发展趋势及世界经济全球化的发展趋势的平衡。

（一）判断国际平衡与失衡

国际收支平衡表所列的全部项目中，除误差与遗漏项目外，其余所有的项目都代表着实际的交易，涉及外汇的收支，关系国际收支平衡表的平衡与否，也关系一国国际收支的平衡与否。因此，在考察一国的国际收支是否平衡时，必须考察除误差和遗漏项目外的其余所有项目所代表的交易活动的总结果。

在国际收支平衡表上的各个项目可以划分为两种类型：一种是自主性交易，或称为事前交易，其是经济实体或个人出于某种经济动机和目的，如追求利润、资产保值、逃税避税、逃避管制或投机等而独立自主地进行的交易活动。自主性交易具有自发性，因而，交易的结果出现平衡是偶然的，出现不平衡是必然的。当出现不平衡时，会使外汇市场出现供求不平衡和汇率的波动，从而带来一系列的经济影响。一国货币当局如不愿接受这样的结果，就要运用另一种交易来弥补自主性交易不平衡所造成的外汇供求缺口。另一种交易就是调节性交易。其是指中央银行和货币当局出于调节国际收支差额、维护国际收支平衡、维持货币汇率稳定的目的而进行的各种交易。调节性交易是在自主性交易收支不平衡之后进行的弥补性交易，因而，也称为事后交易。通常，将经常账户和资本金融账户的各个项目归属于自主性交易，而储备与相关项目则归属于调节性交易。

一般来说，国际收支平衡是指自主性交易平衡，即自主性交易所产生的借方金额与贷方金额相等或基本相等；反之，就是国际收支失衡，其借方、贷方差额应通过调节性交易来平衡，以达到国际收支平衡表借方总额与贷方总额相等的复式簿记原理的要求。当国际收支自主性交易收入大于支出，即贷方总额大于借方总额时，称为国际收支顺差；反之，当自主性交易收入小于支出，即贷方总额小于借方总额时，称为国际收支逆差。

（二）国际收支各项目的差额分析

1. 经常项目差额

经常项目是贸易收支、劳务收支和单方面转移三个项目差额之和。因为经常项目的内容直接影响到一个国家经常性的国际收支状况，所以该项目常被人们视为衡量一国国际收支状况好坏的一个重要指标。

经常项目为顺差时，国家外汇收入大于外汇支出，本国对外国提供的商品与劳务大于外国对本国提供的商品与劳务，本国对外国的投资大于外国对本国的投资；国内商品总量相对减少，货币投放和社会总需求相对扩大。经常项目逆差时，外汇支出大于外汇收入，外国对本国提供的商品和劳务大于本国对外国提供的商品和劳务，外国对本国的投资大于本国对外国的投资；国内商品总量相对增加，货币回笼、社会总供给相对扩大。

2. 贸易收支差额

贸易收支差额是一国在一定时期内（如一年、半年、一季、一月）出口总值与进口总值之间的差额。贸易逆差（又称贸易赤字或入超）指的是进口总额大于出口总额，国内商品供给量较大，国内购买力相对不足，即商品供给大于需求，价格下降。长期的贸易逆差会导致货币外流，国家经济发展受制于人，失业率上升，本国收入下降。贸易顺差（又称出超），是指出口总额大于进口总额，国内商品供给量相对较小，国内购买力较强，商品供不应求，价格上升。长期顺差虽对就业有利，但有可能导致通货膨胀，国家资源消耗较大，或引起其他国家的报复措施。一个国家在一定时期的出口与进口总额大致相等，即贸易收支平衡。

3. 资本和金融项目差额

资本与金融账户余额，一方面可以表示该国金融市场的开放与发达程度；另一方面从理论的角度（即在不考虑误差和遗漏因素时），能反映经常项目的净流入或流出情况。

资本与金融账户逆差，即资本流出大于流入，对外债权增加，但国内资金减少。如果逆差是短期内突然产生的，可能该国存在投机性套利或套汇行为；长期的资本账户逆差则会制约本国投资规模，容易恶化本国就业状况，加剧产业"空壳化"，影响经济持续发展能力。资本收支顺差即本国资本流入大于流出，可以为经济增长和就业奠定物质基础，但长期依赖会影响经济发展的稳定性。

4. 总差额

总差额又称为综合差额，是由经常项目差额、资本项目差额和误差与遗漏差额之和构成的，即将国际收支账户中的官方储备剔除后的余额。总余额的缺口需要通过储备资产的增减来进行弥补。当总差额顺差时，外汇收入大于外汇支出，储备资产增加，但货币面临升值压力，不利于出口，且国家面临输入型通货膨胀的风险；当总差额逆差时，外汇支出大于外汇收入，储备资产减少，本币有贬值的压力，国内生产积极性下降，失业率增加。国际收支总差额长期的、持续的不平衡，即国际收支失衡。

二、国际收支状况对一国经济的影响

一个国家的国际收支不平衡，无论是出现顺差还是逆差，都会对其经济产生影响。适度的国际收支顺差，通常是一国的经济实力较为强大的标志；而适度的逆差，在某些国家的经济发展的特殊阶段也是有一定益处的。但是，当一国国际收支出现过大的持续性顺差或逆差时，则会给该国经济带来不利的影响。

（一）长期、巨额的国际收支顺差的影响

当国际收支长期、巨额顺差时，大量的商品出口至国外，减少国内产品供给，导致国内总需求与总供给的平衡被破坏。因为社会总需求由消费需求、投资需求和出口需求构成。出口需求是社会总需求的重要组成部分。如果一国处于卖方市场状态，会加剧供求矛盾，导致通货膨胀率提高。

巨额顺差还造成大量外汇供给和对本币需求的增加，一方面，迫使本国金融当局增加外汇储备，加大对本币的投放，有可能创造出新的需求，使经济过热，加剧本国的通货膨胀；另一方面，由于顺差国货币在外汇市场上需求旺盛，货币坚挺，必然引起国际短期资本大量流入，冲击该国外汇市场，引起汇率的波动。

同时，一个国家的巨额顺差会使得该国货币升值，从而提高以外币表示的出口商品价格，不利于该国商品和劳务出口，同时降低以本币表示的进口商品的价格，国内外商品和劳务市场会被外国的商品与劳务占领。

另外，一国过大、长期的顺差会引起其他国家的不满，导致贸易摩擦升级，甚至会发生贸易战。对某些资源型的发展中国家而言，过度的顺差意味着国内资源的掠夺性开发，造成资源枯竭、生态环境破坏，这为以后的经济发展留下了种种隐患，不利于经济的持续发展。

（二）长期、巨额的国际收支逆差的影响

国际收支逆差会直接减少一个国家的国际储备，造成国际储备不足，国际清偿力低下，当本国累积的对外负债超出本国支付能力时，就会引起债务危机，损害一国的国际信誉。

持续性逆差由于外汇短缺，必然引起外汇汇率急剧上升，本币过度贬值，这不仅会削弱本国货币在国际上的地位，还会因汇率的波动不利于对外贸易经济核算，降低外贸经济效益。

持续性逆差可能耗尽一国的国际储备，出口收汇主要用于偿付外债本息，必然严重影响生产发展所必需的进口，使国民经济的增长受到抑制。

由以上分析可见，国际收支平衡对一国经济发展具有十分重要的意义。因此，各国政府都十分重视国际收支问题，并采取种种措施来调节国际收支。当然，对国际收支的不平衡，需要具体分析。一般来说，只要国际收支差额在一个合理的、适度的限度内，它不仅不会对本国经济带来危害，反而有利于一国经济发展。

任务三　理解国际收支的调节方法

一、国际收支失衡的原因

导致国际收支失衡的因素很多，在不同国家和同一国家的不同时期都会各不相同，但一般说来，主要有以下几个方面。

（一）周期性的不平衡

周期性的不平衡是由于国际上各国在经济发展过程中所处经济周期不同阶段而引起的国际收支不平衡。经济的周期性是指从一次危机开始到下一次危机开始，中间的时间便是一个周期。每一个周期一般包括四个阶段，即危机、萧条、复苏、繁荣。周期的各个阶段都会给国际收支带来不同的影响，而且这种影响往往是互相渗透、互相影响的。一国经济处于繁荣阶段，贸易伙伴国的经济处于衰退阶段，这样，该国对外产品需求就较外国对该国产品的需求旺盛，因此，造成该国贸易收支赤字。第二次世界大战后，西方国家经济周期具有同步性，当一国处于繁荣阶段时，贸易伙伴国也处于繁荣阶段，各国对外国商品的需求都会增加，但对贸易平衡影响较小。两个贸易伙伴国同处于衰退阶段时，各自对对方的商品需求都会减少，贸易量减少，但平衡关系受影响较小。因此，这一类型的失衡在发达资本主义国家有所减轻。发达国家的经济周期的影响主要发生在发展中国家的国际收支上。当其处于衰退阶段时，对发展中国家的出口产品需求就会下降，造成发展中国家出口的下降。

（二）结构性的不平衡

结构性不平衡是指国内经济、产业结构不能适应世界市场的变化而发生的国际收支失衡。结构性失衡通常反映在贸易账户或经常账户上。引起各国经济结构变化的原因主要有：新技术、新材料、新发明创造的采用；新资源的开发利用；新经济政策的采取；新行业的开辟等。当发展中国家国内经济增长较快时，其出口难以大幅度增加，而进口却迅速增长，尤其是国际市场工业制成品价格的上升往往快于初级产品价格的上升，使得发展中国家的贸易条件不断恶化，从而导致国际收支出现不平衡。这种由于世界经济结构变化而引起的不平衡，称为结构性不平衡。

(三) 货币价值变动

一国商品的货币成本和物价水平与其他国家相比发生变动，也会引起国际收支不平衡。例如，一个国家在一定的汇率水平下由于通货膨胀的原因造成物价普遍上涨，使其商品成本与物价水平相对高于其他国家，则该国的商品输出必受抑制，而输入会受到鼓励，其结果是使国际收支发生逆差；相反，如果由于通货紧缩，商品成本与物价水平比其他国家相对降低，则有利于进口，不利于出口，其结果则是使国际收支向顺差方向发展。这种由货币价值的高低所引起的国际收支不平衡，称为货币性不平衡。

(四) 国民收入变化

一国国民收入增减变化，同样会引起国际收支的不平衡。例如，一国国民收入增加时，其商品和劳务的输入、对外援助和旅游等非贸易支出通常会随之增加，从而导致国际收支出现逆差；反之，国民收入减少，国内需求缩减，物价下跌，会有利于出口，同时抑制进口，使国际收支出现顺差；但是，如果一国国民收入的增长主要是由于社会劳动生产率的提高，并因此推动了出口贸易的大幅度增长，则也可能导致国际收支的顺差。这种由于经济发展推动国民收入变动而引起的国际收支不平衡被称为收入性的不平衡。

(五) 偶发性因素

政治、经济、自然等方面偶发的突发性事件，也能导致一国贸易收支不平衡和国际资本的流动，从而使该国国际收支出现不平衡。例如，20世纪90年代初，伊拉克入侵科威特，国际社会对伊拉克实行全面经济制裁，世界各国终止与伊拉克的一切经济往来，伊拉克的石油不能输出，引起出口收入剧减，贸易收支恶化，国际收支严重失衡。同时，由于国际市场石油的短缺，石油创汇猛增，大大改善了其他主要石油输出国的国际收支。又如，日本2011年3月11日爆发的海啸影响当年日本的国际收支，据2012年5月10日《日本经济新闻》报道，日本财务省公布的2011年度国际收支速报，反映日本同海外的商品、服务、投资分红和利息收入等综合交易状况的经常项目收支盈余比2010年减少了52.6%，为78 934亿日元，降幅创下历史新高，盈余额处于近15年来少有的低水平。其主要原因是去年海啸对日本的出口产生了影响，而国际能源价格的高涨使进口额不断增加，进而导致收支盈余大幅减少。2013年2月8日，日本财务省公布的2012年国际收支情况速报显示，经常项目盈余为47 036亿日元，与2011年相比减少50.8%，是自有可比较数据的1985年以来最低经常项目盈余，而下降率也超过2011年的46.6%，创下新高。

上述各种类型的失衡，只有结构性失衡、收入性失衡具有长期性，被称为持久性失衡；其他类型的失衡仅具有临时性，而被称为暂时性失衡。

二、国际收支失衡的调节措施

当一国国际收支出现失衡时，政府可以从三个方面着手。一是通过融资来弥补国际收支逆差，如通过借款或动用外汇储备，向外汇市场提供外汇，以弥补外汇市场的供求缺口；二是通过调整来消除逆差或寻求弥补与调整某种适当组合，如通过各种调整政策来消除外汇市场的供求缺口；三是通过支出变更政策或支出转换政策来达到增加外汇收入，减少外汇支出的目的，前者是指改变支出的水平，后者是指改变支出的结构，即改变支出在外国产品与本国产品之间的比重等手段来达到国际收支平衡的目的。世界各国为了改变国际收支不平衡的状况，采用了各种各样的政策和措施。归纳起来，主要有国际储备缓冲、汇率政策、财政政策、货币政策、直接管制、借贷。

（一）国际储备缓冲

国际储备缓冲是指各国政府为调节国际收支失衡，将持有的一定数量的黄金、外汇国际储备作为外汇平准基金（Exchange Stabilization Fund），来抵消市场的超量外汇供给或需求，从而使收支不平衡所产生的影响不致超过官方储备增减的限度。一国国际收支失衡往往会导致该国国际储备的增减，进而影响国内经济和金融。因此，当一国国际收支发生逆差时，中央银行可以通过外汇平准基金，在外汇市场上买卖外汇，调节外汇供求。通过外汇储备的弥补来平衡一次性或季节性的国际收支逆差，是一种既简便又有益的做法。其有利于避免汇率的暂时波动，又有利于本国对外贸易和投资的顺利进行。然而，它不宜用来对付巨额、长期的逆差，因为一国的外汇储备规模毕竟是有限的，过度依赖这一政策会导致储备枯竭，对于赤字问题仍可能无济于事。

（二）汇率政策

汇率政策是指一国通过调整汇率来实现国际收支平衡的政策。当国际收支出现逆差，通过本币贬值使外币购买力相对上升、本币购买力相对下降，刺激本口产品出口、抑制国外商品进口，直到将逆差扭转为顺差。国际收支顺差时，通过本币升值进行调节。在固定汇率制度下，通过货币法定贬值来改善国际收支出现的严重逆差；在其他国的压力下，通过货币法定升值，来减缓国际收支出现的巨额顺差。在浮动汇率制度下，各发达国家积极进行市场干预（Market Intervention），来使汇率符合自己的期望值，以图通过币值的高估或低估来调节国际收支。

（三）财政政策

财政政策是指政府通过调整财政收入，抑制或扩大公共支出和私人支出，控制改变总需求和物价水平，从而调节国际收支。例如，当一国国际收支逆差时，政府可以采用紧缩性财政政策，削减财政开支或提高税率，引起社会上投资和消费减少，降低社会总需求，迫使物价下降，从而促进出口、抑制进口，使国际收支恢复平衡；反之，一国国际收支顺差时，政府可以采用扩张性财政政策，增加财政开支和降低税率，以扩大总需求，减少出口，增加进口，从而减少国际收支盈余。

（四）货币政策

货币政策是指货币当局通过调整再贴现率，改变法定存款准备金比率等手段影响银根的松紧和利率的高低，引起国内货币供应量和总需求及物价水平的变化，以实现对国际收支的调节。通过实施货币政策，政府可以扩充或紧缩市场上的货币投放量与信贷规模，吸引或排斥国际短期资本的流出、流入，以达到调节经济与国际收支的目的。当一国国际收支逆差时，该国中央银行就执行紧缩性货币政策，调高再贴现率，从而使市场利率提高，吸引外国资本的流入，减少本国货币的流出；利率提高还会使投资与生产规模缩小，内需和消费缩减，减少进口，在一定程度上可以降低国际收支逆差。在顺差的情况下，中央银行采取扩张性货币政策，调低再贴现率和利率，使资金流出本国，内需增大，进口增加，降低顺差的规模。

（五）直接管制

直接管制（Direct Control），是指政府通过发布行政命令，对国际经济交易进行行政干预，以求国际收支平衡。直接管制包括外汇管制（外汇管制将在本书项目六中详细介绍，这里省略）和贸易管制。贸易管制是指一国政府以行政干预方式，直接鼓励或限制本国商品的输出和外国商品的输入。当国际收支逆差时，政府可以采取"奖励出口"的措施，如出口退税、出口补贴、出口信贷等，同时采取"限制进口"措施，如提高关税、限制配额、政府限购、绿色壁垒等。直接管制通常能起到迅速改善国际收支的效果，能按照本国的不同需要，对进出口贸易和资本流动区别对待，但是它并不能真正解决国际收支平衡问题。

（六）借贷

借贷也是调节国际收支的一种措施。资本流入意味着本国收入外汇，而资本流出则意味着本国支出外汇，因此，资本流动具有调节国际收支的作用。当一国国际收支逆差时，可以通过借用国外资金的方法来平衡国际收支；当一国国际收支出现顺差时，尤其是顺差数字较大时，可以通过向外国投资、贷款等方式平衡国际收支。

上述政策措施在一定程度上有助于平衡国际收支，但都有局限性，原因是它们本身存在着种种矛盾。例如，外汇政策中建立外汇平准基金的措施，要求中央银行拨出一笔相当数额的外汇，但这对陷入国际收支困境的国家来说实属无力，即使能够做到，其效果也是有限的。实行管制政策，既为国际经济组织所反对，又会引起他国的反抗和报复。又如，财政货币政策，往往同国内经济目标冲突，为解决国际收支逆差而实行紧缩性的财政政策，可能导致经济增长放慢甚至负增长和失业率加大；为解决国际收支顺差而实行扩张性的财政政策，又会促进通货膨胀和物价上涨，从而使一些国家在政策选择上顾此失彼，左右为难。因此，一国可以根据具体情况予以取舍。其基本原则是：通过政策组合方式相互搭配，以调节国际收支；在政策选择上应尽量不与国内经济发生冲突，或尽量减少来自他国的压力，以免影响国际正常的经济关系；根据失衡的具体原因选择调节政策，灵活运用与掌握。

练习：查阅2018年中国国际收支平衡表，中国国际收支是顺差还是逆差？最终的平衡是主动平衡还是被动平衡？2018年人民币汇率的走势和国际收支状况的关系如何？

中国国际收支统计的历程

改革开放前,我国只有外汇收支而无国际收支。那时,对外汇实行国家集中管理、统一经营的方针,一切外汇买卖都通过国家指定的银行(中国银行)来进行。外汇收支实行"以收定支、收支平衡、略有节余"的原则,外汇收支规模很小,也没有利用外资,基本无资金流动,加之我国没有参加任何国际金融组织,因此,在1980年以前,我国未曾编制过国际收支统计。1980年,我国相继恢复了在国际货币基金组织和世界银行的合法席位。作为该组织的成员国,我国要定期向其提供有关资料,国际收支统计资料是其中一项。1980年我国开始试编国际收支平衡表,1981年制定了国际收支统计制度,1984年又对其进行了修改。这次修订确立了我国现行的国际收支统计体系的模式及方法。它在项目设立、分类等方面均依照国际货币基金组织制定的《国际收支手册》第四版的原则,具有国际可比性。1985年9月,国家外汇管理局首次公布了我国1982—1984年的国际收支概览表。从1987年开始,我国每年定期公布上一年的国际收支状况。我国自1994年开始正式实行国际收支统计申报制度,从此我国的国际收支平衡表的统计和编制便走上了正轨,并逐年对外公布。

项目训练

1. 判断(你认为正确的在后面括号填"T",错误的填"F")

(1) 美国大使馆常驻中国的外交官员,因为长期生活在中国,所以在国际收支统计中算作中国的居民,美国的非居民。(　　)

(2) 在国际收支平衡表中,如果官方储备项目为正值,则说明该国国际收支为顺差。(　　)

(3) 凡是一国与其他国家发生的经济交易,无论是现金交易还是非现金交易,都应该记入该国的国际收支平衡表。(　　)

(4) 投资所得因为是由于资本在国与国之间流动所产生的,因此,其金额应分别记入两个国家当年国际收支平衡表的资本与金融账户。(　　)

(5) 国际收支平衡表一般采用的记账方法是复式簿记法。(　　)

2. 不定向选择(把你认为正确的选项的代表字母填在题后的括号内)

(1) 国际收支的长期不平衡是指(　　)。

A. 周期性不平衡　　　　　　　　B. 货币性不平衡
C. 结构性不平衡　　　　　　　　D. 收入性不平衡

(2) 应该记入经常账户的项目是(　　)。

A. 外国在本国的直接投资　　　　B. 贸易长期信贷
C. 特别提款权　　　　　　　　　D. 职工报酬

(3) 下列各项目中不属于自主性交易的是（   ）。
A. 一国的进口支出　　　　　　　　　B. 一国的出口收入
C. 投资所得　　　　　　　　　　　　D. 黄金储备的支出

(4) 下列各项目中应该记入贷方的是（   ）。
A. 储备项目资产增加　　　　　　　　B. 储备项目负债增加
C. 经常项目资产增加　　　　　　　　D. 经常项目负债增加

(5) 一国国际收支最基本、最重要的项目是（   ）。
A. 资本项目　　　B. 平衡项目　　　C. 贸易收支项目　　　D. 经常项目

3. 讨论与思考

(1) 国际收支失衡的主要原因是什么？
(2) 国际收支平衡表包括哪几项内容？
(3) 国际收支失衡的表现形式及其原因与对策有哪些？
(4) 试述国际收支出现逆差后如何利用贴现政策来调节。

4. 动脑与动手

(1) 分析给出的国际收支平衡表（表5-2）。计算表中国际收支是顺差还是逆差以及金额为多少。

表5-2　中国国际收支平衡表
2013年二季度

亿美元

项　　目	行次	差　额	贷方	借方
一、经常项目	1	509	6 554	6 045
A. 货物和服务	2	624	5 971	5 348
a. 货物	3	900	5 467	4 567
b. 服务	4	−277	504	781
1. 运输	5	−135	97	231
2. 旅游	6	−178	120	299
3. 通信服务	7	−1	4	4
4. 建筑服务	8	16	25	9
5. 保险服务	9	−43	9	53
6. 金融服务	10	−1	7	7
7. 计算机和信息服务	11	25	39	14
8. 专有权利使用费和特许费	12	−45	2	47
9. 咨询	13	38	92	54
10. 广告、宣传	14	3	11	7

续表

项　目	行次	差　额	贷　方	借　方
11. 电影、音像	15	−1	0	1
12. 其他商业服务	16	44	97	52
13. 别处未提及的政府服务	17	1	4	2
B. 收益	18	−92	450	542
1. 职工报酬	19	38	42	4
2. 投资收益	20	−130	408	538
C. 经常转移	21	−23	133	156
1. 各级政府	22	−7	4	10
2. 其他部门	23	−16	129	146
二、资本和金融项目	24	286	2 287	2 001
A. 资本项目	25	9	11	2
B. 金融项目	26	277	2 276	1 999
1. 直接投资	27	456	796	340
1.1 我国对外直接投资	28	−157	85	241
1.2 外国在华直接投资	29	613	711	98
2. 证券投资	30	100	230	130
2.1 资产	31	−49	53	102
2.1.1 股本证券	32	−6	23	29
2.1.2 债务证券	33	−43	30	73
2.1.2.1（中）长期债券	34	−43	30	73
2.1.2.2 货币市场工具	35	0	0	0
2.2 负债	36	149	177	28
2.2.1 股本证券	37	60	88	28
2.2.2 债务证券	38	89	89	0
2.2.2.1（中）长期债券	39	35	35	0
2.2.2.2 货币市场工具	40	53	53	0
3. 其他投资	41	−279	1 251	1 529
3.1 资产	42	−255	177	432
3.1.1 贸易信贷	43	−153	0	153
长期	44	−3	0	3
短期	45	−150	0	150

续表

项　　目	行次	差　额	贷　方	借　方
3.1.2 贷款	46	-79	85	165
长期	47	-160	0	160
短期	48	80	85	5
3.1.3 货币和存款	49	-24	90	114
3.1.4 其他资产	50	1	2	0
长期	51	0	0	0
短期	52	1	2	0
3.2 负债	53	-24	1 074	1 098
3.2.1 贸易信贷	54	58	58	0
长期	55	1	1	0
短期	56	57	57	0
3.2.2 贷款	57	-88	788	876
长期	58	5	87	82
短期	59	-93	702	795
3.2.3 货币和存款	60	-15	148	163
3.2.4 其他负债	61	21	79	58
长期	62	11	13	2
短期	63	10	66	56
三、储备资产	64	-466	5	471
3.1 货币黄金	65	0	0	0
3.2 特别提款权	66	1	1	0
3.3 在基金组织的储备头寸	67	4	4	0
3.4 外汇	68	-471	0	471
3.5 其他债权	69	0	0	0
四、净误差与遗漏	70	-329	0	329

（2）阅读文献：《2013 年中国国际收支报告》。

  建议参考网站

1. 国家外汇管理局　http：//www.safe.gov.cn/
2. 中国国家统计局　http：//www.stats.gov.cn
3. 中国人民银行　http：//www.pbc.gov.cn

项目六 外汇管制

项目学习目标

通过本项目的学习，学习者要了解外汇管制的概念、机构、对象及类型；理解外汇管制的主要内容与措施；了解西方主要国家外汇管制的状况以及我国外汇体制改革的目标与采取的步骤。

重点和难点

1. 外汇管制的措施；
2. 外汇管制的利弊；
3. 熟知贸易伙伴国的外汇管制政策，并能够预测其外汇管制政策变化趋势。

课前任务

1. 通读《中华人民共和国外汇管理条例》；
2. 到学校附近银行储蓄所收集图片和资料，找到关于套汇、逃汇、人民币残币兑换、个人购汇等的规定；
3. 登录国家外汇管理局网站（以下简称外管局），阅读外管局关于服务贸易、特殊区域等有关事宜的外汇管理政策。

任务一 认识外汇管制

外汇管制简介

一、外汇管制的概念

外汇管制（Foreign Exchange Control）也称外汇管理，是指一个国家为了减缓国际收支危机，减少本国黄金外汇储备的流失，而对外汇买卖、外汇资金调拨、移动，以及外汇和外汇有价物等进出国境直接加以限制，以控制外汇的供给和需求，维持本国货币对外汇率的稳定所实施的政策措施，即外汇管制。

外汇管制是当今世界各国调节外汇和国际收支的一种常用的强制性手段，其目的是谋求国际收支平衡，维持货币汇率稳定，保障本国经济正常发展，以加强本国在国际市场上的经济竞争力。

 二、外汇管制的机构、对象及类型

（一）外汇管制的机构

在实行外汇管制的国家中，一般都是由政府授权中央银行作为执行外汇管制的机关。法国、意大利专门设立了外汇管制机构——外汇管制局（The Bureau of Foreign Exchange Control），负责外汇管制工作；英国指定财政部为决定外汇政策的权力机关，而英格兰银行仅代表财政部执行外汇管制的行政管理工作，并指定其他商业银行按规定办理一般正常的外汇收付业务；在日本则由大藏省负责外汇管制工作；还有一些国家是由它的中央银行指定一些大商业银行作为经营外汇业务的银行来管制外汇。

外汇管制机构负责制定和监督执行外汇管制的政策、法令和规定条例，并有权随时根据具体情况变化的需要，采取各种措施，对外汇的收、支、存、兑进行控制。

（二）外汇管制的对象

外汇管制的对象可分为对人、对物、对地区三种。

1. 对人

根据外汇管制的法令，将人划分为居民（Resident）和非居民（Non-resident）。所谓居民，是指长期定居（一般在一年以上）在本国的任何人（包括本国人和外国侨民）和设立在本国境内的具有法人地位的本国和外国的机关、团体、企业，以及外国派驻本国和外国的外交、领事等机构与其工作人员。大多数国家对居民的外汇管制较严，而对非居民的外汇管制较宽。

2. 对物

对物，主要是指哪些东西要受到外汇管制。其主要包括：外国纸币和铸币；用外币表示的有价证券，如政府公债、国库券、公司债券、股票、息票等；用外币表示的支付凭证，如汇票、本票、支票、银行存款凭证、邮递储蓄凭证等；贵金属，如黄金、白银等；携出、入境的本国货币。

3. 对地区

有些国家对本国的不同地区实行不同的外汇管制政策，例如，对本国的出口加工区或自由港，实行较松的外汇管制。另外，还有些国家对不同的国家和地区实行不同的外汇管制政策。

（三）外汇管制的类型

外汇管制的类型，主要以是否实行全面的或部分的外汇管制为标准，大致可分为以下三种类型。

1. 严格型外汇管制的国家和地区

有些国家和地区对贸易收支、非贸易收支和资本项目收支都实行严格的外汇管制。大多数发展中国家，如印度、赞比亚、秘鲁、巴西等均属这一类。这些国家和地区经济不发达，出口创汇有限，缺乏外汇资金，市场机制不成熟，为了有计划地使用外汇资源，加速经济发展，不得不实行严格的外汇管制。

2. 非严格型外汇管制的国家和地区

有些国家和地区对贸易和非贸易收支，原则上不加管制，但对资本项目的收支则仍加以不同程度的管制。这类国家经济比较发达，市场机制在经济活动中起主导作用，并已承诺了《国际货币基金组织基金协定》的第八条款，即不对经常项目的收支加以限制，不采取有歧视性的差别汇率或多重汇率。这类国家有法国、意大利、英国等。

3. 松散型外汇管制的国家和地区

有些国家对经常项目和资本项目的外汇交易不实行普遍的和经常性的限制，但不排除从政治和外交需要出发，对某些特定项目或国家采取包括冻结外汇资产和限制外汇交易等制裁手段。这些国家的汇率一般为自由浮动制，其货币也实行自由兑换。这类国家经济发达，黄金和外汇储备充足，国际收支整体情况良好，如美国、德国、加拿大等。

总之，一个国家外汇管制范围的大小和程度的宽严，主要取决于该国的经济、贸易、金融和国际收支的状况。由于世界各国的经济处于不断发展变化之中，所以其外汇管制也是在不断发展和变化的。其总趋势是：工业化国家和地区的外汇管制逐步放松，发展中国家和地区的外汇管制则有松有紧。

三、外汇管制的主要内容与措施

实行外汇管制的国家和地区，一般对贸易外汇收支、非贸易外汇收支、资本输出或输入、汇率、黄金和现钞的输出或输入等采取一定的管制办法和措施。

（一）对贸易外汇的管制

贸易收支，通常在一国的国际收支中所占的比例最大，所以，实行外汇管制的国家大多对贸易外汇实行严格管制，以增加出口外汇收入，限制进口外汇支出，减少贸易逆差，追求国际收支平衡。

1. 对出口收汇的管制

对出口实行外汇管制，一般都规定出口商须将其所得外汇及时调回国内，并出售给指定银行。也就是说，出口商必须向外汇管制机构申报出口商品价款、结算所使用的货币、支付方式和期限。在受到出口外汇后，又必须向外汇管制机构申报交验许可证，并按官方汇价将全部或部分外汇收入结售给指定银行。剩余部分既可用于自己进口，也可按自由市场的汇率转售他人。

许多国家在税收、信贷、汇率等方面采取措施，以促进本国商品出口，同时，对国内供应短缺的某些商品则实行限量出口,也有些国家按其与有关国家达成的协议,对某些商品的出口实行数量限制。有些发达国家虽对出口收汇并无限制,但由于政治上的原因,对某些国家采取各种临时性的贸易制裁或禁止某些战略物资和尖端技术的出口。

2. 对进口付汇的管制

实行外汇管制的国家,除对进口外汇实行核批手续外,为了限制某些商品的进口,减少外汇支出,一般采取的措施有:进口存款预交制(Advance Import Deposit)——进口商在进口某项商品时,应向指定银行预存一定数额的进口货款,银行不付利息,数额根据进口商品的类别或所属的国别按一定的比例确定;购买进口商品所需外汇时,征收一定的外汇税;限制进口商对外支付使用的外币;进口商品一定要获得外国提供的一定数额的出口信贷,否则不准进口;提高或降低开出信用证的押金额;进口商在获得批准的进口用汇以前,必须完成向指定银行的交单工作,增加进口成本;根据情况,允许(或禁止)发行特定的债券,偿付进口货款,以调节资金需求,减少外汇支出,控制进口贸易。

(二)对非贸易外汇的管制

非贸易外汇收支的范围较广,贸易与资本输出或输入以外的外汇收支均属于非贸易收支。其主要包括:与贸易有关的运输费、保险费、佣金;与资本输出或输入有关的股息、利息、专利费、许可证费、特许权使用费、技术劳务费等;与文化交流有关的版权费、稿费、奖学金、留学生费用等;与外交有关的驻外机构经费;旅游费和赡家汇款。其中与贸易有关的从属费用,如运输费、保险费和佣金等,基本按贸易外汇管制办法处理,一般无须再通过核准手续,就可以由指定银行供汇或收汇。其他各类非贸易外汇收支,都要向指定银行报告或得到其核准。实行非贸易外汇管制的目的是集中非贸易外汇收入,限制相应的外汇支出。各个国家根据其国际收支状况,往往在不同时期实行宽严程度不同的非贸易外汇管制。

(三)对资本输出或输入的管制

资本的输出或输入直接影响一国的国际收支,因此,无论是一些发达国家还是绝大多数发展中国家,都很重视对资本输出或输入的管制,只是根据不同的需要,实行不同程度的管制。

发展中国家由于外汇短缺,一般都限制外汇输出,同时,对有利于发展本国民族经济的外国资金,则实行各种优惠措施,积极引进,例如,对外商投资企业给予减免税优惠;允许外商投资企业的利润用外汇汇出等。另外,有些发展中国家对资本输出或输入还采取这样的措施:一是规定输出或输入资本的额度、期限与投资部门;二是从国外借款的一定比例需要在一定期限内存放在管汇银行;三是银行从国外借款不能超过其资本与准备金的一定比例;四是规定接受外国投资的最低额度等。

相比较来说,发达国家较少采取措施限制资本输出或输入,即使采取一些措施,也是为了缓和汇价和储备所受的压力。例如,20世纪70年代,日本、瑞士、德国等发达国家由于国际收支顺差,他们的货币经常遇到升值的压力,成为国际游资的主要冲击对象,并且这些国家国际储备的增长,又会加剧他们本国的通货膨胀,因此,就采取了一些限制资本输入的措施,以避免本国货币的汇率过分上浮,这些措施包括:规定银行吸收非居民存款要缴纳较高的存款准备金;规定银行对非居民存款不付利息或倒收利息;限制非居民购买本国有价证券等。与此同时,这些国家还采取了鼓励资本输出的措施,例如,日本从1972年起对于居民购买外国有价证券和投资于外国的不动产基本不加限制。

(四) 对汇率的管制

汇率管制是一国从本国的经济利益出发,为调节国际收支、稳定本币价值,而对本国所采取的汇率制度和汇率水平管制的方法。其主要有以下几种。

1. 直接管制汇率

一国政府指定某一部门制定、调整和公布汇率,这一官方的汇率对整个外汇交易起着决定性的作用。各项外汇收支都必须以此汇率为基础兑换本国货币。但这种汇率的形成人为因素成分较大,很难反映真实的水平,极易造成价格信号的扭曲。另外,采取这种形式的汇率管制,通常都伴之以对其他项目较严格的外汇管制。

2. 间接调节市场汇率

由市场供求决定汇率水平的国家,政府对汇率不进行直接的管制,而是通过中央银行进入市场吸购或抛售外汇,以达到调节外汇供求、稳定汇率的效果。为进行这一操作,许多国家都建立了外汇平准基金,运用基金在市场上进行干预;有的则是直接动用外汇储备进行干预。除通过中央银行在外汇市场上直接买卖外汇外,中央银行还通过货币政策的运用,主要是利率杠杆来影响汇率。利率水平的提高和信贷的紧缩,可以减少市场对外汇的需求,同时抑制通胀,吸引国外资金流入,阻止汇率贬值;反之,则可以降低汇率上升。

3. 实行复汇率制度

复汇率(Multiple Rate)是指一国货币对另一国货币的汇价因用途和交易种类的不同而规定有两种或两种以上的汇率。国际货币基金组织将一国政府或其财政部门所采取的导致该国货币对其他国家的即期外汇的买卖差价和各种汇率之间的买入与卖出汇率之间的差价超过2%的任何措施均视为复汇率。

一般来说,经济高度发达的市场经济国家,其汇率一般为自由浮动,国家不对汇率进行直接管制,而是运用经济手段间接调控引导汇率;而那些经济欠发达、市场机制发育不健全、缺乏有效的经济调控机制和手段的国家,则采取直接的行政性的方式来管理汇率,以保证汇率为本国经济政策服务。

(五) 对黄金、现钞输出或输入的管制

实行外汇管制的国家对黄金交易也进行管制,一般不准私自输出或输入黄金,而由中央银行独家办理。对现钞的管理,习惯的做法是对携带本国货币出入境规定限额和用途,有时甚至禁止携带本国货币出境,以防止本国货币输出用于商品进口和资本外逃及冲击本国汇率。

四、外汇管制的作用与弊端

（一）外汇管制的作用

（1）防止资本外逃。国内资金外逃是国际收支不均衡的一种表现。在自由外汇市场下，当资金大量外移时，由于无法阻止或调整，势必造成国家外汇储备锐减，引起汇率剧烈波动。因此，为制止一国资金外逃，避免国际收支危机，有必要采取外汇管制，直接控制外汇的供求。

（2）维持汇率稳定。汇率的大起大落，会影响国内经济和对外经济的正常进行，所以要通过外汇管制，控制外汇供求，稳定汇率水平，使之不发生经常性的大幅度波动。

（3）维护本币在国内的统一市场，不易受投机影响。实行外汇管制，可以分离本币与外币流通的直接联系，维持本币在国内流通领域的唯一地位，增强国内居民对本币的信心，抵御外部风潮对本币的冲击。

（4）便于实行贸易上的差别待遇。一国实行外汇管制，对外而言，有利于实现其对各国贸易的差别待遇或作为国际之间政府谈判的手段，还可以通过签订清算协定，发展双边贸易以克服外汇短缺的困难；对国内而言，通过实行差别汇率或贴补政策，有利于鼓励出口，限制进口，增加外汇收入，减少外汇支出。

（5）保护民族工业。发展中国家工业基础薄弱，一般工艺技术有待发展完善，如果不实行外汇管制及其他保护贸易政策，货币完全自由兑换，则发达国家的廉价商品就会大量涌入，从而使其民族工业遭到破坏与扼杀。实行外汇管制，一方面可以管制和禁止那些可能摧残本国新兴工业产品的外国商品的输入；另一方面可以鼓励进口必需的外国先进的技术设备和原材料，具有积极发展民族经济的意义。

（6）有利于国计民生。凡涉及国计民生的必需品，在国内生产不足时，政府均鼓励进口，准其优先结汇，按较低汇率申请进口，以减轻其成本，保证在国内市场上廉价供应，而对非必需品奢侈品则予以限制。

（7）增加货币，稳定物价。实行外汇管制，可以集中外汇资财，节约外汇支出一定程度上可以提高货币的对外价值，增强本国货币的币信，加强一国的国际经济地位。

另外，纸币对外表现为汇率，对内表现为物价。当一国主要消费物资和生活必需品价格上涨过于剧烈时，通过外汇管制对其进口所需外汇给予充分供应，或按优惠汇率结售，则可以增加资源，促进物价回落，抑制物价水平上涨，保持物价稳定。因此，外汇管制虽直接作用于汇率，但对稳定物价也有相当作用，可以避免或减轻国外通货膨胀对国内物价的冲击。

另外，外汇管制也可以作为外交政策，当别的国家实施外汇管制而对本国经济和政治产生不利影响时，该国即可以起用外汇管制作为一种报复手段。这样，外汇管制便成为一种政策工具。

（二）外汇管制的弊端

外汇管制从另外的角度看，对国际贸易和国家经济也会产生一定的副作用，主要表现在以下几个方面。

1. 不利于平衡外汇收支和稳定汇率

法定汇率的确定，虽可以使汇率在一定时期和一定范围内保持稳定，但是影响汇率稳定的因素很多，单纯依靠外汇管理措施以求汇率稳定是不可能的。例如，一个国家财政状况不断恶化，财政赤字不断增加，势必增加货币发行，引起纸币对内贬值，通过外汇管制，人为高估本国币制的法定汇率，必然削弱本国商品的对外竞争力，从而影响外币收入，最后本国货币仍不得不对外公开贬值，改变法定汇率。若财政状况仍没有根本好转，新的法定汇率就不易维持，外汇收支也难以平衡。

2. 阻碍国际贸易的均衡发展

采取外汇管制措施，虽有利于双边贸易的发展，但由于实施严格的管制后，多数国家的货币无法与其他国家的货币自由兑换，必然限制多边贸易的发展。另外，官方对汇率进行干预和控制，汇率不能充分反映供求的真实状况，常出现高估或低估的现象。而汇率高估，对出口不利；汇率低估，又不利于进口，汇率水平不合理会影响进出口贸易的均衡发展。

3. 限制资本的流入

在一定情况下，实行外汇管制不利于本国经济的发展与国际收支的改善。例如，外商在外汇管制国家投资，其投资的还本付息、红利收益等往往难以自由汇兑回国，势必影响其投资积极性，进而影响本国经济发展。

4. 价格机制失调，资源难以合理配置

外汇管制会造成国内商品市场和资本市场与国际相分离，国内价格体系与国际相脱节，使一国不能充分参加国际分工和利用国际贸易的比较利益原则来发展本国经济，资源不能有效地分配和利用。资金有盈余的国家，不能将其顺利调出，而急需资金的国家又不能得到它，资金不能在国际有效流动。

任务二　了解我国外汇管理体制

一、我国外汇管制的发展演变

外汇管制在我国习惯被称为外汇管理。我国外汇管理的基本任务是：建立独立自主的外汇管理体制，正确制定国家的外汇法规和政策，保持国际收支的基本平衡和汇率的基本稳定，有效地促进国民经济的持续稳定发展。我国外汇管制的发展演变主要经历了以下几个时期。

（一）1949—1952 年，国民经济恢复时期

这一阶段，我国外汇管理的主要任务是取缔帝国主义在中国的经济、金融特权；禁止外币在市场上流通；稳定国内金融物价；利用、限制、改造私营进出口商和私营金融业；

建立独立自主的外汇管理制度和汇价制度；扶植出口；鼓励侨汇；建立供汇与结汇制度；集中外汇收入和合理使用外汇，促进国民经济的恢复和发展。总之，这一阶段的外汇管理工作主要分为以下几类。

1. 建立了外汇的供汇、结汇制度

出口货物售得的外汇、劳务所得外汇及侨汇必须卖给或结存入国家银行，进口所需外汇和其他非贸易用汇，可按规定向外汇管理机关申请，经批准后由国家银行卖给外汇。

2. 建立了人民币汇价调整制度

建立了独立自主、机动性较强的人民币汇价调整制度，并根据当时的实际情况，对人民币汇价进行了大幅度的调整，将美元汇率从 1949 年 1 月 18 日的 1 美元折合 80 元人民币，下调至 1950 年 3 月 13 日的 1 美元折合 42 000 元旧人民币，后又上调至 1951 年 5 月 23 日的 1 美元折合 22 380 元旧人民币，同时，准许出口商将外汇预先卖给银行。

3. 建立了外汇指定银行管理制度

全国共核准了 53 家银行经营外汇业务，同时加强了对外商银行的管理，取消其特权，对于停业清理的外商银行，监督其清理负债。

4. 建立了货币进出口国境管理制度

建立了人民币、外币和金银进出口国境的管理制度，严格禁止私自携带或邮寄人民币、外币和金银出境。

上述一系列外汇管理政策的实施，使国家外汇收入大量增加，对国民经济的恢复和发展以及稳定金融物价起到了积极作用。

（二）1953—1978 年，实行全面计划经济时期

从 1953 年开始，我国进入社会主义改造和建设时期，国家加强了对国民经济的控制，实行了全面计划经济。在这一阶段，随着我国私营工商业和金融业社会主义改造的完成，对外贸易开始由国营外贸进出口公司统一经营，外汇业务也开始由中国银行统一经营，当时，中国银行是中国人民银行的一个局，对外用"中国银行"名称，是国家指定的执行外汇管理的机关。由于原来以私营工商业和金融业为重点的外汇管理制度已不能满足新的经济形势发展的需要，因此这一阶段外汇管理的主要任务是：进一步巩固和完善各种外汇管理制度，加强对国营企业贸易外汇和非贸易外汇的管理，开源节流，努力增加外汇收入。具体管理办法如下：

1. 对外汇收支实行全面的指令性计划管理

外汇由国家计划委员会统一平衡和分配使用，统收统支，以收定支，基本平衡略有节余。一切外汇收入均须交售给国家，需用外汇时，由国家按计划分配或审批。

2. 在对外贸易方面，统一经营，统负盈亏

所有的对外进出口活动均由外贸部所属的国营进出口公司负责，按国家核定的指令性计划执行，统一经营，统负盈亏。在对国营贸易外汇实行计划管理的同时，用进出口报关单制度取代了进出口许可证制度和银行签证制度。

3. 加强对非贸易外汇的管理

1954 年 4 月，国家计委、财政部颁布了《关于加强非贸易外汇管理的规定》；1972 年

9月30日又联合发布了《关于试行非贸易外汇管理办法》。这种高度集中统一的外汇管理体制，与计划管理体制和国家垄断的外贸体制相适应，是在国家对外封闭的环境下的产物。在外汇收支数额不大的情况下，为使有限的外汇收支得到合理的使用，保证外汇收支平衡和汇率稳定，这种外汇管理体制是必要的，但这种体制集中过多，统得过死，单纯依靠计划和行政管理，存在着经济效益低、应变能力弱和缺乏灵活性的缺陷，不利于调动各方面创汇的积极性，不利于对外贸易和经济的发展。

4. 集中管理，统一经营

对外政策和外汇立法以外汇国家垄断为基础，实行"集中管理，统一经营"的方针。管理和平衡外汇主要采取行政手段，依靠指令计划和各项内部管理办法对外汇收支进行管理。人民币汇率作为计划核算标准，由国家规定，长期处于定值过高的状态。

（三）1979—1993年，实行计划的商品经济时期

党的十一届三中全会后，我国全面实行了对内搞活、对外开放的政策，并开始进行经济体制改革，建立有计划的商品经济。随着经济体制改革的逐步深入和对外开放的不断扩大，我国外汇管理体制进行了一系列重大改革，使外汇管理工作跨入了一个新的里程。

（1）设立了专门的外汇管理机构——国家外汇管理局。1979年3月，国务院批准设立了国家外汇管理总局，并赋予其管理全国外汇的职能；1983年，国家外汇管理总局由中国银行划出，中国人民银行代管，成为中央银行的一个局；1988年6月，国务院决定国家外汇管理局为国务院直属总局级机构，次年升为副部级，仍由中央银行归口管理。

（2）公布并实施了《中华人民共和国外汇管理暂行条例》及一系列实施细则。1979年7月，公布了《中外合资经营企业法》；1980年12月，公布了《中华人民共和国外汇管理暂行条例》，1981年3月1日起施行；随后又公布了一系列外汇管理实施细则及其他外汇管理办法，包括：《对外国驻华机构及其人员的外汇管理实施细则》《对外汇、贵金属和外汇票据等进出国境的管理实行细则》《经济特区外资银行、中外合资银行管理条例》《违反外汇管理处罚实行细则》等。通过这些条例、细则、办法的颁布和实施，进一步完善和健全了我国的外汇管理制度。

（3）改革了外汇分配制度，实行了外汇留成办法。为了进一步调动企业出口创汇的积极性，增加国家的外汇收入，国务院提出在外汇由国家集中管理、统一平衡、保证重点的同时，实行贸易和非贸易外汇留成，根据不同地区、不同部门和不同行业，确定了不同的留成比例。

（4）建立了外汇调剂市场。1980年以前，我国外汇资金实行指令性计划纵向分配，没有外汇市场。实行外汇留成后，有的企业本身有留成外汇但一时不用，有的企业急需外汇而本身却又没有外汇来源，无法进口原材料和先进技术等，这就产生了调剂外汇余缺的需要。1980年10月，国家外汇管理总局、中国银行发出了试办调剂外汇工作的通知，同时制定了《调剂外汇暂行办法》；1981年又发布了《关于外汇额度调剂工作暂行办法》；1986年3月公布了《办理留成外汇调剂的12项规定》，允许有留成外汇的国营和集体企业，通过中国银行（后改为外汇管理局）按照国家规定的外汇调剂价格，将多余的外汇卖给需要外汇的国营和集体企业；1986年10月，允许外商投资企业之间相互调剂外汇；

1988年，为了配合外贸承包责任制的实施，在全国各省、自治区、直辖市、计划单列市和经济特区及沿海的一些经济较发达的城市设立了外汇调剂中心，办理地方、部门、国营、集体企业和外商投资企业的留成外汇和自有外汇的调剂业务及调剂外汇的价格，由国家决定，随后发展到由买卖双方根据市场供求状况公开竞价成交。1979—1990年，全国各外汇调剂市场的总成交额已达389.64亿美元，对弥补出口企业亏损、解决外商投资企业的外汇平衡等发挥了重要的作用。

（5）建立了外债管理体制和外债统计监测系统。实行改革开放后，我国开始大规模利用外资，鼓励外商来华投资，加强了对外借债的计划管理和向外借款的窗口管理，建立了较为健全的借款审批制度、外债的统计监测制度和外债担保制度。

（6）建立了多种金融机构并存的外汇经营体制，打破了中国银行独家经营外汇的局面。1984年9月，中国工商银行深圳分行首先获得外汇业务的经营权，此后又陆续批准各专业银行总行及分行、交通银行、建设银行、农业银行、中信实业银行、光大银行、华夏银行、上海浦东发展银行、广东发展银行、深圳招商银行、福建兴业银行、中国投资银行及民生银行等经营外汇业务。我国还批准设立了经营外汇业务的外资银行和中外合资银行。

另外，1984年7月中国银行开办了个人外币储蓄存款，允许国内居民持有外汇。由于外汇管制放宽，居民外汇收入大幅增加，外币存款也迅速增长。

二、1994年我国的外汇体制改革

1994年我国的对外汇管理体制进行了重大改革，与过去改革相比，这一次的改革明确提出：外汇管理体制改革的长远目标是实现人民币的自由兑换。这就意味着对经常项目和资本项目的外汇管制将逐步取消，对国际正常的汇兑活动和资金流动将不进行限制。这一改革目标的提出是基于我国改革开放的前景，并参照了国外的经验。具体来说，有以下主要内容。

（1）建立单一的、以市场供求为基础的有管理的浮动汇率制。

①汇率并轨，实行单一的汇率。1994年1月1日起，实行人民币汇率并轨，即将调剂外汇市场价与官方牌价合二为一，只保留一个汇价。1993年12月月底官方汇率为1美元=5.8000元人民币左右，所以，1994年1月1日并轨后的牌价定为1美元=8.7000元人民币。

②实行以市场供求为基础的、有管理的浮动汇率制度。人民币由中国人民银行根据前一日银行之间外汇交易市场形成的价格，每日公布人民币对美元交易的中间价，并参照国际外汇市场变化，同时，公布人民币对其他主要货币的汇率。各外汇指定银行以此为依据，在中国人民银行规定的浮动幅度范围内自行挂牌，对客户买卖外汇。

（2）实行外汇收入结汇制，取消外汇留成。境内所有企事业单位、机关和社会团体的各类外汇收入必须及时调回境内。凡属下列范围内的外汇收入（外商投资企业除外），均须按银行挂牌汇率，全部结售给外汇指定银行：出口或转口货物及其他交易行为取得的外汇；交通运输、邮电、旅游、保险业等提供服务和政府机构往来取得的外汇；银行经营外汇业务应上缴的外汇净收入,境外劳务承包和境外投资应调回境内的外汇利润;外汇管理部门规定的其他应结售的外汇。

下列范围内的外汇收入,允许在外汇指定银行开立现汇账户:境外法人或自然人作为投资汇入的外汇;境外借款和发行债券、股票取得的外汇;劳务承包公司境外工程合同期内调入境内的工程往来款项;经批准具有特定用途的捐赠外汇;外国驻华使领馆、国际组织及其他境外法人驻华机构的外汇;个人所有的外汇。取消原来实行的各类外汇留成、上缴和额度管理制度。

(3) 实行银行售汇制,允许人民币在经常项目下有条件可兑换。关于人民币成为可自由兑换的货币,我国要分"三步走":第一步,实现人民币经常项目下有条件可兑换,这在1994年已实现;第二步,实现经常项目下人民币可兑换,这在1996年12月已经实现;第三步,开放资本市场,资本项目下人民币可兑换,最后达到人民币的完全自由兑换。

1994年实行售汇制后,取消了经常项目正常对外支付用汇的计划审批。境内企事业单位、机关和社会团体在经常项目下的对外支付用汇,持以下有效凭证,用人民币到外汇指定银行办理兑付:实行配额或进口控制的货物进口,持有关部门颁发的配额、许可证或进口证及相应的进口合同。除上述两项外,其他符合国家进口管理规定的货物进口,持支付协议或合同和境外金融、非金融机构的支付通知书;非贸易项下的经营性支付,持支付协议或合同和境外金融、非金融机构的支付通知书。

非经营性支付购汇或购提现钞,按财务和外汇管理有关规定办理,对向境外投资、贷款、捐款的汇出,继续实行审批制。

(4) 建立银行之间外汇市场,改进汇率形成机制,保持合理及相对稳定的人民币汇率实行银行结汇、售汇制后,建立全国统一的银行之间外汇交易市场。外汇指定银行是外汇交易的主体。银行之间外汇交易市场主要职能是为各外汇指定银行相互调剂余缺和清算服务,全国统一的外汇交易市场于1994年4月1日开始正式运行,由中国人民银行通过国家外汇管理局监督管理。

在稳定境内通货的前提下,通过银行之间买卖和中国人民银行向外汇交易市场吞吐外汇,保持各银行挂牌汇率的基本一致和相对稳定。

(5) 强化外汇指定银行的依法经营和服务职能。外汇指定银行办理结汇所需要人民币资金原则上应由各银行自有资金解决。国家对外汇指定银行的结算周转外汇实行比例管理。各银行持有超过其高限比例的结算周转外汇,必须出售给其他外汇指定银行或中国人民银行;持有结算周转外汇降到低限比例以下时,应及时从其他外汇指定银行或中国人民银行购入补足。

为使有远期支付合同或偿债协议的用汇单位避免汇率风险,外汇指定银行可依据有效凭证办理人民币与外币的保值业务。

(6) 对资本项目的外汇收支仍继续实行计划管理和审批制度。我国对资本项目进行管理,主要是对外债进行管理,其基本原则是:总量控制,注重效益,保证偿还。管理的主要内容包括:对境外资金的借用和偿还,国家继续实行计划管理、逐笔审批和外债登记制度。为确保国家的对外信誉,继续加强外债管理,实行"谁借谁还"的原则;境外外汇担保履约用汇,持担保合同、外汇局核发的核准证到外汇指定银行购汇,发行人须持相应的批准文件向外汇局申请,持外汇局核发的《开户通知书》到开户银行办理开户手续;对资本输出实行计划管理和审批制度。

(7) 对外商投资企业外汇收支的管理。对外商投资企业外汇收支的管理基本上维持原来的办法,准许保留外汇账户,外汇收支自行平衡。

为了解决外商投资企业外汇不平衡问题,继续保留各地外汇调剂中心,调剂外商投资企业之间的外汇余缺。

外商投资企业存在以下情况的,一般不予批准进入调剂市场购汇:投资的资本金不到位;未按合同规定完成返销比例者;元器件国产化未达到合同规定的。但是,为了进一步贯彻国民待遇原则,从1996年4月1日起外商投资企业也实行了结售汇制。

(8) 停止发行外汇兑换券,取消境内外币计价结算,禁止外币在境内流通。自1994年1月1日起,取消任何形式的境内外币计价结算;境内禁止外币流通和指定金融机构以外的外汇买卖;停止发行外汇券,已发行流通的外汇券,在限期内逐步兑回。

三、我国现行的外汇管制

(一) 经常项目下完全自由兑换

货币兑换可分为三个层次:一是不可兑换;二是国际收支经常项目下可兑换;三是完全可自由兑换,即在经常项目和资本项目下均可以自由兑换。国际货币基金组织对货币可兑换进行了界定,将经常项目下可兑换确定为最低层次的可兑换。

在《国际货币基金组织协定》第八条款中规定了经常项目下可兑换的具体要求,归纳起来是:第一,各成员国(或地区)未经基金组织同意,不可对国际经常往来的付款和资金转移施加限定;第二,不准实行歧视性货币措施和多种汇率措施;第三,任何一个成员均有义务赎回其他成员国持有的经常项目下本国货币的结存,即兑换外国持有的本国货币。资本项目下的可兑换要求取消对短期金融资本、直接投资和证券投资引起的外汇收支的各种兑换限制,使资本能够自由出入境。在具体实践中,某些国际储备货币在国际化进程中依然对资本项目下的兑换实施一些必要的限制。国际货币基金组织对资本项目下可兑换没有给予严格界定。

1996年12月1日起,我国正式履行国际货币基金组织协议第八条第二、三款义务,实行人民币经常项目下可兑换,这标志着我国实现了经常项目下人民币的完全可兑换。

(二) 资本项目下不完全自由兑换

资本项目是指国际收支中因资本输出和输入而产生的资产负债的增减项目,所反映的是本国和外国之间以货币表示的债权债务的变动。换而言之,就是一国为了某种经济目的在国际经济交易中发生的资本跨国界的收支项目。

在国际收支统计,资本项目也称资本账户,包括各国之间股票、债券、证券等的交易,以及一国政府、居民或企业在国外的存款,具体可分为长期资本(合同规定偿还期超过1年的资本或像公司股本一样未定偿还期资本)和短期资本(即期付款的资本和合同规定借款期为 1 年和 1 年以下的资本）。我国国际收支平衡表中的资本项目按期限划分为长期资本往来和短期资本往来。

国际经验表明，一国要实现资本项目的对外开放至少应具备下列条件：较低的通货膨胀率，合理的利率、价格，健全的国内金融体系，较强的宏观调控能力，发达的资金市场，外汇收支的大体平衡，灵活而高效的微观企业机制，完备而有力的金融监管和法律法规等。

当前我国的社会经济实力还不能完全满足货币自由兑换的要求，资本项目的开放还受到许多条件的制约。

1. 人民币汇率、利率形成机制不够完善

在目前的结售汇制度下，人民币汇率水平并不是完全反映外汇市场供求的均衡汇率。国家对市场行为主体持有、使用外汇还存在着诸多限制，决定人民币汇率的银行之间外汇头寸市场被几家大银行所垄断，汇率缺乏真实性。在这样的情况下，开放资本项目将会导致外汇供求的失衡和外汇市场的混乱。

我国现行的利率形成机制也尚未完全市场化，通过利率杠杆调节国内资金流动的作用受到一定限制，难以通过利率和汇率的相互影响调节国际资本流动。国内利率水平和国际比较仍有差距并缺乏稳定性，资本项目开放以后，当国内利率高于国际水平时，会导致大量外资涌进，冲击国内市场，诱发通货膨胀；而当国内利率低于国际市场利率时，又会引起资本外逃和货币贬值，严重时可导致金融危机。

2. 通货膨胀的压力依然存在

几年来，适度从紧的货币政策已使中国的通货膨胀得到了有效的遏制，但不断增加的财政赤字使通货膨胀的隐患依旧存在。在币值稳定的基础上开放资本项目，必然导致外资的大量流入和外汇储备的增加，从而加大外汇占款的基础货币的投放量，加大了通货膨胀的可能性。

3. 国内金融市场不够完善

资本项目开放将使国内外金融市场的联系更加紧密，国际金融市场的动荡会很快传递到国内，而健康的金融市场体系能较好地应对各种冲击，具有自我减震作用。目前，我国金融市场的发展还不够成熟，金融机构类型单一，垄断性强；金融产品种类稀少，交易量小，不能满足社会需求；金融机构还未建立起适应国际竞争的机制；短期货币市场与外汇市场的发育还很幼稚，中央银行无法通过它们进行有效的调控。

4. 微观经济主体缺乏活力

企业是微观经济活动的主体，由长期以来的计划经济体制所致，在经济中占据主导地位的国有企业普遍低效，目前处于转制过程中的国有企业亏损面相当大，由于企业缺乏自主权、经营管理不善等种种因素，企业尚不具备灵活的机制来适应资本流动、资本价格变动和汇率变动带来的影响，国际竞争能力十分薄弱。

在这样的情况下，开放资本项目会导致国有企业的处境更加艰难。当然，政府可以通过倾斜政策加强对国有企业的扶植，但是企业在国家的"保护伞"下会变得更加软弱，同时，这样还会加重国家财政的负担，加大经济危机的可能性。

因此，我国目前的资本项目现状是不完全自由兑换。

（三）对金融机构开办外汇业务的管理

目前，在我国经营外汇业务的金融机构有国家专业银行、外资银行和中外合资银行、非银行金融机构三类。外汇管理局对其进行管理的基本原则如下。

（1）银行和金融机构经营外汇业务须向外汇管理局申请，批准以后由外汇管理局发给"经营外汇业务许可证"。批准的大致条件是：对我国经济发展有利，具有经营外汇业务的能力，有一定数量和相当素质的外汇业务人员，有固定经营场所，有一定数额的外汇资本金和营运资金（如全国性银行总行须有不少于2 000万美元的资本金）。

（2）在经营外汇业务的范围上各类金融机构是有区别的。国家银行和综合性银行可以申请经营外汇银行的各种外汇业务；外资银行和中外合资银行可以申请经营一般商业银行的外汇业务，但只能办理外商投资企业、外国人、华侨、港澳同胞的外汇存款、汇出汇款和进口贸易的结算和押汇，不允许经营人民币业务；非银行金融机构的业务限制在信托、投资、租赁、担保、证券交易等上面，并对吸收存款的期限和数额给予一定限制。

（3）对经营外汇业务的具体做法也有明确的规定。例如，规定检查和稽核制度，规定资本与债务比率，规定对一个企业的外汇放款加外汇担保总额不能超过其实收外汇资金加储备金的30%等。金融机构终止经营外汇业务，应当向外汇管理机关提出申请。金融机构经批准终止经营外汇业务的，应当依法进行外汇债权、债务的清算，并缴销经营外汇业务许可证。

（四）对境内非居民的外汇管理

非居民包括各国驻华外交机构、国际机构、民间机构、外交人员，短期在中国的外国人、留学生及旅游人员等，对他们入境携带的外汇，允许自由保留和运用，自由存入银行和提取，或卖给外汇指定银行，也可以持有效凭证汇出或者携带出境，但不能私自买卖。他们的合法人民币收入，需要汇出境外的，可以持有关证明材料和凭证到外汇指定银行兑付。

（五）对境内居民的外汇管理

境内居民包括居住在中国境内的中国人和外国侨民（居住1年以上者），凡居民个人存放在国内或国外的外汇，准许持有、存入或卖给银行，但不准私自买卖。个人移居境外后，其境内资产产生的收益，可以持规定的证明材料和有效凭证，向外汇指定银行汇出或者携带出境。个人因私用汇，在规定限额以内购汇，超过规定限额的个人因私用汇，应向外汇管理机构提出申请，外汇管理机构认为其申请属实的，可以购汇。个人携带外汇进境，应当向海关办理申报手续；携带外汇出境，超过规定限额的，还应当向海关出具有效凭证。居住在境内的中国公民持有的外币支付凭证、外币有价证券形式的外汇资产，未经外汇管理机构批准，不得携带或者邮寄出境。

从2019年1月1日起，中央银行要求支付宝、微信支付等任何第三方个人账户5万元以上的大额交易都要受到审查和上报。这个规定的施行意味着，国内个人账户5万以上的交易都将接受中央银行的监控和管理。

经常项目个人外汇管理

(1) 个人经常项目项下外汇收支可分为经营性外汇收支和非经营性外汇收支。个人经常项目项下经营性外汇收支按以下规定办理。

①个人对外贸易经营者办理对外贸易购付汇、收结汇应通过本人的外汇结算账户进行;其外汇收支、进出口核销、国际收支申报按机构管理。

个人对外贸易经营者是指依法办理工商登记或者其他执业手续,取得个人工商营业执照或者其他执业证明,并按照国务院商务主管部门的规定,办理备案登记,取得对外贸易经营权,从事对外贸易经营活动的个人。

②个体工商户委托有对外贸易经营权的企业办理进口的,本人凭其与代理企业签订的进口代理合同或协议购汇,所购外汇通过本人的外汇结算账户直接划转至代理企业经常项目外汇账户。

个体工商户委托有对外贸易经营权的企业办理出口的,可通过本人的外汇结算账户收汇、结汇。结汇凭与代理企业签订的出口代理合同或协议、代理企业的出口货物报关单办理。代理企业将个体工商户名称、账号及核销规定的其他材料向所在地外汇局报备后,可以将个体工商户的收账通知作为核销凭证。

③境外个人旅游购物贸易方式项下的结汇,凭本人有效身份证件及个人旅游购物报关单办理。

(2) 境内个人经常项目项下非经营性结汇超过年度总额的,凭本人有效身份证件及以下证明材料在银行办理。

①捐赠:经公证的捐赠协议或合同。捐赠须符合国家规定。

②赡家款:直系亲属关系证明或经公证的赡养关系证明、境外给付人相关收入证明,如银行存款证明、个人收入纳税凭证等。

③遗产继承收入:遗产继承法律文书或公证书。

④保险外汇收入:保险合同及保险经营机构的付款证明。投保外汇保险须符合国家规定。

⑤专有权利使用和特许收入:付款证明、协议或合同。

⑥法律、会计、咨询和公共关系服务收入:付款证明、协议或合同。

⑦职工报酬:雇佣合同及收入证明。

⑧境外投资收益:境外投资外汇登记证明文件、利润分配决议或红利支付书或其他收益证明。

⑨其他:相关证明及支付凭证。

(3) 境外个人经常项目项下非经营性结汇超过年度总额的,凭本人有效身份证件及以下证明材料在银行办理。

①房租类支出：房屋管理部门登记的房屋租赁合同、发票或支付通知；

②生活消费类支出：合同或发票；

③就医、学习等支出：境内医院（学校）收费证明；

④其他：相关证明及支付凭证。

上述结汇单笔等值5万美元以上的，应将结汇所得人民币资金直接划转至交易对方的境内人民币账户。

境内个人经常项目项下非经营性购汇超过年度总额的，凭本人有效身份证件和有交易额的相关证明材料在银行办理。

(4) 境外个人经常项目合法人民币收入购汇及未用完的人民币兑回，按以下规定办理。

①在境内取得的经常项目合法人民币收入，凭本人有效身份证件和有交易额的相关证明材料（含税务凭证）办理购汇。

②原兑换未用完的人民币兑回外汇，凭本人有效身份证件和原兑换水单办理，原兑换水单的兑回有效期为自兑换日起24个月；对于当日累计兑换不超过等值500美元（含），以及离境前在境内关外场所当日累计不超过等值1 000美元（含）的兑换，可凭本人有效身份证件办理。

(5) 境内个人外汇汇出境外用于经常项目支出，按以下规定办理。

①外汇储蓄账户内外汇汇出境外当日累计等值5万美元以下（含）的，凭本人有效身份证件在银行办理；超过上述金额的，凭经常项目项下有交易额的真实性凭证办理。

②手持外币现钞汇出当日累计等值1万美元以下（含）的，凭本人有效身份证件在银行办理；超过上述金额的，凭经常项目项下有交易额的真实性凭证、经海关签章的《中华人民共和国海关进境旅客行李物品申报单》或本人原存款银行外币现钞提取单据办理。

(6) 境外个人经常项目外汇汇出境外，按以下规定在银行办理。

①外汇储蓄账户内外汇汇出，凭本人有效身份证件办理；

②手持外币现钞汇出，当日累计等值1万美元以下（含）的，凭本人有效身份证件办理；超过上述金额的，还应提供经海关签章的《中华人民共和国海关进境旅客行李物品申报单》或本人原存款银行外币现钞提取单据办理。

项目训练

1. 填空题（把你认为正确的答案填在括号里）

(1) 一国货币当局对本国汇率变动的基本方式所做的一系列安排或规定，被称为_____。

（2）1994年1月1日开始，我国实行汇率并轨，形成了以＿＿＿＿＿为基础的＿＿＿＿＿汇率制度。

（3）1996年年底，人民币实现＿＿＿＿＿可兑换，并且要扩大开放，逐步使人民币实现＿＿＿＿＿可兑换，以最终达到人民币完全自由兑换。

2. 判断（你认为正确的在后面括号填"T"，错误的填"F"）

（1）政府通过建立外汇平准基金、动用外汇储备、调整国内的货币政策及利率水平等方式来干预外汇市场，对本国汇率进行直接管制。（　　）

（2）外汇管制无助于外汇失衡的消除和国际收支问题的根本解决。（　　）

（3）发达国家实行外汇管制的目的是防止资本外逃。（　　）

（4）实行严格外汇管制的国家必然存在着复汇率。（　　）

（5）随着世界金融一体化、经济一体化的趋势不断增强，各国外汇管制会越来越严格。（　　）

（6）外贸企业的驻外机构及设在境外的合营企业，从事经营所得的合法利润收入，可以根据自身业务经营的需要，自行决定存放境外或留用。（　　）

3. 不定向选择（把你认为正确的选项的代表字母填在题后的括号内）

（1）一国货币当局按照本国经济利益的需要，对外汇市场进行直接或间接的干预，以使本国货币汇率向有利于本国的方向浮动的汇率制度是（　　）。

A. 管理浮动汇率制　　　　　　B. 弹性汇率制
C. 联合浮动汇率制　　　　　　D. 钉住汇率制

（2）各国执行外汇管理的机构通常包括（　　）。

A. 外汇银行　　　　　　　　　B. 外汇管理机构
C. 海关　　　　　　　　　　　D. 专门的外汇管理机构

（3）外汇管制的方法和措施主要有（　　）。

A. 对外汇资金的管制　　　　　B. 对货币兑换的管制
C. 对黄金、现钞的管制　　　　D. 对汇率的管制

（4）随着对外开放和经济体制改革的深入，在1994年我国又迈出了具有重大意义的一步，从这年起（　　）。

A. 实行单一的有管理的浮动汇率制度　　B. 实行统一的银行结售汇制
C. 建立了全国银行间外汇市场　　　　　D. 停止发行外汇券

（5）我国香港使用的汇率制度是（　　）。

A. 货币局制度　　　　　　　　B. 联系汇率制度
C. 管理浮动汇率制　　　　　　D. 爬行钉住汇率制

（6）对于发展中国家来说，汇率管制主要是（　　）。

A. 防止外来资本控制本国经济的手段
B. 防止外汇储备流失，稳定本币币值的手段
C. 控制短期外来资本流入的手段
D. 夺取国外市场的手段

(7) 外汇管制的官方市场下一般均（　　）本币币值。
A. 低估　　　　　　　　B. 高估　　　　　　　C. 按自由汇率估计　　　D. 以上都不是

(8) 外汇管制的国家采取（　　）措施，可视为广义的复汇率。
A. 课征外汇税　　　　　　　　　　　　B. 给予外汇津贴
C. 对未偿付债务保有相应存款　　　　　D. 官定汇率背离市场汇率而不进行调整

(9) 外汇管制的物化对象有（　　）。
A. 外币　　　　　　　　　　　　　　　B. 以外币表示的支付工具
C. 外币有价证券　　　　　　　　　　　D. 黄金

(10) 我国外汇管理的主要措施有（　　）。
A. 实行银行结售汇制　　　　　　　　　B. 实行固定汇率制
C. 允许人民币完全自由兑换　　　　　　D. 实行复汇率制

4. 讨论与思考
(1) 外汇管制有哪些作用，在何种条件下使用？
(2) 经常项目下货币可兑换的标准和内容是什么？
(3) 简述我国外汇管制的方法与措施。
(4) 试述我国现行外汇管制的基本内容。

5. 案例分析

外汇管制拯救越南

2008年，越南经济的动荡让人们不约而同地将目光集中到这个国家。金融领域出现诸多不稳定现象，通货膨胀严重，5月份通胀率高达25.2%，股市已经下跌59.2%，越南盾随美元走势疲软，自3月下旬急跌后，其汇率持续下滑。按照一般金融危机爆发的逻辑，先是在外国资本的鼓励下本国货币升值和汇率浮动区间放宽，接着就是洪水一般的热钱流入国内市场，引发资产价格泡沫，稍后就是实体经济开始出现通货膨胀，贸易顺差开始急速下降乃至迅速转为逆差，待这些投机热钱赚得盆满钵满时就迅速撤离，导致该国经济受到重创。

学者指出，现在越南的外汇仍是收到政府管制的，紧要关头政府肯定会有所作为，在一个不是完全市场经济的国家，政府的作用是巨大的。

1993年，越南就颁布了《越南外汇管制条例》，明确规定政府对外汇和外汇业务实行统一管理的国家管理，国家银行行长就外汇和外汇业务的国家管理向政府负责，政府各部、部级单位、政府直属单位、各省和直辖市人民委员会有责任按其职责、职权范围对外汇和外汇业务实行国家管理。

越南国家银行2008年6月6日发布通告，加强对外汇市场的控制，努力保持该国金融市场的稳定，通告规定，外汇自由市场只能买进外汇，而不得将外汇卖给个人，各外汇代理点买进的外汇必须上交国家，违规者将予以严惩。

结合上述资料请回答：
(1) 什么是外汇管制？其主要目标是什么？
(2) 结合资料及所学知识，谈谈实行外汇管制的优点、缺点。

6. 动手与动脑

中国某出口公司于 2006 年向委内瑞拉一个大型电信运营商 C 公司出口 10 000 台手机，价值 200 余万美元。根据委内瑞拉的外管理制度，C 公司向委内瑞拉外汇管理委员会（CADIVI）提出美元购汇申请以准备偿付货款，并取得了相应的许可 AAD。

2006 年年底，C 公司根据已经取得的购汇许可 AAD 申请购 200 余万美元支付到期货款，恰逢委内瑞拉政府对 C 公司实行国有化，委内瑞拉外汇管理委员会（CADIVI）以 C 企业需要审计为由拒绝了 C 公司的购汇申请。

幸亏中国某公司投保了出口信用保险，于是，该公司委托中国出口信贷保险公司代为追讨货款。

试分析：假如中国出口公司未投保出口信用保险，结果会如何？如果该企业了解委内瑞拉的外汇管理制度的严格复杂，还会做远期付款的出口业务吗？

建议参考网站

1. 国家外汇管理局　http：//www.safe.gov.cn/
2. 中国人民银行　http：//www.pbc.gov.cn/

项目七

外汇与汇率

项目学习目标

本项目要求学习者了解有关外汇汇率的基本理论和基本知识，学会分析汇率变动的原因及汇率变动对一国经济的影响；能识别汇率的标价方法；会正确运用买入价和卖出价；理解汇水点数的含义；会简单的交叉汇率计算。

重点和难点

1. 外汇的形态；
2. 直接标价法与间接标价法；
3. 买入汇率与卖出汇率；
4. 即期汇率与远期汇率；
5. 交叉汇率的初步计算；
6. 不同货币体系下汇率确定的基础；
7. 当今世界影响汇率变动的主要因素。

课前任务

1. 从网上找出自己感兴趣的外币，要求有全套电子版的某种外币，每个学生至少找出一套（有条件的学生也可带一套真正的外币）；
2. 摘录中国银行近一周某日的外汇牌价表。

任务一 理解外汇

一、外汇的概念和形态

外汇的认识

（一）外汇的概念

外汇是国际汇兑（Foreign Exchange）的简称。外汇的概念有广义和狭义之分。

广义的外汇是指一国拥有的一切以外币表示的资产,是指货币在各国之间的流动及将一个国家的货币兑换成另一个国家的货币,借以清偿国际债权、债务关系的一种专门性的经营活动。实际上就是货币行政当局(中央银行、货币管理机构、外汇平准基金及财政部)以银行存款、财政部库券、长短期政府债券等形式所保有的在国际收支逆差时可以使用的债权。

狭义的外汇是以外国货币表示的,为各国普遍接受的,可用于国际债权债务结算的各种支付手段。例如,根据1997年1月14日《国务院关于修改〈中华人民共和国外汇管理条例〉的决定》,2008年8月1日国务院第20次常务会议修订通过的《中华人民共和国外汇管理条例》第三条规定,所称"外汇",是指下列以外币表示的可以用作国际清偿的支付手段和资产:外币现钞,包括纸币、铸币;外币支付凭证或者支付工具,包括票据、银行存款凭证、银行卡等;外币有价证券,包括债券、股票等;特别提款权;其他外汇资产。

国际货币基金组织将外汇定义为:"外汇是货币行政当局(如中央银行、货币机构、外汇平准基金组织、财政部等)以银行存款、财政部国库券、长短期政府证券等形式所保有的,在国际收支逆差时可以使用的债权。"

本书所指外汇是狭义的概念,即指以外币表示的用于国际结算的支付手段。

(二) 外汇的形态

1. 现钞

外汇现钞是具体的、实在的外国纸币、硬币。当客户要将现钞转移出境时,可以通过携带方式或汇出。但是当客户采取"汇出"时,由于现钞有实物的形式,银行必须将其出运至国外,运输费用将由客户承担,表现为"钞卖汇买"(客户卖出现钞、买入现汇)。可见,现钞不能变成等额的现汇,如果要将现钞变成现汇,客户将在外汇金额上遭受一定的损失。现汇是账面上的外汇。它的转移出境,不存在实物形式的转移,可以直接汇出,只是账面上的划转。现汇支取现钞时,由于汇入方已经承担了运输费,因此现汇可以支取等额的现钞。

2. 票据

票据是指出票人依法签发的由自己或指示他人无条件支付一定金额给收款人或持票人的有价证券,即某些可以代替现金流通的有价证券。广义的票据泛指各种有价证券和凭证,如债券、股票、提单、国库券、发票等;狭义的票据仅指以支付金钱为目的的有价证券,即出票人根据票据法签发的,由自己无条件支付确定金额或委托他人无条件支付确定金额给收款人或持票人的有价证券。在我国,票据即汇票(银行汇票和商业汇票)、支票及本票(银行本票)的统称。票据一般是指商业上由出票人签发,无条件约定自己或委托他人无条件支付一定金额,可流通转让的有价证券,持有人具有一定权力的凭证。属于票据的有汇票、本票、支票、提单、存单、股票、债券等。

3. 证券

有价证券是一种具有一定票面金额,证明持券人有权按期取得一定收入,并可自由转让和买卖的所有权或债权证书,通常简称为证券。其主要形式有股票和债券两大类。其中，债券又可分为公司债券、国债和不动产抵押债券等。

国际金融市场有外国债券和欧洲债券之分，这部分内容在国际金融市场项目中已做介绍，此处不再赘述。

4. 普通提款权和特别提款权

普通提款权，又称在国际货币基金组织的储备头寸，是国家外汇储备的一部分。储备头寸（Reserve Position）是指一成员国在基金组织的储备部分提款权余额，再加上向基金组织提供的可兑换货币贷款余额。储备头寸是一国在国际货币基金组织的自动提款权，其数额的大小主要取决于该会员国在国际货币基金组织认缴的份额，会员国可使用的最高限额为份额的125%，最低为0。

特别提款权，也称"纸黄金"（Paper Gold），最早发行于1969年，是国际货币基金组织根据会员国认缴的份额分配的，可用于偿还国际货币基金组织债务、弥补会员国政府之间国际收支逆差的一种账面资产。其价值目前由美元、欧元、人民币、日元和英镑组成的一篮子储备货币决定。会员国在发生国际收支逆差时，可以用它向基金组织指定的其他会员国换取外汇，以偿付国际收支逆差或偿还基金组织的贷款，还可以与黄金、自由兑换货币一样充当国际储备。因为它是国际货币基金组织原有的普通提款权以外的一种补充，所以称为特别提款权。

二、外汇的种类

按不同的划分标准，外汇主要按以下四种分类。

（1）根据交割期限，可分为即期外汇和远期外汇。

交割，是指本币和外币所有者相互交换货币所有权的行为，也就是外汇买卖中外汇的实际收支活动。

①即期外汇。即期外汇是指外汇买卖成交后在两个工作日内交割完毕的外汇，也称现汇。

②远期外汇。远期外汇是指买卖双方先签订外汇买卖合同，规定外汇的交易数量、价格和期限等内容，不需立即进行交割，而是在约定的到期日，依据合同规定的汇率进行交割的外汇，也称期汇。远期外汇的期限一般为1~6个月，也可长达一年，最常见的是3个月的远期外汇。

（2）根据限制性不同，可分为自由外汇和记账外汇。

①自由外汇。自由外汇又称现汇，是指不需要货币当局批准，可以自由兑换成任何一种外国货币或用于第三国支付的外国货币及其支付手段。具有可自由兑换性的货币都是自由外汇，国际债权债务的清偿主要使用自由外汇，自由外汇中使用最多的是美元、欧元、日元、英镑、澳大利亚元、加拿大元和瑞士法郎。

②记账外汇。记账外汇又称协定外汇，是指不经货币当局批准，不能自由兑换成其他货币或用于第三国支付的外汇。其是签有清算协定的国家之间，由于进出口贸易引起的债权债务不用现汇逐笔结算，而是通过当事国的中央银行账户相互冲销所使用的外汇。记账外汇虽不能自由运用，但它也代表国际债权债务，往往签约国之间的清算差额也要用现汇

进行支付。

（3）根据来源和用途不同，可分为贸易外汇和非贸易外汇。

①贸易外汇。贸易外汇是对外贸易中商品进出口及其从属活动所使用的外汇。商品进出口伴随着大量的外汇收支，同时，从属于商品进出口的外汇收支还有运费、保险费、样品费、宣传费、推销费及与商品进出口有关的出国团组费。

②非贸易外汇。非贸易外汇是贸易外汇以外所收支的一切外汇。非贸易外汇的范围非常广，主要包括侨汇、旅游、旅游商品、宾馆饭店、铁路、海运、航空、邮电、港口、海关、银行、保险、对外承包工程等方面的外汇收支，以及个人和团体（公派出国限于与贸易无关的团组）出国差旅费、图书、电影、邮票、外轮代理及服务所发生的外汇收支。

（4）根据外汇管理对象，可分为居民外汇和非居民外汇。

①居民外汇。居民外汇是指居住在本国境内的机关、团体、企事业单位、部队和个人，以各种形式所持有的外汇。居民通常是指在某国或地区居住期达一年以上者，但是外交使节及国际机构工作人员不能列为居住国居民。各国一般对居民外汇管理较严。

②非居民外汇。非居民外汇是指暂时在某国或某地区居住者所持有的外汇，如外国侨民、旅游者、留学生、国际机构和组织的工作人员、外交使节等以各种形式持有的外汇。在我国，对非居民的外汇管理比较松，允许其自由进出国境。

任务二 掌握汇率的标价方法和种类

某日中国银行外汇牌价见表 7-1。

表 7-1 中国银行外汇牌价

2019 年 9 月 23 日

货币名称	现汇买入价	现钞买入价	现汇卖出价	现钞卖出价	中行折算价	发布日期	发布时间
阿联酋迪拉姆		186.89		200.45	192.82	2019-09-23	11:48:08
澳大利亚元	480.61	465.67	484.14	485.32	479.68	2019-09-23	11:48:08
巴西里亚尔		164.62		180.05	171.15	2019-09-23	11:48:08
加拿大元	534.17	517.31	538.11	539.41	533.83	2019-09-23	11:48:08
瑞士法郎	715.21	693.14	720.23	722.6	714.33	2019-09-23	11:48:08
丹麦克朗	104.59	101.36	105.43	105.72	104.5	2019-09-23	11:48:08
欧元	781.61	757.32	787.37	789.12	780.3	2019-09-23	11:48:08
英镑	885.42	857.9	891.94	894.1	882.98	2019-09-23	11:48:08
港币	90.57	89.85	90.93	90.93	90.26	2019-09-23	11:48:08
印尼卢比		0.048 7		0.052 3	0.050 5	2019-09-23	11:48:08
印度卢比		9.427 3		10.630 7	9.989 4	2019-09-23	11:48:08

续表

货币名称	现汇买入价	现钞买入价	现汇卖出价	现钞卖出价	中行折算价	发布日期	发布时间
日元	6.583 1	6.378 6	6.631 5	6.635 2	6.576 9	2019-09-23	11:48:08
韩国元	0.593 4	0.572 6	0.598 2	0.619 9	0.594 9	2019-09-23	11:48:08
澳门元	88.18	85.22	88.53	91.37	88.11	2019-09-23	11:48:08
林吉特	170.41		171.95		169.9	2019-09-23	11:48:08
挪威克朗	78.31	75.89	78.93	79.15	78.16	2019-09-23	11:48:08
新西兰元	444.7	430.98	447.82	453.31	443.91	2019-09-23	11:48:08
菲律宾比索	13.62	13.19	13.72	14.36	13.66	2019-09-23	11:48:08
卢布	11.06	10.38	11.14	11.57	11.06	2019-09-23	11:48:08
沙特里亚尔		184.38		193.97	188.81	2019-09-23	11:48:08
瑞典克朗	73.05	70.79	73.63	73.84	73.01	2019-09-23	11:48:08
新加坡元	515.23	499.33	518.85	520.4	514.48	2019-09-23	11:48:08
泰国铢	23.25	22.53	23.43	24.15	23.24	2019-09-23	11:48:08
土耳其里拉	123.41	117.37	124.41	140.37	123.36	2019-09-23	11:48:08
新台币		22.17		23.91	22.93	2019-09-23	11:48:08
美元	710.06	704.29	713.07	713.07	707.34	2019-09-23	11:48:08
南非兰特	47.55	43.9	47.87	51.52	47.48	2019-09-23	11:48:08

讨论并回答问题：

什么是外汇汇率？表中的栏目含义是什么？假设作为客户，如何使用上述汇率？世界上所有国家都是这样表示外汇汇率的吗？

一、汇率的定义与标价方法

汇率的认识

（一）汇率的定义

汇率（Foreign Exchange Rate）是指用一种货币表示另一种货币的价格，即用一种货币折算成另一种货币的比价或价格，也可以说成是用本国货币表示的外国货币的价格。例如，2019年9月23日美元兑人民币的汇率是704.29~713.07元。这里704.29~713.07元人民币所表示的就是美元兑换人民币的比价，或者也可以说用704.29~713.07元人民币表示100美元的价格。

汇率作为一种交换比率，反映的是不同国家货币之间的价值对比关系。在国际经济贸易交往中，汇率起着重要的作用。

首先，汇率将具有不同名称、不同国家的货币，按其相互之间的对比关系折算成一定量的别国货币，这大大便利了国际商品交换，进而推动了国际贸易的结算。

其次，汇率使国内物价与国际物价之间确立了联系，使国内商品的国际价值得以体现，大大便利了国际商品贸易的成本与利润核算。

（二）汇率的标价方法

两种货币的折算，要先确定以哪个国家的货币作为标准，即是以本国货币为标准折合成一定数额的外国货币，还是以外国货币为标准折合成一定数额的本国货币。由于标准不同，外汇汇率存在着两种不同的标价方法，即直接标价法和间接标价法。按照外汇市场交易的惯例，还有一种美元标价法，这里只介绍前两种。

1. 直接标价法

直接标价法（Direct Quotation）是指用一定整数单位（通常是1或10的倍数）的外国货币为标准，折算成若干数额的本国货币的标价方法。采用直接标价法，人们可以直接看出外币的价格。以中国市场为例，2019年9月23日中国银行公布的欧元兑人民币的汇率是100欧元=757.32~787.37元人民币。这里人们一眼可以看出100欧元的价格为757.32~787.37元。目前，世界上绝大多数国家（包括中国）都采用直接标价法。在直接标价法下，外国货币是不变的基础货币，而本国货币是随行市变化的标价货币。如果标价货币数额变大，则表明外汇汇率上涨，即外币升值而本币贬值；反之，标价货币数额变小，则表示外汇汇率下跌，即外币贬值而本币升值。因此，在直接标价法下，外汇汇率的涨跌与外汇牌价数额大小成正方向变化。

2. 间接标价法

间接标价法（Indirect Quotation）是指用一定整数单位（通常是1或10的倍数）的本国货币为标准，折算成若干数额的外国货币的标价方法。采用间接标价法，人们无法直接看出外币的价格，只有通过计算才能得出外币价格。目前，实行间接标价法的国家主要有英国、美国和澳大利亚等少数国家。以伦敦市场为例，2019年8月13日英镑兑美元汇率为1英镑=1.2065美元，日元的汇率为1英镑=127.2496日元。这里，美元和日元的实际汇率从表面上是看不出来的，需要进行折算才能得出具体数值。

在间接标价法下，本国货币是不变的基础货币，而外国货币是随行市变化的标价货币。如果标价货币数额变大，则表示外汇汇率下跌，即外币贬值而本币升值；反之，标价货币数额变小，则表示外汇汇率上涨，即外币升值而本币贬值。因此，在间接标价法下，外汇汇率的涨跌与外汇牌价数额大小成反方向变化。

二、外汇汇率的种类

外汇汇率的种类很多，依据不同的标准可以分为以下几种。

（一）从银行买卖外汇的角度划分

1. 买入汇率（Buying Rate）

买入汇率又称买入价或买价，是银行买进外币时使用的价格，包括现汇买入价和现钞买入价两种。在直接标价法下,买入汇率通常是银行买进外币时所付出的本币数额;而在间接标价法下,它通常是银行买进本币所收进的外币数额。中国和其他国家一样,所规定的现钞买入价比现汇买入价低。

2. 卖出汇率(Selling Rate)

卖出汇率又称卖出价或卖价,是银行卖出外币时使用的价格。其包括现汇卖出价和现钞卖出价两种,是外汇银行向同业或客户卖出外汇时所使用的汇率。因为其客户主要是进口商,所以卖出汇率又被称为进口汇率。现钞卖出价和现汇卖出价相等。

买入汇率与卖出汇率

买入价和卖出价都是站在银行(而不是客户)的角度来定的;另外,这些价格都是外汇(而不是本币)的买卖价格。买入价和卖出价的差价代表银行承担风险的报酬,一般为1‰~5‰。银行同业之间买卖外汇时使用的买入汇率和卖出汇率也称同业买卖汇率,实际上就是外汇市场买卖价。经营外汇业务的银行所公布的牌价,一般均有买入汇率和卖出汇率。在直接标价法下,第一栏数额小的是买入汇率,第二栏数额大的是卖出汇率;在间接标价法下,第一栏数额小的是卖出汇率,第二栏数额大的才是买入汇率。

3. 中间汇率

中间汇率也称汇率均价,是指买入汇率和卖出汇率的算术平均值,即(买入汇率+卖出汇率)÷2。银行同业之间的外汇买卖均按中间汇率折算;电视、报纸等媒体所公布的汇价也常为中间汇率;经济学家分析经济现象、外汇市场分析报告等所引用的汇价通常也是中间汇率。但是,中间汇率不用于一般客户。

随堂练习

我国一出口商每件商品(经核算)国内成本加利润约为¥2 000,则FOB报价(离岸价)应为多少美元?(查外汇牌价USD/CNY为6.25/6.27)

(二)从外汇买卖所使用的工具划分

1. 电汇汇率(Telegraphic Transfer Rate,T/T Rate)

电汇汇率是指银行用较快捷的电信方式通知其国外分行或业务往来银行付款时使用的汇率。用电汇方式交易收款的时间快,银行几乎不能占用顾客的资金,因此,电汇汇率最高。在市场经济国家,银行同业之间的外汇交易使用的买卖价均为电汇汇率,例如,若A通过中行电汇付款,中行卖出外汇时使用的价格。每天报纸上报道的外汇行情中的现汇汇率也是电汇汇率。电汇汇率是目前市场上计算其他汇率的基础。

2. 信汇汇率(Mail Transfer Rate,M/T Rate)

信汇汇率是指银行用信函通信方式,通知其国外分行或业务往来银行付款时使用的汇率。由于信函的邮程时间较电信通知时间长,银行可以在邮程期间充分占用顾客的资金,故信汇汇率较电汇汇率低。

3. 票汇汇率（Demand Draft Rate，D/D Rate）

票汇汇率是指银行买卖外汇汇票、支票和其他票据时使用的汇率。用票汇方式，从银行售出票据到兑付款项，往往间隔一段时间，在这一段时间里银行可以占用顾客的资金，因此，票汇汇率也比电汇汇率低，例如，若B通过中行开出汇票付款，中行卖出外汇时使用的价格。

（三）从外汇交割期限划分

1. 即期汇率（Spot Rate）

即期汇率是指在外汇买卖成交后，原则上两个营业日内办理交割使用的汇率。上述电汇汇率、信汇汇率和票汇汇率均属于即期汇率范畴。即期汇率采用双轨报价，当客户询问时，银行同时报出买入和卖出价，银行不可以问客户是买还是卖。

2. 远期汇率（Forward Rate）

远期汇率是指远期外汇的买卖双方在签订的远期外汇交易合约中约定的外汇买卖价格。其与即期汇率的数字是有差异的。远期汇率与即期汇率的差额用远期差价来表示，称为汇水。其包括升水、贴水和平价三种情况。升水表示远期汇率比即期汇率高，贴水表示远期汇率比即期汇率低，

即期汇率与
远期汇率

平价表示二者相等。由于对汇率的标价方法不同，虽然对升水和贴水的概念是一致的，按远期差价具体计算远期汇率的方法却不同。按直接标价法表示，远期差价如果是贴水，远期汇率等于即期汇率减贴水；远期差价如果是升水，则反之。按间接标价法表示，远期差价如果是贴水，远期汇率等于即期汇率加贴水；远期差价如果为升水，则反之。升水、贴水用点数表示，点数从最后一位算起。

> **小思考**
>
> 有即期汇率，有升水、贴水点数时，如何判断用加还是用减？

（四）从汇率制定的方法划分

1. 基准汇率（Basic Rate）

基准汇率是指一国货币对某一关键货币的比率。所谓关键货币，通常是指该国国际收支中使用最多的、外汇储备中所占比重最大的自由兑换货币。目前，各国一般都以美元为关键货币来确定基准汇率。

2. 交叉汇率（Multiple Rate）

交叉汇率又称为套算汇率，是指两种货币以第三国货币为中介，间接地套算出来的汇率。例如，要得到非美元之间两种货币的汇率，可以通过两种货币分别对美元的汇率来进行套算，而美元作为关键货币对各种货币的汇率就是基本汇率。

例：按中间汇率求交叉汇率，即期汇率 USD1 = DEM1.85，USD1 = FFR6.20，则马克对法国法郎：DEM1 = 6.20/1.85 = FFR3.35（同时报出买入价和卖出价的套算方法将在项目八做详细介绍）。

随堂练习

GBP1 = USD1.6，USD1 = CNY6.2，则 GBP/CNY 为多少？

任务三　探析决定和影响汇率的因素

如前所述，汇率作为一种交换比率，反映的是不同国家货币之间的价值对比关系。例如，美元兑人民币的比价为 1 美元 = 7.116 4 人民币；与英镑的比价为 1 英镑 = 1.243 7 美元。这些比价确定的根据是什么？要弄清楚这个问题，就必须沿着货币制度的历史发展来分析。不同的货币制度决定汇率的基础也不同。

一、汇率的决定基础

（一）铸币平价——金本位制度下的外汇汇率

国际金本位制度的建立，可以追溯到西方国家普遍采用金本位制的时期。各资本主义国家普遍采用金本位制是在 19 世纪后期，英国政府于 1819 年颁布条例，开始实行金铸币本位制；德国于 1871 年从法国获得巨额战争赔偿后，发行金马克作为本位货币，正式实行金本位制；法国、比利时、瑞士和意大利等国于 1878 年完全停止银币的自由铸造，转变成"跛行金本位制"；荷兰和其他北欧国家采取类似的行动。俄国和日本也在 1897 年改行金本位制；美国于 1900 年通过金本位法案，正式实行金本位制度。至此，金本位制已具有国际性。这种以各国普遍采用金本位制为基础的国际货币体系就是国际金本位制度。

金本位制是以一定成色及质量的黄金为本位货币的一种货币制度，黄金是货币体系的基础。在金本位制度的全盛时期，黄金是各国最主要的国际储备资产。由于当时英国经济实力雄厚，势力强大，伦敦成为国际金融中心，英镑则成为国际最主要的清算工具，英镑与黄金同时被各国公认为是国际储备。

在金本位制度下，金币是用一定质量和成色的黄金铸造的。纯金含量（Gold Content）是金币所具有的价值。在国际结算过程中，如果输出或输入金币，则要按照它们的含金量计算，即各国货币的兑换率按照单位货币所含纯金数量计算出来。各国本位货币所含的纯金量之比叫作铸币平价（Mint Par）。因此，在金本位制度下，两种货币的含金量是决定汇率的物质基础，铸币平价则是它们的汇率的标准。

例如，在实行金本位制度时期，1 英镑金币的纯金含量为 7.322 38 克，而 1 美元金币的纯金含量为 1.504 63 克。根据含金量计算，英镑和美元的铸币平价是 7.322 38 ÷ 1.504 63 =

4.866 5，即 1 英镑 = 4.866 5 美元。由此可见，英镑和美元的汇率以它们的铸币平价作为标准。

在金本位制度下，铸币平价虽然是汇率的标准，但它不是外汇市场上买卖外汇的实际汇率。实际汇率要受到外汇供求关系的影响，供求关系使汇率行市有时高于铸币平价，有时又低于铸币平价。但无论如何，汇率不会无限量的高或低，而是大致以黄金输送点（Gold Transport Points）为波动界限。这是因为在金本位制度下，金币可以自由铸造，黄金可以自由输出或输入国境，银行券也可以自由兑换金币。这些特点决定了金本位制度下的国际结算可以采用两种方法：一是通过外汇买卖结算；二是通过运送黄金来结算。当外汇行市对其有利时，商人则会利用外汇办理结算；当外汇行市对其不利时，商人则会改用第二种方法，即运送黄金来结算。可见，黄金输送点是在金本位制度下汇率波动的上下界限。

综上所述，在金本位制度下，各种价值符号（如金属辅币和银行券）能稳定地代表一定数量的黄金进行流通，不致发生通货膨胀现象，这就可以促进世界范围的商品流通和信用的扩大，同时，它还易于匡算生产成本和预期利润，生产规模和固定投资也不会因币值变动而波动，从而推动了世界经济向前发展。

（二）法定平价——纸币制度下的外汇汇率

纸币是作为金属货币的代表而出现的。在金本位制度下，因黄金不足而由纸币代表或代替金币流通，所以纸币被称为价值符号。在实行纸币制度时，各国货币已与黄金脱钩，纸币已不再代表或代替金币流通，金币的纯金含量和铸币平价也不再成为决定汇率的基础。

在纸币本位制度下，汇率决定的基础是什么呢？如上所述，纸币是价值的一种代表。在实行纸币制度时，各国政府都参照过去流通的金属货币的纯金含量，用法令规定纸币所代表的黄金含量（即黄金平价）。黄金平价又称"法定平价"或"外汇平价"，两国纸币之间的汇率便可用各自黄金平价之比来确定。因此，法定平价是纸币流通制度下决定汇率的基础。

在纸币流通制度下，各国发行货币可以不受黄金储备的限制，于是通货膨胀成为经常现象。而通货膨胀后的纸币贬值使其法定金平价与实际所代表的含金量严重脱节。因此，此时的汇率就不能由纸币的金平价来决定，而应以纸币实际所代表黄金含量为依据。当通货膨胀严重时，纸币所代表的金量就减少，以本币表示的外币价格就会上涨，即表现为汇率上涨；当通货膨胀率较低时，纸币所代表的金量相对增加，以本币表示的外币价格就会下跌，即表现为汇率下跌。纸币汇率的变动已经不像在金本位制度下那样受黄金输送点的限制，影响汇率变动的因素很多，除通货膨胀的严重程度外，还有国际收支的状况、利息率水平等。

（三）购买力平价

购买力平价是指两种货币之间的汇率取决于它们单位货币购买力之间的比例。购买力平价是根据各国不同的价格水平计算的货币之间的等值系数，目的是对各国的国内生产总值进行合理比较。购买力平价汇率与实际汇率可能有很大的差距。在对外贸易平衡的情况下，两国之间的汇率将会趋向于靠拢购买力平价。购买力平价可分为绝对购买力平价和相对购买力平价。前者是指本国货币与外国货币之间的均衡汇率等于本国与外国货币购买力或物价水平之间的比率；后者是指不同国家的货币购买力之间的相对变化，是汇率变动的决定因素。

二、影响汇率变动的主要因素

在当今的浮动汇率制度下，影响汇率变动的因素很多。各种经济的、政治的、人为的、社会的、自然的等因素都能使外汇汇率波动频繁，甚至产生巨大波幅，导致金融危机。具体来讲，主要有以下几个方面因素。

（一）通货膨胀

从长期来看，通货膨胀是影响汇率变动的根本因素。一国的经济状况发展良好，财政收支较以前改善，国内通货膨胀率低，则该国货币对外币就会升值，表现为外汇汇率下跌；如一国的经济状况较以前恶化，财政上收不抵支，国内通货膨胀率又居高不下，则该国货币所代表的价值量就会减少，该国货币对外币就贬值，表现为外汇汇率上涨。

（二）国际收支

国际收支和汇率的关系带有互为因果的性质。从短期看，国际收支是影响汇率变动的直接因素。国际收支的顺差和逆差会影响汇率的变动，而汇率的变动又会影响顺差和逆差的变化。一国的国际收支若大量顺差，外汇收入大于支出，则表明该国国内市场上外汇供大于求，而本币供小于求，因此，本币对外币就升值；反之，本币对外币就贬值。国际收支状况对外汇市场的影响是立竿见影的。

（三）利息率

各国利率的差异是影响汇率变动的一个十分重要的因素。目前，国际货币储备呈多元化趋势，国际市场上游资（Hot Money）充斥。跨国公司和跨国银行等巨额资金在国际金融市场上频繁活动。如一国利息率较之前提高，游资持有者就会将其持有的大量资金投向该国，以追求较高的利息收入，该国外汇收入增加，外币供大于求，就会促使该国货币较之前升值；如一国降低利率，其结果则相反。例如，20 世纪 80 年代，美国里根总统在任期间，长期采用的"高利率"政策，在很大程度上起到了支撑美元坚挺的作用。

资料卡

汇率与利率

汇率是两种货币的兑换比例；利率是使用货币的代价。两者是一国货币对外、对内价值的不同表现，二者关系密切。

一般来说，如果一国利率水平相对高于其他国家，就会刺激国外资金流入增加，本国资金流出减少，由此会使资本账户出现顺差，提高本币汇率；反之，则会导致一国货币汇率降低。同时，在其他条件不变的情况下，利率高的货币，远期汇率会贴水；利率低的货币，远期汇率会升水。在两种货币利差和即期汇率的基础上，可以计算出两种货币的远期汇率。

（四）市场预期心理

从汇率变动的实际情况来看，市场预期心理因素对汇率的变动起相当大的作用。如果人们预期某国的通货膨胀率将比别国高，经济将向不利的方向发展，不能给投资者带来较大的收益，那么，该国的货币就会在市场上被抛售，其汇率势必下跌；反之汇率就会上涨。

（五）各国的宏观经济政策

各国实施的宏观经济政策对本国经济增长率、物价上涨率和国际收支等情况会产生一定的影响，这样势必会影响到汇率的变动。例如，1981年法国密特朗政府实行"双松"的财政政策，导致国内通货膨胀加剧，国际收支发生逆差，资金外流，从而引起法郎汇率节节下滑。

（六）经济增长率

一般来说，高经济增长率在短期内不利于本国货币在外汇市场上的行市，但从长期看，却有力支持着本币的强劲势头。

（七）外汇投机力量

投机者如果预期某种货币将升值，就会大量购进该种货币，从而造成该种货币汇价的上升；反之，投机者若预期某种货币将贬值，就会大量抛售该种货币，从而造成该种货币汇价的即刻下跌。投机因素是外汇市场汇价短期波动的重要力量。

（八）中央银行直接干预

正常的汇率波动不会对一国的经济产生太大的影响。但当汇率大幅度震荡时，则会影响到一国经济的正常有序的发展，甚至有阻碍作用。一般情况下，中央银行不参与外汇市场的正常买卖。只有在外汇汇率异常波动且不利于本国经济发展时，中央银行才会进场干预，即在外汇市场上巨量买卖外汇，使汇率变动趋利于本国的经济。如外汇汇率下跌，中央银行则大量买进外汇，增加对外汇的需求，在供给不变的前提下，外汇必然升值。同理，如外汇汇率上涨，中央银行则反向操作，即大量抛售以增加外汇供给量，在需求不变的前提下，外汇汇率必然下跌。因此，中央银行的干预行为是影响汇率变动的一个不应被忽视的因素。

除上述所列的8种外，影响汇率变动的因素还有很多，如一国的货币汇率政策、重大国际政治事件（美国"9·11"恐怖袭击事件）、恶性投机（英镑投机）、自然灾害（印度海啸、日本核泄漏）、战争，甚至包括谣言等对汇率变动都会产生意想不到的影响。由于影响汇率变动的因素千差万别，同时又很复杂，而它们的作用有时相互抵消，有时又相互促进。因此，要针对实际情况全面考察、综合分析，才能得出比较正确的判断。

三、汇率变动对经济的影响

（一）汇率变动对国际收支的影响

1. 对经常项目的影响

国际收支是一国对外经济活动的综合反映，它对一国货币的汇率变动有直接的影响。在国际收支经常项目中，最重要的是贸易项目，包括有形贸易和无形贸易，它们决定了汇率变动的基本走势。仅以国际收支经常项目的贸易部分来看，当一国进口增加或产生逆差时，该国将对外国货币产生额外的需求，这在外汇市场上会引起该国货币汇率的下跌；反之，顺差国货币汇率就会上升。但值得一提的是，经常项目情况变动对汇率的影响具有"双向性"，因为它又会刺激抵消汇率变动的因素立刻作出反应。因此，经常项目与汇率变动的关系，在短期内会受到阻碍，因而，一般只能在长期内起作用。

2. 对资本流动的影响

一般情况下，汇率稳定有利于资本输出或输入的正常进行，并确保投资者获得稳定的投资利润，筹资者可在基本无外汇风险的前提下筹集到所需的资本；反之，若汇率不稳定，会影响资本的正常流动。不仅如此，汇率的变动也给投机者带来了机会，使国际金融市场动荡不安，20世纪90年代几次大的金融风暴（如1992年的英镑风波和1997年东南亚金融风波等）就是很好的例证。

从长期来看，本币汇率下跌，以本币所表示的外币价格上涨，为了防止货币贬值的风险，本国资本常常逃往国外，尤其是存在本国银行的国际短期资本或其他投资，也会调往他国，以求规避贬值损失。若本币汇率上涨，以本币所表现的外币价格下跌，为了分享货币升值的好处，外国资本会大量涌入，本国资本也不会外流。

3. 对黄金外汇储备的影响

一国黄金外汇储备的状况直接受国际收支状况的影响。国际收支长期顺差，黄金外汇储备就会增加；国际收支长期逆差，黄金外汇储备则会减少。一般来说，一国货币汇率稳定，有利于该国吸引外资，从而使得该国外汇储备增加；反之，则会引起资本外流，使得黄金外汇储备减少。另外，由于一国汇率变动，其出口额大于进口额时，黄金外汇储备状况也会改善；反之，储备状况则恶化。黄金外汇储备的增加与减少反映出一国经济实力的强与弱。在某种程度上，它还决定了一国在国际舞台上的政治地位。因此，每个国家都在想尽一切办法，采取各种措施，包括适时调整汇率政策，以求增加国库的黄金外汇储备量来增强经济实力。

（二）汇率变动对国内经济的影响

1. 对国内物价的影响

一般来说，一国货币汇率变动，会使该国进出口商品的国内价格相应涨落，进而影响国民经济的各部门。若本国货币汇率下跌，则国内以本币表示的进口商品的价格必然上涨，从而带动国内同类商品的价格上升，可能会使国内的整体物价水平提高而引发通货膨胀。原材料和生活必需品主要靠进口的国家，这种影响更为明显。若本币汇率上涨，情况则相反。

 资料卡

商品倾销与外汇倾销（Dumping and Exchange Dumping）

商品倾销就是商品出口厂商以低于该商品国内市场出售的价格，在国外市场上出售商品，其目的是打开市场，战胜竞争对手，扩大销售和垄断市场。商品倾销按照其目的和时间的不同可分为偶然性倾销、间歇性倾销（掠夺性倾销）、持续性倾销。其表现形式主要是以低于国内市场的价格向国外销售商品。

外汇倾销是利用本国货币对外贬值扩大出口的措施。当一国货币贬值后，出口商品以外国货币表示的价格降低，提高了该商品的竞争能力，从而扩大了出口，抑制了进口。外汇倾销不能无条件地进行，只有具备两个条件才能起到扩大出口、抑制进口的作用。一是货币贬值的程度大于国内物价上涨的程度；二是其他国家不同时实行同等程度的货币贬值和采取其他报复性措施。

2. 对进出口贸易的影响

汇率的变化对进出口贸易的影响是通过引起价格的相对变动而得以实现的。一国货币汇率下跌，则国内以本币表示的进口商品的价格必然上升，这样，就提高了进口商品的成本，使得国内市场对进口商品的需求减少，在一定程度上，对进口贸易起到抑制作用。同时，本币汇率下跌，提高了外币的购买力，使得国外进口商增加对本国出口商品的需求，从而起到鼓励出口的作用。因此，一般情况下，某国货币汇率上升将对该国进出口贸易起到"限制出口，鼓励进口"的作用；反之，则会起到"抑制进口，扩大出口"的作用。

3. 对国际旅游业的影响

如前所述，一国货币汇率下跌，以本币所表示的外币价格上涨，若国内价格水平不变，外国货币购买力则相对增强。对国外旅游者来说，到国内旅游成本相对低廉，即本国商品和服务项目显得更便宜。这样，可以吸引大量的国外游客到国内来旅游，从而促进该国旅游业的发展，增加该国的旅游外汇收入；相反，如以本币所表示的外币价格下跌，在国内价格水平不变的情况下，外国货币购买力相对减弱。对国外旅游者来说，到国内旅游的成本相对昂贵，不利于发展该国的国际旅游事业，从而影响旅游外汇收入的来源。

（三）汇率变动对世界经济的影响

汇率变动对国际的经济联系有着极为深刻的影响，常常会促进国与国之间的货币加强联盟，加速联盟国家的经济发展（如欧元区），从而推动世界经济的向前发展。但同时，汇率变动也会激起国际贸易大战的硝烟，加剧国与国之间的矛盾。其对世界经济的具体影响主要表现在以下几个方面。

1. 影响国际贸易的正常发展

汇率稳定有利于国际贸易的成本核算和预期利润的匡计，无汇率风险或汇率风险极小，从而能促进国际贸易的发展。若汇率变动频繁且幅度较大时，会严重影响国际贸易的开展。因为有些国家或经济集团利用汇率下跌，搞外汇倾销，扩大出口，抢夺市场，引起其他国家或经济集团采取报复性措施，或实行货币对外贬值或采取保护性贸易措施等，从而引发贸易战和货币战。如美国和欧盟的"香蕉大战"、日元和美元的货币大战、东南亚金融危机等，无不破坏了国际贸易的正常秩序，对世界经济的进一步繁荣不仅产生不利的影响，甚至起到阻碍的作用。

2. 促进了国际储备货币多元化的形成

由于国际收支长期恶化，汇率不断下跌，通货膨胀加剧，某些储备货币的地位受到削弱，甚至丧失；相反，另外一些国家货币的地位日益提高，作用加强。如第二次世界大战以前，英镑是国际上最主要的储备货币。但第二次世界大战以后，由于英国经济实力节节衰落，金融实力也不如从前，英镑不断贬值，汇率持续下跌，英镑在国际支付中的使用急剧缩减，其储备货币的地位被大大削弱。而美国在第二次世界大战期间发了战争的"横财"。第二次世界大战结束时，其工业制成品占世界工业制成品的一半，对外贸易占世界贸易总额的1/3以上，从而成为资本主义世界经济实力和金融实力最雄厚的国家，其货币汇率坚挺，于是美元成为国际支付手段，并逐渐取代英镑变成最主要的国际储备货币。进入20世纪80年代以后，随着日本经济的发展，日元的汇率呈现坚挺趋势，其国际储备货币地位有所加强。因此，汇率的变动促进了国际储备货币多元化的形成。

3. 促进国际金融工具的不断创新

如前所述，汇率变动会影响一国的资本流动。不仅如此，它还促进了外汇投机的发展，引起国际金融市场的动荡和混乱，例如，1995年墨西哥比索的大幅度贬值和1997年泰国铢的大幅度贬值，掀起了此起彼伏的金融风波。与此同时，汇率的剧烈变动加剧了国际贸易和国际投资的汇率风险。为化解汇率风险，金融市场上使用的金融工具不断推陈出新，诸如货币期货、货币期权、择期、货币互换和欧洲债券等业务。金融工具的创新，在一定程度上起到了减缓汇率风险的作用。金融创新是国际金融市场进一步发展的必然产物。

知识拓展

一、中国货币制度

货币制度简称币制，是指由国家通过法律确定的货币流通的结构和组织形式。币制的基本内容主要包括：规定货币材料、货币单位、流通中货币种类、货币的发行和流通程序、发行准备及支付能力。我国的币制是一个特殊的币制，即"一国两制"下的币制，包括中国内地、中国香港、中国澳门的货币制度。

（一）中国内地货币制度

人民币外汇牌价是指中国人民银行每日公布的、由各外汇银行在规定汇价浮动幅度内对外挂牌的人民币与外国货币的买卖价格。此价格是中国人民银行参照国际金融市场主要货币汇率的变动情况，并以每日外汇交易市场的外汇买卖市场汇价为基础而制定的。

人民币外汇牌价可分为：现汇买入价、现钞买入价和现汇现钞卖出价（简称卖出价）三档。现汇买入价是指银行现汇买进外汇时划拨给顾客的人民币金额；现钞买入价是指银行买进外汇现钞时支付给顾客的人民币现钞金额；卖出价是指银行卖出外汇时向顾客收取的人民币金额。

人民币外汇牌价采用直接标价法，以100个外币单位为标准折合成一定数额的人民币，即用调整人民币数额的方法来表示汇价的变动情况。

（二）中国香港货币制度

中国香港法定的货币是港币，英文缩写为HKD，是不兑现的信用纸币，具有无限的法偿能力。港币发行由汇丰银行、渣打银行、中银香港负责，港币的发行需要有100%的外汇储备支持，发钞银行必须按1美元兑7.8港币的固定汇率，向中国香港金融管理局交付等值的美元换取无息负债证明书，作为发钞的法定储备。在100%的储备支持下，金管局保证港币对储备货币（美元）的完全兑换。中国香港货币的基本单位是元，采取十进制，每1元兑换10角，纸币的面额有六种，为1 000元、500元、100元、50元、20元和10元，而硬币的面值则有七种，分别为10元、5元、2元、1元、5角、2角和1角。中国香港实行的是联系汇率制。

1. 联系汇率制的产生背景

中国香港自1935年放弃银本位制以来，先后实行过英镑汇兑本位制和纸币管理本位制，与之相应，在汇率制度方面，也分别采取过与英镑挂钩的固定汇率制、与美元挂钩的管理浮动汇率制和港币完全自由浮动汇率制。从1978年开始，中国香港经济环境不断恶化，贸易赤字增加，通货膨胀加剧，加之实行以港币存款支持港币发行的保障不足的港币自由发钞制度，为港币信用危机埋下祸根。1982年，在中国香港房地产行业出现大幅度滑坡、香港公众和外国投资者对中国香港未来前途产生怀疑、港英当局取消外币存款利息税而保留港币存款利息税等因素的促动下，终于爆发港元危机。1982年7月1日至1983年6月30日的一年间，港币兑美元的汇率由1美元兑5.913港元跌至1美元兑7.2港元，港币贬值18%。这一港币危机在1983年9月达到高峰，9月1日的港币兑美元的汇率为1美元兑7.580港元，至9月26日已急泻到1美元兑9.600港币，引起居民的挤兑和抢购风潮。在此背景下，为挽救港币危机，恢复港币信用，港英当局决定改变浮动汇率制，转而实行联系汇率制。

2. 联系汇率制的主要内容

1983年10月15日，港英当局在取消港元利息税的同时，对港币发行和汇率制度作出新的安排：要求发钞银行在增发港元纸币时，必须按1美元兑7.8港元的固定汇率水平向外汇基金缴纳等值美元，以换取港元的债务证明书，作为发钞的法定准备金。以上新安排宣告港币联系汇率制的诞生，并使港币的发行重新获得百分百的外汇准备金支持，对稳定中国香港经济起到了积极的作用。

3. 联系汇率制的运作机制

在联系汇率制下，中国香港存在着两个平行的外汇市场，即由外汇基金与发钞银行因发钞关系而形成的公开外汇市场和发钞银行与其他持牌银行因货币兑换而形成的同业现钞外汇市场，相应地，存在着官方固定汇率和市场汇率两种平行的汇率。而联系汇率制度的运作，正是利用银行在上述平行市场上的竞争和套利活动进行的，也即政府通过对发钞银行的汇率控制，维持整个港元体系对美元的联系汇率；通过银行之间的套利活动，市场汇率围绕联系汇率波动并向后者趋近。具体而言，当市场汇率低于联系汇率时，银行会以联系汇率价格将多余的港币现钞还发钞银行，然后用换得的美元以市场汇价在市场上抛出，赚取差价；发钞银行也会将债务证明书交还外汇基金，以联系汇价换回美元并在市场上抛售获利。上述银行套汇活动的结果是港币的市场汇率逐渐被抬高。另外，上述银行套汇活动还引起港币供应量收缩，并通过由此而导致的港币短期利率上升及套息活动，使港币的需求量增加，从而使市场对港币的供求关系得到调整，促使港币的市场汇率上浮。同样，当市场汇率高于联系汇率时，银行的套利活动将按相反的方向进行，从而使市场汇率趋于下浮。无论是哪种情况，结果都是市场汇率向联系汇率趋近。

4. 联系汇率的利弊

联系汇率制的最大优点是有利于中国香港金融的稳定，而市场汇率围绕联系汇率窄幅波动的运行也有助于香港国际金融中心、国际贸易中心和国际航运中心地位的巩固与加强，增强市场信息。但是，这一汇率制度也存在一些缺点。联系汇率使中国香港的经济行为及利率、货币供应量指标过分依赖和受制于美国，从而严重削弱了运用利率和货币供应量杠杆调节本地区经济的能力。同时，联系汇率还被认为促成了香港高通货膨胀与实际负利率并存的局面。因此，目前对于联系汇率制是留是弃仍是一个颇有争议且又十分敏感的问题。

（三）中国澳门货币制度

中国澳门法定货币是澳门元，澳门元缩写为MOP，是不兑现的具有无限法偿能力的货币。中国澳门有两家发钞银行，即大西洋银行与中国银行（澳门分行）。澳门元的发行需要有100%的外汇储备支持，发钞银行必须按1港元兑1.03澳门元的固定汇率，向中国澳门金融管理局交付等值的港元，换取无息负债证明书，作为发钞的法定准备。在100%储备支持下，金管局保证澳门元对储备货币（港元）的完全兑换，澳门元与港元的联系汇率也因此确立。由于港元与美元实行联系汇率制度，所以，澳门元与美元间接挂钩。

中国澳门的官方货币单位是澳门币，纸币面额有10元、20元、50元、100元、500元及1 000元六种；硬币有1毫、2毫、5毫、1元、2元、5元、10元七种。

在中国澳门售卖的货品和所提供的服务收费一律以澳门币计算，但也可使用港币或其他流通货币。兑换率按市场浮动率确定，1美元约兑换澳门币8元，100元港币约兑换澳门币103元。

二、项目训练

1. 判断（你认为正确的在后面括号填"T"，错误的填"F"）

（1）中国香港特区与中国内地实行"一国两制"，港元的汇率制度是单独浮动汇率制。（　）

（2）在直接标价法下，如果一定单位的外国货币折成的本国货币数额增加，则说明本币币值上升，外汇汇率上升。（　）

（3）在固定汇率制度下，两种货币的汇率一经确定就不会发生任何改变。（　）

（4）伦敦外汇市场上采用间接标价法，也实行买卖差价，前面一个较小的数字是卖出价，后面一个较大的数字是卖出价。（　）

（5）现钞买入价低于现汇买入价，现钞卖出价等于现汇卖出价。（　）

2. 不定向选择（把你认为正确的选项的代表字母填在题后的括号内）

（1）实行间接标价法的市场是（　　）。
A. 东京　　　B. 巴黎　　　C. 纽约　　　D. 苏黎世

（2）外汇是指以外币表示的可以用作国际清偿的支付手段和资产，包括（　　）。
A. 外国货币　　　　　　　　B. 外币支付凭证
C. 外币有价证券　　　　　　D. 其他外汇资产

（3）实行固定汇率制度的货币制度有（　　）。
A. 金本位制度
B. 金汇兑本位制
C. 牙买加体系下会员国之间的货币制度
D. 布雷顿森林体系下会员国之间的货币制度

3. 讨论与分析

（1）比较直接标价法与间接标价法的异同。

（2）比较固定汇率制与浮动汇率制的异同。

（3）你认为人民币有必要成为国际流通货币吗？为什么？

4. 计算题

（1）如果某日中国银行的外汇报价为 GBP1 = USD1.968 2/1.968 7，则

1）如果你要卖出美元，应该使用哪个价格？

2）如果你要卖出英镑，应该使用哪个价格？

3）如果你要从银行买进 5 000 英镑，你应该付出多少美元？

（2）四家银行的外汇牌价如下：

	USD/CHF	USD/JPY
A 银行	1.494 6/1.495 5	141.74/141.98
B 银行	1.494 4/1.495 6	141.75/141.95
C 银行	1.494 1/1.495 2	141.70/141.90
D 银行	1.494 9/1.495 9	141.76/141.93

【基础】若客户拿1 000瑞朗到A行，可换出多少美元？

【提升】1）A行是该客户最好的选择吗？

2）某客户以美元换日元，应去哪家银行？汇率是多少？

建议参考网站

1. 中国人民银行　http：//www.pbc.gov.cn/
2. 国际货币基金组织　https：//www.imf.org/external/chinese/
3. 国家外汇管理局　http：//www.safe.gov.cn/
4. 中国银行　https：//www.boc.cn/
5. 国家发展和改革委员会　https：//www.ndrc.gov.cn/

项目八 外汇市场业务

项目学习目标

通过本项目的学习，学生需要了解外汇市场的构成，掌握外汇市场中主要交易类型的流程和计算方法，能根据汇率准确进行进口、出口报价，并初步具备以外汇市场为依托，为个人和企业的外汇债权债务进行货币保值防险的技能，为下一个项目的学习做好铺垫。深入学习模拟操作后，还可以具有利用外汇市场投资营利的能力。

重点和难点

1. 套算汇率的计算；
2. 远期汇率和利率的关系；
3. 远期汇率的计算和进出口报价；
4. 间接套汇的计算；
5. 套期保值的计算；
6. 利用外汇期权进行保值的计算。

课前任务

1. 查阅 3 家以上外汇银行的汇率，试计算用人民币分别购买 100 美元、100 英镑、100 瑞士法郎价格最优惠的银行。
2. 整理商品期货交易原理。
3. 复习项目 7 中关于远期汇率、套算汇率的相关内容。

一、外汇市场的概念与特点

（一）外汇市场的概念

简单来说，外汇市场就是经营外汇买卖的交易场所和交易网络。外汇市场由有形市场和无形市场构成。有形外汇市场是指外汇交易者在一定时间内集中于固定场所,按一定的规则进行外汇交易,在外汇交易所内进行的外汇期货交易、外汇期权交易等即属此类。无形外汇市场是指没有固定交易场所的市场,交易主要是通过电话、电传及计算机网络等各类现代通信手段达成的,随着全球经济的发展和科技的不断进步,现在绝大部分的外汇交易都通过无形外汇市场进行。

外汇市场是全球最大的金融市场,根据国际清算银行的调查,2019年日均交易量达到3.2万亿美元。过去,大部分的外汇交易在银行、财团及财务经理人之间进行,但是近些年外汇市场快速发展,包括银行、经纪商及公司组织、机构组织(如美国联邦银行)、个别投资人,都通过外汇交易赚取丰厚的利润。

(二) 外汇市场的主要特点

随着国际金融业的发展,金融工具不断创新,外汇市场主要有以下几个特点。

(1) 外汇市场是某国或地区之间宏观经济变化的"晴雨表"。一般来说,一国或地区外汇市场的交易量,以及本币对外币的汇率变化,对其国民收入、就业、物价指数和利率水平等经济变量都有重大的影响。同时,外汇市场不仅对本国的宏观经济变量极为敏感,还容易受到他国经济实力变化的影响。外汇市场的地位与作用越来越显得重要,对开放型国家或地区的经济尤为如此。

(2) 外汇市场的汇率波动频繁,外汇风险管理已经引起重视。20世纪70年代初期,许多国家或地区依次实行了浮动汇率制。此后,外汇市场的动荡不稳和汇率波动剧烈就成了经常现象。进入20世纪90年代,全球经济一体化趋势不可阻挡,国际资本流动的规模与速度成倍增加,汇率剧烈波动,不可避免地会给对外经济交易带来风险。国际经济交易者、外汇交易者更懂得利用有效的交易形式,来达到套期保值、转移风险或追逐风险利润。

(3) 外汇市场上"创造价格"的功能越来越突出。外汇在交易过程中,出现的并不是一种价格,而是两种价格,即买入价和卖出价。外汇交易价格之间有一定的差价,而且差价是经常变动的。外汇交易商主要是外汇银行,他们通过变动差价的大小而"创造价格",并根据这些价格进行交易。外汇银行与外汇经纪商不同,后者只是促成外汇的买方能找到卖方,或者卖方找到买方;而前者不仅促成交易,而且为了轧平头寸有时作为交易的一方,即如果外汇银行欲卖出一笔外汇而一时找不到买方,外汇银行则以其"创造"出的价格自己买入这笔外汇。外汇交易者众多的创造价格,将使外汇交易的价格趋同,影响汇率的变化。

(4) 外汇市场上政府的干预比以前频繁,规模小,但及时并且效率高。尽管在世界上许多国家或地区实行的是开放性经济,但政府对经济的干预或调解从未放弃过。尤其是外汇市场,不仅本国货币当局时常介入,有时甚至几个国家的中央银行联合起来干预。同时,干预的频率较过去频繁,但规模不大。

二、外汇市场的类型与作用

(一)外汇市场的类型

为了适应日新月异的世界经济发展的需要,促进国际贸易的发展,外汇市场在原有传统业务类型的基础上,还不断拓展了许多新的外汇交易的方式。总体来说,根据外汇市场的业务特点和构成因素,主要可以从以下几个角度对外汇市场进行分类。

(1) 根据市场组织形式的不同,外汇市场可划分为有形市场和无形市场。前者是指有具体、固定的交易场所进行外汇交易的市场。欧洲大陆的法兰克福、巴黎、阿姆斯特丹、米兰等地的外汇市场都属于有形交易市场。因此,有形的外汇交易市场又被称为大陆式外汇市场。后者是指没有固定场所,外汇买卖双方不需要进行面对面交易,而是通过电话、电报、电子计算机,以及其他现代通信手段与外汇经营机构进行联系从而达成外汇交易的市场。纽约外汇市场和伦敦外汇市场都采取这种形式。世界上绝大多数国家的外汇市场是无形市场,以英国和美国为代表,所以无形市场又被称为英美式外汇市场。

(2) 根据交易对象的不同,外汇市场可以划分为零售市场和批发市场。零售市场是指外汇银行、个人和公司客户之间交易的外汇市场,尽管其交易规模较小,但每天交易的总量不容小觑;批发市场是指银行同业之间买卖外汇的市场,每天交易金额巨大。据统计,银行之间外汇交易量占外汇交易总额的90%以上。由此可见,绝大部分外汇交易发生在银行同业之间的外汇市场上。

(3) 根据交易交割收付款期限的不同,外汇市场可以划分为即期外汇市场、远期外汇市场、掉期外汇市场、外汇期货市场、外汇期权市场等。这五种市场在交易方式上具有相对独立性,但在外汇的市场价格上,相互联系却非常紧密,一个市场的价格变动会同时影响另外四个市场的价格。

(二)外汇市场的作用

随着外汇市场规模的不断扩大,业务类型的不断推陈出新,外汇市场对活跃世界市场、推动全球经济发展起着不可估量的作用。

1. 形成外汇汇率的作用

进行外汇交易的前提条件是外汇汇率的形成,而外汇市场的重要作用之一就是确定货币之间市场汇率的水平。国际外汇资金活动的中心就是外汇市场,任何国家涉及国际收支的项目都是直接或间接地通过外汇市场来实现的。事实上,国际经济贸易所产生的外汇供给和需求最后都集中到外汇银行进行的外汇买卖上。外汇银行接受客户的买卖申请加上银行自身进行外汇买卖的需要,形成了银行同业市场上的外汇供给和需求,这种供求关系通过银行之间的竞价方式,确定银行同业之间的汇率,根据银行同业市场外汇汇率进一步确定零售外汇市场的汇率,从而整个外汇市场的汇率水平得以确定。

2. 清算结算的作用

清算结算是外汇市场的基本作用。由于各国货币制度不同,各国之间的经济、政治和文化往来等都会产生国际之间的货币支付行为，为了使不同货币之间的清算结算得以顺利进行，就必须借助于外汇市场，解决各种货币之间的兑换问题。因此，外汇市场是发展世界经济、促进各国之间交流不可或缺的渠道。

3. 套期保值和投机作用

套期保值就是为使未来的一项外汇收入或支出不因汇率的变动而蒙受损失，通过外汇市场，利用远期外汇交易、外汇期货、期权等方式来保值防险。

投机是指投机者为了获取利润，利用其对外汇价格波动的预期而进行的各种买卖活动。投机具有扰乱市场和稳定市场的两重性。

4. 防范外汇风险作用

外汇市场操作是防范外汇风险的主要方法之一。外汇市场上的各类外汇交易都具有防范外汇风险的作用，尤其是远期交易。

另外，外汇市场是一国对外金融、经贸部门的晴雨表。一方面，外汇市场是国际外汇资金活动的中心，国际之间债权债务关系的了结和国际资本的转移都会反映在外汇市场；另一方面，一国的经济状况会体现在有效的外汇市场汇率上，汇率成为衡量该国经济金融形势及发展趋势的一个敏感而有效的指标，国家可以在此基础上采取相应的对策。

三、外汇市场的参与者

（一）外汇银行

从事外汇业务的银行，包括专营或兼营外汇业务的本国银行、外国银行或分支行及其他金融机构。银行是外汇市场最重要的参与者，它既可以代表客户进行外汇交易，也可以自己进行买卖。银行同业之间外汇交易占全部外汇交易总额的90%以上。银行在进行外汇买卖时，必然会在营业日内产生买卖差额，即外汇"头寸"（Position）。如果是买多于卖，称为"多头"（Long Position）；反之则称为"空头"（Short Position）。为避免汇率变动可能带来的外汇风险，银行一般需要在外汇市场上进行抛补，轧平头寸使买卖平衡。当然，银行也可以保留头寸，推迟平衡，通过承担风险而获得投机收益。

（二）外汇经纪人

外汇经纪人或中间商是外汇买卖的重要媒介。其充当银行与银行之间、银行与客户之间的交易中介，收取佣金，但一般自己不买卖外汇。每个外汇交易中心都有许多外汇经纪人，他们是经中央银行批准经营外汇中介业务的经纪公司，他们有直线电话与各大银行连通，国际性的经纪人还可以直接与世界各大金融中心的银行做交易。

外汇经纪人的出现和发展壮大，不仅为银行和客户提供了优质的专业服务，同时，对外汇市场汇率的走势起到了推动作用。如今许多国际性的外汇交易中心，如伦敦、东京、巴黎、纽约等外汇市场的外汇买卖大都是通过外汇经纪人来进行的。

（三）顾客

对于银行来说，外汇交易的顾客主要包括个人或企业（公司）等。他们出于各自的目的——如贸易上的需要，投资上的需要，外币存放的需要，保值的需要，投机的需要等，同外汇银行或通过外汇经纪人进行外汇买卖。

在我国，随着改革开放的不断深入，除中国银行外，顾客还可以通过其他国有商业银行及一些外资银行从事外汇买卖业务。

（四）中央银行

中央银行既是外汇市场的管理者，也是市场的参与者。各国政府为了实现国家的财政货币政策，或为了防止国际短期资金大量移动对外汇市场的猛烈冲击，往往由中国银行对外汇市场进行干预，即在市场上买进或卖出外汇，以稳定本币汇率，防止本国金融市场的动荡。中央银行的外汇买卖活动主要是通过实力雄厚的外汇银行或外汇经纪人进行的，由于进行市场干预往往需要大量的外汇交易，因此对外汇市场的影响是相当大的。

四、世界主要的外汇市场

目前，世界上交易量大且具有国际影响的外汇市场主要有美国的纽约、英国的伦敦、日本的东京、瑞士的苏黎世、中国的香港、德国的法兰克福、荷兰的阿姆斯特丹、意大利的米兰、加拿大的蒙特利尔，还有新加坡、巴林、卢森堡等。在这些外汇市场上交易的外汇主要有美元、英镑、欧元、瑞士法郎、日元、加拿大元等，虽然其他的货币也有买卖，但由于数量极少，因此不具备国际意义。

（一）伦敦外汇市场

伦敦作为历史最悠久国际金融中心，是日成交额最大的外汇市场，并以交易货币种类多，交易效率高，交易设施先进，专业技术人才丰富而闻名于世。其基本上是一个完全自由的市场，而且作为世界性的外汇交易中心，它并没有一个具体的外汇交易场所。在伦敦外汇市场，参加外汇买卖业务的银行及其他金融机构之间，有着十分完整的电信网络系统，迅捷灵活地处理着各种可兑换货币的现汇交易及远期交易。

伦敦外汇市场的优势，还在于它所占时区正处于东亚与纽约之间，在一天的营业时间里能和这两个时差最大的市场同时进行交易。而且，英镑在第二次世界大战后国际货币体系中的地位虽被美元取代，但仍是世界流通的主要货币。

（二）纽约外汇市场

第二次世界大战后随着布雷顿森林体系的建立，美元成为国际货币体系的中心，纽约也日益成为世界主要的金融中心，尤其是美元作为主要的国际储备货币及国际贸易、国际借贷、资本输出或输入中的主要支付手段等诸方面来说，纽约成为世界美元交易清算中心。

美国政府对外汇市场基本上没有什么管制，几乎所有的银行和其他金融机构都可以经营外汇买卖。参与外汇业务的主要有美联储、商业银行、储蓄银行、投资银行、人寿保险公司、外汇经纪商等。其中，以商业银行之间的交易为主。纽约外汇市场也没有固定的交易场所，交易者通过各种现代化的通信工具自由买卖世界各国的货币。

(三) 东京外汇市场

东京外汇市场是亚洲最大的外汇市场。20 世纪 50 年代后，经过不断的改革，日本的外汇管制逐步放松，如今所有银行都可以在国内经营外汇业务，东京外汇市场已成为仅次于纽约和伦敦的世界第三大外汇交易中心。但是，东京外汇市场进行交易的货币种类虽多，其中 95% 以上却都是美元与日元之间的交易。另外，由于日本是个以出口贸易为主的国家，外汇市场主要服务于对外贸易，汇率波动对其整个国民经济的影响十分大，因此日本政府为了稳定经济局势，防止汇率波动，不得不经常采取一定的干预措施，这对东京外汇市场国际影响力的扩大起到了一定程度的消极作用。

(四) 苏黎世外汇市场

苏黎世外汇市场主要由瑞士的三大银行——瑞士银行、瑞士信贷银行、瑞士联合银行及瑞士经营国际金融业务的银行，外国银行在瑞士的分支机构，还有国际清算银行和瑞士国家银行构成。瑞士是一个永久中立的自由经济国家，经济发达，对资本输出或输入基本没有限制；外汇市场体制完善，业务经验丰富，信誉卓著。同时，瑞士法郎还是世界上最稳定的货币之一，这些都奠定了苏黎世作为国际外汇交易中心的基础。

苏黎世外汇市场也是一个无形市场，与伦敦和纽约市场不同的是，它没有外汇经纪人或外汇中间商充当交易媒介。苏黎世外汇市场的外汇交易非常活跃，在此可进行即期和远期的外汇买卖业务。

(五) 新加坡外汇市场

新加坡外汇市场是亚太地区最重要的外汇市场之一。由于所处的时区优越，所以它在同一个营业日内既可以与日本、中国香港、澳洲的外汇市场交易，又可以与中东、欧洲的外汇市场交易，以此根据国际外汇市场的行情，及时调整自己的收盘价格，减少外汇风险。另外，新加坡政局稳定，政策宽松，取消了全部外汇管制。1968 年，新加坡成为亚洲美元的中心，对亚太地区的金融稳定和发展有着一定的影响力，大大促进了外汇市场的发展。新加坡外汇市场是一个无形市场，经纪商在外汇交易中起着非常重要的作用，大部分的交易都经他们办理。该市场对货币的交易品种不加以限制，但事实上仍以美元为主。同时，即期外汇业务占总成交量的 80% 左右，而远期外汇业务仅占 4%，还有待发展。

(六) 香港外汇市场

1973 年香港取消了外汇管制后，经营外汇的金融机构不断增加，很多国际上的外汇经纪商纷纷涌入香港，外汇市场越来越活跃，加上与新加坡相似的时区条件，香港逐步成长为国际外汇市场。香港外汇市场主要可分为港元兑外币市场和美元兑其他外汇市场，美元是所有货币兑换的交易媒介。港币与其他外币不能直接兑换，必须先换成美元，再由美元折成所需要的货币。

如今的香港已经是著名的国际外汇交易中心，然而与纽约、伦敦、东京这些交易中心有所不同的是,香港外汇市场是一个没有中央银行的外汇市场。由于香港实行与美元挂钩的联系汇率制度,同时,由汇丰、渣打、中行(香港)三家银行发行货币,香港政府不会主动干预外汇市场,也没有专门的中央银行。香港金融管理局(金管局)承担着中央银行的角色,通过向市场买入美元或者抛售美元来保证香港外汇市场的稳定,以此作为香港的货币政策的调控措施。

任务二 掌握即期外汇交易业务

一、即期外汇交易

(一)即期外汇交易的概念

即期外汇交易(Spot Exchange Transaction)又称现汇交易,是指外汇买卖双方在达成交易的当天或两个工作日内完成交割的外汇买卖业务。其交割日期一般有 T+0、T+1、T+2 三种情况,大多数即期外汇交易在成交后的第二个营业日进行交割。汇款方式一般有电汇、信汇和票汇三种方式。

即期外汇交易所采用的汇率称为即期汇率(Spot Rate),是构成外汇买卖活动的基础,其他外汇交易汇价的确定都在此基础上计算得出。目前,银行之间的外汇买卖大多用电汇方式收付款项,所以,电汇汇率是即期外汇市场上的基础汇率,其他各种汇率均以电汇汇率为计算基础。

即期外汇交易是外汇市场中最基本的交易类型,市场规模最大,占整个外汇市场的 60%~70%,银行同业之间的即期外汇交易又占了其中的 95%。通过即期外汇交易,交易者可以建立各种货币头寸,满足对不同货币的需要,也可以起到保值和投机的作用。

资料卡

即期外汇交易方对话

询价方:Spot USD CHF, pls?
(请问即期美元兑瑞士法郎报什么价?)
报价方:20/75.
(1.652 0/75。)
询价方:Mine USD2.(我买进 200 万美元。)
报价方:OK, done, CHF at 1.657 5 I sell USD 2 mio AG CHF, VAL 15 Mar, 2019.
(200 万美元成交。证实在 1.657 5 我方卖出 200 万美元买入瑞士法郎,起息日为 2019 年 3 月 15 日)。
CHF pls to A bank A/C No. ××××.
(我方的瑞士法郎请划拨到 A 银行,账号为××××。)

询价方：USD to B bank A/C No. 12345678.

（我方的美元请划拨到 B 银行，账号为 12345678。）

即期外汇交易中的交易金额是单位化的，因此在上述交易中，Mine USD2 指的是我方买入 200 万美元。另外，按国际惯例，银行在报价时，一般只报尾数，但在成交后的证实中则要以全价标明，以防交割时出现不必要的错误。

（二）即期外汇交易的报价

一笔完整的即期外汇买卖应包括询价（Asking）、报价（Quotation）、成交（Done）及证实（Confirmation）四个步骤。其中包括买卖的金额、买卖的方向、买入价和卖出价、起息日及结算指示等。

外汇银行对外报价时通常采用两个原则。第一，一般采用五位数字来表示，如 EUR/CNY = 7.807 4，USD/JPY = 107.28。汇率变化的最小单位称为 1 个基点，即最后一位数字的变化。因此，日元汇率是小数点后面第 2 位为 1 个基点，其他货币汇率一般都是小数点后面第 4 位作为 1 个基点。按照上面的数字，若 EUR/CNY 变为了 7.807 5，则表示欧元兑人民币上涨了 1 个点（即汇率波动是万分之一）；而若 USD/JPY 变为了 107.29，则表示美元兑日元上涨了 1 个点（即汇率波动是百分之一）。第二，汇率报价一般采用"双轨报价"，即同时报出买入价和卖出价，并且小数在前，大数在后。例如，上海外汇交易市场 2019 年 10 月 29 日报出 USD/CNY = 7.041 7 ~ 7.049 7。在通过电信报价时，有时报价银行只报汇价的最后两位数。如上例数字，银行交易员通常只报 17/97。这是因为专职的外汇交易员对前面的数字十分清楚，且外汇汇率的变化在一天之内一般不会超出最后两位数字，不需要报出全价。

二、即期外汇交易套算汇率的计算

在国际外汇市场上，绝大多数的外汇交易都是其他货币对美元的交易，因此，通常的报价也都是其他货币对美元的汇率。那么各种非美元货币之间的汇率就需要计算得出，这叫作套算汇率（或交叉汇率）。例如，已知美元兑 A 币的买入价与卖出价，美元兑 B 币的买入价与卖出价，那么如何计算 A 币兑 B 币的买入价和卖出价呢？其中的计算规律及举例如下。

（1）如果两个已知即期汇率中一个是以美元为单位货币，另一个是以美元为计价货币，则套算汇率为同边相乘；

（2）如果两个已知即期汇率都是以美元作为单位货币（或计价货币），则套算汇率为交叉相除。

【例 8-1】某日 USD/HKD 的汇价是 8.112 0/8.113 0，GBP/USD 的汇价是 2.253 0/2.254 0，计算当日 GBP/HKD 的汇率。

分析及计算过程：此例中一种货币对美元报价，另一种货币用美元报价；美元作为中间计算的桥梁货币，前一个汇价中它居于单位货币位置，后一个汇价中它居于报价货币位置,则采用同边相乘即可。

$$GBP1 = HKD(2.2530 \times 8.1120) \sim (2.2540 \times 8.1130)$$
$$= HKD18.2763 \sim 18.2867$$

【例8-2】某日汇率 USD/EUR = 0.9340/0.9350,USD/CHF = 0.9650/0.9660,试计算 EUR/CHF 的汇率。

分析及计算过程:此例中两种货币都对美元报价;美元作为中间计算的桥梁货币,都居于单位货币位置,则两种非美元货币的套算汇率要采用交叉相除求得。

第一步,EUR1 = USD1/0.9350 ~ 1/0.9340　　(原汇价变为倒数并交换前后位置)

第二步,EUR1 = CHF(0.9650 ÷ 0.9350) ~ (0.9660 ÷ 0.9340)
$$= CHF1.0321 \sim 1.0343$$

随堂小练笔

某日国际外汇市场汇率 CAD/USD = 0.8950 ~ 0.8953,GBP/USD = 2.2530 ~ 2.2540,试计算 GBP/CAD 的汇率。

三、即期外汇交易的应用

(一) 出国前的汇兑

李某被公司选派出国参加培训,需要兑换3万美元放入 VISA 卡中,银行当日美元兑人民币的外汇牌价是 704.67 ~ 707.66,则李某需要付出多少人民币?

【分析】李某购汇3万美元,那么银行对美元的交易方向即卖出,因此应使用美元的卖出价 707.66,另外,我国银行的外汇牌价是每100单位外汇兑换本币的数字,则 USD1 = CNY7.0766。USD30 000 × 7.0766 = CNY212 298。

(二) 出口报价时对即期汇率的使用

(1) 本币折算外币时,用买入价。出口商对外报价时,原以本币报价,现改报外币,则需要以所收取的外币向银行兑换本币,即银行买入外币,付给出口商本币,所以按买入价折算。

例如,某美国出口商出口一批机械设备,原报价为50万美元,现法国进口商要求改报欧元,则该美国出口商可以根据当日纽约外汇市场欧元兑美元的汇率 0.8809 ~ 0.8869 将货价改报为 500 000 ÷ 0.8809 = 567 601.3(欧元)。

(2) 外币折算本币时,用卖出价。出口商原以外币对外报价,现改报本币,则需要以收取的本币向银行换回外币,即银行买入本币,卖出外币,故以卖出价折算。

例如,某日商向英国出口一批货物,原报价为 10 万英镑,现应对方要求改报日元,当日东京外汇市场英镑兑日元的汇率为 183.55 ~ 185.86,该日商改报后的价格为 100 000 × 185.86 = 18 586 000(日元)。

如果报价时所采用的两种货币都是外币,则将外汇市场所在国的货币视为本币,报价方法同前。而且,上述买入价、卖出价在进出口报价的运用原则,不仅适用于即期汇率,而且适用于远期汇率。

(3) 即期外汇投机交易的使用。某投机者欲利用即期外汇交易进行投机,今日 USD/EUR = 0.902 8/0.906 4,该投机者认为美元兑欧元在 3 个月之后会升值,则在今日买入 1 万美元。假设 3 个月后 USD/EUR = 0.981 5/0.988 5,则该投机者可获利多少?

【分析】今日:该投机者买入 1 万美元,银行对美元的交易方向是卖出,应使用美元卖出价为 0.906 4;3 个月后:该投机者将该 1 万美元卖出以赚取差价,银行对美元的交易方向是买入,应使用美元的买入价为 0.981 5,因此该投机者获益:

$$USD10\ 000 \times (0.981\ 5 - 0.906\ 4) = EUR751。$$

任务三 掌握远期外汇交易业务

一、远期外汇交易的概念

远期外汇交易(Forward Transaction)又称期汇交易,是指外汇买卖成交时,双方将交割日预定在即期外汇买卖起息日后的一定时间的外汇交易。远期外汇交易时须签订远期外汇买卖合约,作为未来交割的法律依据。远期外汇合约主要包括交易币种、汇率、数量及交割日期等内容。通常,远期外汇交易的期限为一至六个月不等,也有超过一年以上的交易,但为数较少。远期外汇市场是外汇市场中规模最小的,因为单独的远期交易很少,大多数都是与即期交易同时形成于掉期交易中。

远期外汇业务具有保值和投机两个方面的作用。对于进口商、债务方、筹资者等未来有外汇支出的人来说,利用远期外汇交易可以预先固定成本,防范未来外汇汇率上涨的风险;相反,对于出口商、债权方、投资者等未来有外汇收入的人,利用远期外汇交易则可以以现时约定好的汇率卖出远期外汇,以便预先确定未来的收益,防范外汇汇率下跌的风险。而投机者从事远期外汇交易则是一种纯粹的为了赚取买卖差价而进行的投机性交易,并没有一种商业或金融交易作为基础,他们通过承担市场汇率变动的风险,凭借预测汇率的走势来获取投机收益。

二、远期外汇交易的报价方法

远期汇率是买卖远期外汇时所使用的汇率。其是在买卖成交时即确定下来的一个预定性的价格，主要采用以下两种报价方式。

（一）完整汇率报价法

完整汇率报价法是指不用通过计算由外汇银行直接报出远期买卖汇率的数字。其表现形式与即期汇率相同，一般采用五位数字原则，并同时报出远期的买入价和卖出价。例如，美元兑换欧元，两个月远期报价为 USD/EUR = 0.855 0/0.857 0。银行对顾客报价时多采用这种方式。

（二）汇水点数报价法

银行之间外汇市场上多采用汇水点数报价法，这是一种更加专业的报价方法，即通过报出远期汇率与即期汇率的差价，计算得出远期汇率的全部数字。远期汇率以即期汇率为基础，但一般与即期汇率有一定的差异，称为远期差价或远期汇水（Forward Margin）。远期汇率如果比即期汇率高，则汇水表现为升水（Premium）；远期汇率若比即期汇率低，则汇水表现为贴水（Discount）；若远期汇率与即期汇率相等，则称为平价（At Par）。根据即期汇率和已知汇水，可以计算得出相应的远期汇率。其计算公式为

$$远期汇率 = 即期汇率 \pm 汇水$$

例如，已知纽约外汇市场即期汇率 1 欧元 = 0.875 9 美元，3 个月欧元远期升水为 0.003 2 美元，则 3 个月的远期汇率为 1 欧元 = 0.875 9 + 0.003 2 = 0.879 1 美元。又如，已知某日纽约外汇市场即期汇率 1 美元 = 1.666 8 瑞士法郎，3 个月远期贴水为 0.012 0 瑞士法郎，则 3 个月的远期汇率为 1 美元 = 1.666 8 − 0.012 0 = 1.654 8 瑞士法郎。

在实际的远期外汇业务中，远期汇水往往以汇价变动点数来表示，并同时报出买入价和卖出价各自相对应的汇价点数。

如某日法兰克福外汇市场：

	即期汇率	3 个月远期
EUR/CHF	1.460 1/43	30/58

又如某日巴黎外汇市场：

	即期汇率	3 个月远期
EUR/USD	0.879 0/822	62/45

以汇价点数表示远期汇水的规则：汇水点数排列前小后大（30/58），称为汇水低高结构，这时要用即期汇率对应加上汇水点数得出远期汇率，它表示基本货币远期升水，标价货币远期贴水。汇水点数前大后小（62/45），称为汇水高低结构，这时要用即期汇率对应减去汇水点数得出远期汇率，它表示基本货币远期贴水，标价货币远期升水。

因此，上述两例 3 个月的远期汇率分别可计算得

EUR/CHF = (1.460 1 + 0.003 0)/(1.464 3 + 0.005 8) = 1.463 1/1.470 1

EUR/USD = (0.879 0 − 0.006 2)/(0.882 2 − 0.004 5) = 0.872 8/0.877 7

🖋️ 随堂小练笔

某日外汇市场 AUD/USD 即期汇率是 0.556 1/85，两个月汇水差价为 70/50，计算 AUD/USD 两个月的远期汇率，并分析两种货币的升贴水状态。

✈️ 三、远期汇率与利率的关系

远期汇率与利率的关系

造成远期汇率与即期汇率差额的原因很多，如国际经济、政治形势的变化，货币的法定升值或贬值，外汇市场的动荡等。但在正常的市场条件下，远期差额主要取决于两种货币的短期市场利率。一般来说，利率较高的货币远期汇率表现为贴水，而利率较低的货币远期汇率表现为升水。这种现象可以从市场供求的角度解释：因为利率较高的货币能带来较多的利息收入，于是市场上对该种货币的现汇需求增大，而套利者为了避免未来汇率下跌带来的损失抵消利息的收益，便会在买入高利率货币现汇的同时，向银行卖出期限、金额相同的该种货币的期汇，令该货币的远期供给增多；银行为了规避风险，就会以较低的价格买入该货币的期汇，利率较高的货币远期出现贴水。同理可知，利率较低货币远期有升水。

由此可见，远期汇率是由两种货币的利差决定的，利率变动会直接影响到汇水的大小，具体计算公式为

$$远期汇水 = 即期汇率 \times 两种货币利率差 \times 交割期/12$$

例如，已知纽约外汇市场某日即期汇率 USD1 = HKD7.797 4，美元 3 个月的短期年利率为 5.5%，而同期港币年利率为 7%，计算 3 个月美元兑港币的远期汇率。

首先，要计算出 3 个月的汇水，将已知条件代入上述公式，可得 3 个月远期港币的升（贴）水具体数字为 $7.797\ 4 \times (7\% - 5.5\%) \times 3/12 = 0.029\ 2$（港币）

又因为美元是低利率货币，因而远期升水，由此可得 3 个月的远期汇率为

$$USD1 = HKD(7.797\ 4 + 0.029\ 2) = HKD7.826\ 6$$

🖋️ 随堂小练笔

若美元利率为 2.46%，日元利率为 0.11%，美元兑日元即期汇率为 120.45，用这些因素计算 1 个月 USD/JPY 的远期汇率。

四、远期外汇交易实例

（一）利用远期外汇交易进行外汇风险管理

对于有外汇收支的公司来说，若未来实际收（付）汇时的汇率与现在相比发生变化，则该公司将面对外汇交易风险。利用远期外汇业务，该公司可以提前与银行签订远期外汇协议进行收益的锁定。具体规律：对于用汇商而言，其担心的是未来所付货币会升值，则可以提前买入该种货币的远期；对于收汇商而言，其所担心的是未来所收货币会贬值，则可以提前卖出该种货币的远期。

可见，远期外汇交易可以锁定未来的货币兑换价格，有利于公司的经济核算。当然，在防范风险的同时，若预测错误，也将失去增加未来收入的可能。

（二）利用远期汇率进行出口报价

如果在进出口贸易中，进口商延期付款，并同时要求出口方在原报价的基础上改报另一种货币，则出口商首先应了解两种货币的即期汇率及相应的远期汇水状况，然后根据计算出的远期汇率运用买入价、卖出价折算原则，得到应改报的价格。举例如下：

我方某公司向英国出口服装，如即期付款总货款报价为 10 万美元，现英国进口商要求我方以英镑报价，并于货物发运后 3 个月付款，则我方应改报多少英镑？（查询当日英镑兑美元的即期汇率为 1.423 3/1.426 5，3 个月远期汇水为 120/100）

分析：

（1）远期汇水是高低结构，因此，3 个月远期汇率为(1.423 3 − 0.012 0) ~ (1.426 5 − 0.010 0)，即 1.411 3 ~ 1.416 5，由此可知 3 个月英镑为贴水状态；

（2）对方要求我方改用英镑报价，即该笔交易的计价货币是贴水货币，因此，对于 3 个月后的收款方（我方）会承担未来收汇后英镑贬值的风险，因此，我方在折算报价时应使用贴水后的远期汇率，转嫁英镑贴水的外汇风险；

（3）我方收汇英镑后到银行兑换，银行对于英镑的交易方向是买入，因此，应使用英镑 3 个月期的买入价为 1.411 3，即 100 000 ÷ 1.411 3 = 70 856.66（英镑）。

（三）远期投机交易

利用远期外汇交易，投机者还可以赢得投机收益。例如，银行外汇牌价美元兑日元即期汇率为 109.25，6 个月远期报价为 109.45。某投机商认为 6 个月后美元实际升值会比银行所报的升水幅度高，则当即买入 6 个月美元远期 10 万美元。若 6 个月后该投机商预测准确，美元兑日元的市场汇率为 109.55，则他可以在完成 6 个月远期 10 万美元的交割后，立刻以 109.55 的市场汇率转手卖出这 10 万美元，他的实际收益情况是：

$$USD100\ 000 \times (109.55 - 109.45) = JPY10\ 000$$

当然，若该投机商预测失误，6 个月后美元兑日元的实际市场汇率下跌，则面临亏损的风险。

项目八 外汇市场业务

 资料卡

中国银行远期外汇买卖
(Foreign Exchange Forward Deal)

1. 产品说明

远期外汇买卖是指买卖双方按外汇合同约定的汇率，在约定的期限（成交日后第二个工作日以后的某一日期）进行交割的外汇交易。

2. 产品特点

（1）客户委托银行在指定的交割日以合同约定的汇率，买入一种货币，卖出另一种货币，实现不同外币之间的转换。

（2）高息货币远期价低于即期价，低息货币远期价高于即期价；客户可以在交易日将未来交割日的汇率水平确定下来，将汇率风险完全锁定。

3. 适用客户

（1）适用于将来某天有外币之间买卖需求的客户，用于公司进出口贸易结算，支付信用保证金等。

（2）客户需要在银行开立有外币账户。

4. 申请条件

客户需在我行存有保证金或具备授信额度。

5. 办理流程

（1）签订协议：申请者在与中国银行叙做远期外汇交易以前，需要与中国银行签订《中国银行间市场金融衍生产品交易主协议》和《中国银行间市场金融衍生产品交易补充协议（企业客户版）》。

（2）保证金落实：通过国际结算部门落实授信或相应保证金。

（3）询价：申请者通过书面委托形式确定远期外汇交易的细节，以此向中国银行询价。

（4）成交：交易一旦达成，中国银行以书面形式向申请者发送交易证实。

（5）结算：在交割日进行实际交割。申请者可以根据需要，在到期日前要求银行对该交易进行平盘或要求银行对该交易进行一次展期。

五、择期业务（Optional Transaction）

择期外汇交易是指买方可以从交易日的第二天起在约定期限内的任何一个交易日按约定的汇率进行外汇交割的业务。

择期业务实际上属于远期外汇买卖的范畴，但它只固定了未来交割的汇率，却不固定交割日期。通常情况下，如果客户无法确定实际交割日期时，就可以选择择期外汇交易。这对进出口商提供了买卖外汇的灵活性，避免了远期外汇交易交割日固定的缺点。

由于择期外汇交易中的买方有权选择在约定期限内的任何一天按约定的汇率进行交

割,因此银行在报价时往往选择对自己最有利(对客户最不利)的汇率,一般应遵循以下原则。

(1)银行买入择期远期外汇,且远期外汇呈升水时,如果择期从即期开始,按即期汇率计算;如果择期从将来某一天开始,则按择期开始的第一天远期汇率计算;若远期外汇呈贴水时,则按择期的最后一天的远期汇率计算。

(2)银行卖出择期远期外汇,且远期外汇呈升水时,按择期的最后一天的远期汇率计算;当远期外汇呈贴水时,如果择期从即期开始,则按即期汇率计算;如果择期从将来某一天开始,则按择期开始的第一天远期汇率计算。

(3)择期外汇交易对客户虽然较为灵活,但择期的期限越长,客户的成本越高,因此,客户只有尽量缩短择期天数,才能获得相对有利的远期汇率。

任务四 掌握套汇与套利交易业务

一、套汇交易的分类及实例

全球各主要外汇市场每个营业日都在进行着不同货币之间的买卖,由于外汇供求的关系,各外汇市场上同种货币的汇率因信息交流不充分可能会发生短暂的不一致的情况,当这种差异在同一时间内达到一定程度时,投机者即可以利用贱买贵卖的原则,在汇率较低的市场买进,同时,在汇率较高的市场卖出,从中获取差额利益,这就是套汇业务。

但由于目前各外汇市场的现代通信设备发达,外汇交易趋向于全球化、同步化,因此,同一时刻同种货币在不同外汇市场的汇价差异日趋缩小,套汇业务正逐渐被其他业务取代。因此,在这里只就直接套汇和间接套汇做一个简单的介绍。

(一)直接套汇(Direct Arbitrage)

直接套汇又称两角套汇(Two Points Arbitrage)或双边套汇(Bilateral Arbitrage),是指利用两个不同外汇市场的两种货币在同一时刻出现的汇率差异,同时,在这两个市场买卖以赚取汇率差额的交易。

例如,某日纽约外汇市场汇率1美元=109.43~109.63日元,同时,东京外汇市场汇率1美元=109.31~109.42日元。显然,美元在纽约外汇市场的汇率高于在东京外汇市场上的汇率。套汇者就可以利用这个机会,在纽约外汇市场以1美元=109.43日元的价格卖出100万美元,买进10 943万日元,同时,在东京外汇市场以1美元=109.42日元的价格买进100万美元,卖出10 942万日元,忽略手续费,套汇者即可得到1万日元的套汇收益。

上述套汇交易可以一直进行,直到两个外汇市场的汇率差价消失或极为接近为止。

(二)间接套汇(Indirect Arbitrage)

间接套汇又称三角套汇(Three Points Arbitrage)和多角套汇(Multiple Points Arbitrage），是指利用三个或多个不同外汇市场中三种或多种货币之间的汇率差异，同时，在这三个或多个外汇市场进行套汇买卖，获取汇率差额的交易。

现仅以三角套汇为例：假设在同一时间，出现下列情况：伦敦外汇市场　GBP1 = USD1.29；纽约外汇市场　USD1 = JPY109.47；东京外汇市场　GBP1 = JPY141.61。

在这种情况下，假定套汇者在东京外汇市场卖出 100 万英镑，买进 14 161 万日元，同时，在纽约外汇市场卖出 14 161 万日元，买进 129.36 万美元，又在伦敦外汇市场卖出 129.36 万美元，买进 100.28 万英镑，这样，套汇者便获得了 0.28 万英镑的收益。

判断对于三个市场三种货币之间是否有机会进行套汇有两种方法：一是套算比较法。这种方法是通过将其中两个市场进行汇率套算，判断是否存在汇率差价。如上例中，根据伦敦外汇市场和纽约外汇市场的汇率套算得出：GBP1 = JPY141.22，而在东京外汇市场，GBP1 = JPY141.61，结果表明三地市场之间存在汇率差异，可以进行套汇。套汇操作时，由于英镑价格在东京外汇市场略高，因此套汇者会选择东京外汇市场作为切入口卖出英镑。二是汇价连乘积法。这种方法是将各个市场的汇率标价法统一后，通过连乘所得的积数来判断是否存在汇率差价。如果乘积等于 1，说明各个市场汇率均衡或无差价，不可套汇；如果乘积不等于 1，说明各个市场汇率不均衡或有差价，可以套汇。上例中，将三个外汇市场的汇率都采用直接标价法表示，于是有：伦敦外汇市场　GBP1 = USD1.29；纽约外汇市场　USD1 = JPY109.47；东京外汇市场　JPY1 = GBP0.007 1。

将此三个汇率值相乘，就有 $1.29 \times 109.47 \times 0.007\ 1 = 1.00 \neq 1$，说明存在套汇机会。

二、套利交易的分类及实例

套利（Interest Arbitrage）又称利息套汇，是指投资者在两国短期利率出现差异且这种差异大于某种外汇的即期汇率与远期汇率的差额时，将该笔外汇资金从利率低的国家转移到利率较高的国家，以赚取利差收益的交易。当外汇市场上现汇价与期汇价的差距小于当时有关两国现行的利率差额，并且两种货币又比较稳定时，套汇者就可以进行即期外汇和远期外汇的套利交易。根据套利时是否还要做反方向交易轧平头寸，套利交易可分为以下两种形式。

（一）不抵补套利

不抵补套利（Uncovered Interest Arbitrage）是指将资金从利率低的货币转向利率高的货币谋取利率的差额收入时没有同时进行反方向交易轧平头寸，这种交易要承担高利率货币贬值的风险。假设在国内，一年期国库券的年利率为 4%，而美国的一年期国库券的年利率为 6%，即期外汇市场上美元兑人民币的汇率为 7 元人民币/美元。如果某企业要对 100 万美元进行 1 年期的投资，那么它现在有两种选择：一是在国内将美元兑换成人民币，购买国内的国库券，到期连本带息可收到 728 万元人民币；二是将 100 万美元投资于美国的国库券市场，到期时连本带息可收到 106 万美元。两种投资选择的好坏要取决于投资期满时外汇市场美元兑人民币的即期汇率，如果汇率继续维持在 7 元人民币/美元的水平，企业从美国国库券市场上的所得兑换成人民币为 742 万元，相比投资国内国库券多获利 14

万元人民币。

但是相隔 1 年，外汇市场上的汇率维持在原水平的可能性几乎为零，即期汇率可能会上升，也可能下降。如果投资结束时的汇率为 7.1 元人民币/美元，即美元升值，投资者除获得利息收入外，还可以获得外汇收益。但是在实际的外汇市场中，利率较高的国家货币汇率往往会下跌，而利率较低的国家货币汇率往往上升。如果汇率下跌到 6.86 元人民币/美元以下，那么投资者在美国市场的投资收益会因为汇率的变化小于其在国内进行投资的收益。总之，不抵补套利由于汇率的不确定性，其最后结果也是难以确定的。

（二）抵补套利

抵补套利（Covered Interest Arbitrage）是指将资金调往高利率货币国家或地区的同时，在外汇市场上卖出远期高利率货币，即在进行套利的同时做掉期外汇交易，以避免汇率风险。一般的套利交易多为抵补套利。

假设，国内外汇市场上，人民币对美元的即期汇率是 1 美元 = 7 元人民币，1 年期的汇率为 1 美元 = 6.9 元人民币，美国的 1 年期利率为 5%，国内的利率为 3%。假设一外资企业在美国市场上买进现汇 100 万美元，存放在美国银行收取利息，同时卖出 1 年期期汇 100 万美元，以防止汇率变动的风险。

它的掉期成本：买入现汇 100 万美元，付出 700 万元人民币，卖出 1 年期期汇 100 万美元，收入 690 万元人民币，掉期成本 10 万元人民币。

其次，利息收支：利息收入 $100 万 \times 5\% \times 6.9 = 34.5$ 万元人民币，利息成本 $700 万 \times 3\% = 21$ 万元人民币，利息净收益为 13.5 万元人民币，套利净收入等于利息净收益减去掉期成本，为 3.5 万元人民币。

因此，采用抵补套利，即使在当前某种货币汇率情势不看好的情况下，也可以根据利率之间的差异进行套利从而获得一定的收益。一般的套利交易多为抛补性套利交易，即与掉期外汇交易结合进行。

任务五　熟悉外汇业务中的金融创新

一、外汇期货交易（Currency Futures Trading）

（一）外汇期货业务的概念

1972 年 5 月 16 日，在美国芝加哥商品交易所设立了一个专门交易金融期货的部门，称为国际货币市场，并率先开办了外币对美元的期货契约，创立了世界上第一个能够转移汇率风险的集中交易市场。

所谓外汇期货是指买卖双方通过固定的交易所，按照标准化合约的规定，在未来某一指定时间以约定价格买进或卖出某种外汇的交易。

外汇期货业务是在传统的商品期货的基础之上发展起来的。由于布雷顿森林体系的崩溃，汇率波动频繁剧烈，随着交易商避免外汇风险的愿望增强及投机的日趋活跃，外汇期货交易获得了迅速的发展，现在全球有几十个交易所都有外汇期货交易。

（二）外汇期货业务的运用

从事外汇期货交易，主要是为了达到两个目的：一是避险，二是投机。以避险为目的的外汇期货交易最常用的手段是套期保值（Hedge），即在现汇市场交易的基础上同时在期货市场上做方向相反、期限相同的买进或卖出，以避免汇率波动带来的风险；以投机为目的的外汇期货交易一般没有现汇交易的基础，而是利用对市场价格的预测，通过承担市场风险，以贱买贵卖的方式赚取买卖中的差价，获取利润。

1. 套期保值

外汇期货套期保值可分为多头套期保值（Long Hedge）和空头套期保值（Short Hedge）。

（1）多头套期保值。多头套期保值又称买入套期保值，即在外汇期货市场上，先买入某种外币期货，然后再卖出同种期货轧平头寸。进口商、筹款者等未来有外汇支出的人为避免外汇对本币升值，都可以采用多头套期保值。例如，美国某公司借入6个月的瑞士法郎100万，在外汇市场上按1.0016的即期汇率兑换成美元使用，该公司为防止6个月后偿还贷款时瑞士法郎升值，便提前买进瑞士法郎期货合同，6个月后再卖掉等量的合同，以固定成本，防范风险。兑换过程见表8–1。

表8–1 兑换过程

日期	现汇市场	期货市场
6月1日	借入100万瑞士法郎，当日即期汇率1美元=1.0016瑞士法郎，卖出现汇瑞士法郎，兑换成998 402美元使用	买进8份瑞士法郎9月期货合同（CHF 125 000/份），成交价1美元=1.0012瑞士法郎，支付998 801美元
12月1日	买进100万瑞士法郎以偿还借款，当日即期汇率1美元=0.9962瑞士法郎，支付1 003 814美元	卖出8份同类瑞士法郎合同，成交价1美元=0.9931瑞士法郎，收入1 006 947美元

通过上述交易，在现汇市场，该公司亏损5 412美元（1 003 814美元 – 998 402美元），但在期货市场却获利8 146美元（1 006 947美元 – 998 801美元），不仅足以弥补现汇市场的损失，还获得了一定的投资收益。

（2）空头套期保值。空头套期保值又称卖出套期保值，即在外汇期货市场上先卖出后买进。对于出口商、投资者等未来有外汇收入的人，为防范外汇对本币贬值的风险，可以采用空头套期保值。

例如，一美国商人向英国某公司出口汽车，双方约定3个月后收汇100万英镑。为了防止英镑贬值带来的不利影响，他进行了卖出套期保值。兑换过程见表8–2。

表 8 - 2　兑换过程

日期	现汇市场	期货市场
5月1日	即期汇率 1 英镑 = 1.305 0 美元，出售 100 万英镑理论上可获得 1 305 000 美元	卖出 40 份英镑合约（25 000 英镑/份），期货成交价为 1 英镑 = 1.302 0 美元，收入 1 302 000 美元
8月1日	即期汇率 1 英镑 = 1.213 3 美元，实际卖出 100 万英镑，收入 1 213 300 美元	买入 40 份同类英镑合约，期货成交价 1 英镑 = 1.223 2 美元，支出 1 223 200 美元

在现汇市场上该商人理论亏损 91 700 美元，在期货市场上盈利 78 800 美元，虽然期货市场的盈利不能完全弥补现汇市场的理论亏损，但仍起到了减少损失的保值作用。

（三）外汇期货业务与远期外汇业务的异同

1. 相同点

外汇期货业务最大的特点是"见钱不见物"，即交易的对象是期货合约。但从本质上看，外汇期货业务是一种特殊的远期外汇交易，它们的相同点如下：

（1）交割时的价格都是事先约定的汇率。

（2）交易目的都是保值或投机。

（3）本质都属于远期外汇交易。

2. 不同点

在交易的形式和方法上，两者又有很大的区别，主要表现在以下几个方面。

（1）交易方式不同。远期外汇交易是在无形市场上，交易双方以电话等通信工具达成交易，而外汇期货交易则有固定交易场所，并通过特定的交易规则进行交易，确定成交价格。

（2）合同的形式不同。外汇期货合约是标准化合约，其中每份合约的交易金额、币种、交割时间、地点是固定的，交易者只能购买整数倍的合约，不能出现零头。例如，芝加哥国际货币市场规定，每份英镑合约金额为 GBP25 000，而每份瑞士法郎合约金额为 CHF125 000。远期外汇合同的金额则没有限制，由交易双方随意约定。

（3）交割方式不同。绝大部分外汇期货交易都是在合约到期前利用一笔相反的交易"对冲"掉，只有 1%~2% 的外汇期货合约实现到期交割。而且外汇期货合约的交割日每年也只有几次，例如，芝加哥国际货币市场规定每年交割日只有 8 次，即 1、3、4、6、7、9、10、12 这 8 个月中每月的第三个星期三。远期外汇交易则可以选定在交易双方约定的任何一个营业日交割，而且，通常情况下，除不履行合约外，远期外汇交易都实行实际的交割。

（4）对保证金的要求不同。参与外汇期货交易需要交纳约占合约金额的 10% 的履行保证金，如果违约则没收保证金。远期外汇交易一般不需要缴纳保证金，完全依靠双方的信誉履约，因此，远期外汇交易的双方对对方的信誉需要有一定的了解和评估，并控制交易总量。

(5) 结算方式不同。外汇期货交易由清算所执行"每日清算制",以保证合约的正常履行,而远期外汇交易则是直接与交易对方结算。

二、外汇期权交易(Foreign Exchange Option Trading)

(一)外汇期权交易的概念与特点

外汇期权又称外币期权(Foreign Currency Option),也称选择权,是指期权合约的购买者享有在合约期满日或此之前按照事先约定的价格(执行价格或称敲定价格)购买或出售约定数额某种外汇资产的权利。

外汇期权交易中期权合约的购买者拥有买入或卖出某种外汇资产的权利,但不承担必须买进或卖出的义务。当行市对其有利时,他可以选择行使权利;当行市不利时,他可以放弃行使权利。为了获得这种选择权,他须向合约的卖方支付一笔期权费,而后者由于收取了期权费,则有义务在买方要求履约时卖出或买进该种外汇资产。

外汇期权交易与期货交易一样,也是在交易所内以公开竞价的方式进行的,也采用标准化合约的形式。一项期权合约实际上就是一种权利的买卖。其主要包括以下几点。

1. 汇率表示方法

为了方便交易,所有的汇率均以美元表示,如 1 英镑等于多少美元,1 瑞士法郎等于多少美元等。

2. 期权费

期权费又称权利金(Premium)、期权价格(Option's Price)等,是指期权合权的买方为了获得购买或出售的权利而向合约卖方支付的费用,是在交易所内以公开竞价的方式达成的。对合约卖方来讲,这笔费用就是他承担义务、出售权利所取得的收益。

3. 协定价格

协定价格又称敲定价格(Striking Price)、执行价格(Exercise Price)等,是指交易双方达成的买方未来行使权利的价格。一旦确定,无论市场价是涨是跌,协定价格不变,并以此价最后交割。

4. 到期月份

到期月份(Expiration Months):对合约到期月份的规定一般与期货合约相同,由交易所固定下来,是期权合约实际执行的月份。

5. 到期日

到期日(Expiration Date)是期权合约的买方有权履约的最后一天,各交易所对此有固定规定。在此交易日后,期权合约即自行失效。

6. 交易数额

因为是标准化合约,所以每份合约的金额是固定的。通常每份英镑合约为 GBP12 500,每份瑞士法郎合约为 CHF62 500,每份日元合约为 JPY6 250 000。

(二)外汇期权交易的种类及运用

外汇期权按不同的标准可以划分为许多种,这里主要介绍其中的两种。

（1）按期权买方行使权利的时间划分，可以分为美式期权（American Option）和欧式期权（European Option）。美式期权的买方可以在从签约日至到期日的任何一个交易日行使期权；而欧式期权仅允许在到期日时才能行使期权。对于期权买方来说，美式期权更为灵活，因此，所付的期权费也相应要高一些。

（2）按期权买卖的性质划分，可以分为买入看涨期权、买入看跌期权和双向期权。

1）买入看涨期权。买入看涨期权（Buy Call 或 Long Call），是指期权买方获得了在到期日或到期日之前按协定价格购买期权合约规定的某种外汇资产的权利。期权买方通常是预测该种外汇资产的市价将上涨。当市价朝着预测方向变动时，合约买方的收益是无限的；但市价与预测背道而驰时，合约买方的损失则是有限的，最大损失即是支付的期权费。当市价变化到协议价格与期权费之和的水平时，合约买方则不盈不亏，此时的市价称为盈亏平衡点（Break – Even Point）。

例如，假定某投资者买入加拿大元看涨期权的协定价格为 USD0.631 8，期权费为 USD0.020 0/CAD，购买一份标准合约的加拿大元是 50 000，可知对于合约买方而言：最大风险：$0.02 \times 50\ 000 = USD1\ 000$；最大利润：无限；盈亏平衡点：$0.02 + 0.631\ 8 = USD0.651\ 8$。

①当市价 < USD0.631 8 时，买入看涨期权者放弃行使权利，因为他可以直接在现汇市场以低于协定价格的市价购买，降低了成本，其损失是已支付的期权费加 0.02 美元。

②当市价 = USD0.631 8 时，买入看涨期权者无论行使权利与否，都净损失期权费为 1 000 美元。

③当 USD0.631 8 < 市价 < USD0.651 8 时，买入看涨期权者按协定价格行使权利，但加上支付的期权费，从总体上仍有亏损。

④当市价 = USD0.651 8 时，买入看涨期权者行使权利，此时不盈不亏。

⑤当市价 > USD0.651 8 时，买入看涨期权者行使权利，且可获得盈利。

2）买入看跌期权。买入看跌期权（Sell Call 或 Short Call），是指期权买方获得了在到期日或到期日之前按协定价格出售合约规定的某种外汇资产的权利。这种情况下，期权买方往往是预测该种外汇资产的市价将下跌。如果预测准确，则行使权利；如果预测错误，则放弃权利，损失期权费。例如，某美国出口商向英国出口一批货物，3 个月后收入 100 万英镑，假定即期汇率为 GBP1 = USD1.420 0，为防止英镑贬值造成汇价损失，该出口商决定买入一份 3 个月期英镑看跌期权，协定价为 GBP1 = USD1.400 0，期权费为每英镑 0.015 美元，共计 15 000 美元。3 个月后，可能出现三种情况，即英镑升值、英镑贬值、英镑汇率不变。如果英镑升值，则该出口商放弃行使权利，直接按市价出售英镑，获得汇价上涨的好处，损失仅止于期权费；如果英镑贬值，该出口商行使权利保值；如果英镑汇率不变，则无论该出口商行使权利与否，都仅损失期权费 15 000 美元。

3）双向期权

双向期权又称双重期权（Double Option），是指期权买方同时既买入看涨期权，又买入看跌期权，这样无论市价如何变化，期权买方都可以行使权利。显然，购买双向期权的期权费相对单向期权要高，但获利机会也大，一般是在市场行情混乱或难以预测其未来走势的情况下购买此种期权，以期左右逢源，两头获利。

三、互换业务

(一) 互换业务的概念

金融互换（Financial Swaps）是指两个或两个以上的当事人按照商定的条件，在约定的时间内，交换货币、利率等金融工具的金融交易。

互换是20世纪80年代初期在平行贷款（Parallel Loan）的基础上发展起来的。20世纪70年代初英格兰银行为了保证英国有充足的外汇储备，引进了外汇管制，包括美元溢价规定。即当英国公司想要投资国外资产时，须在美元溢价市场上以较高的价格购买美元，但当收回投资出售美元时，却不能全部在溢价市场上出售美元，因此，购买美元的投资企业会有部分损失。换而言之，政府对购买美元的行为进行干预以期阻止资金外流。为了逃避英国的外汇管制，英国的公司不在英国境内购买美元，而以借贷方式在英国境外获取美元，于是，有些银行或证券经纪人安排了平行贷款业务。即英国公司贷款给一家美国公司在英国的子公司，该美国公司也贷款给英国在美国的子公司，以此贷款在美国投资。

(二) 互换业务的形式

互换业务的具体对象包括债务期限、利率、币种、偿还方式等。按不同的标准进行划分，有不同的形式。这里主要介绍下面两种具有代表性的互换业务形式。

1. 货币互换（Currency Swaps）

(1) 货币互换，是交易双方按照约定相互交换不同币种、相同期限、等额资金的债务或资产的货币及利息的一种互换交易业务。

相互交换的货币既可以使用固定利率，也可以使用浮动利率计息。实现货币互换的前提，首先是交易各方都需要以更低的成本筹集对方拥有的币种；其次是所持的资金数额、期限相同。其特点是不仅可以有期初和期末不同货币的本金交换，而且还伴随着一系列的利息互换。

货币互换的主要原因是双方在各个国家的金融市场上有比较优势。假定英镑和美元汇率为1英镑=1.5000美元，A想借入5年期的1000万英镑，B想借入5年期的1500万美元，但由于A的信用等级高于B，两国金融市场对A、B两公司的熟悉状况不同，因此，市场向他们提供的固定利率也不同，见表8-3。

表8-3 市场向A、B公司提供的借款利率

货币	美元	英镑
A公司	8.0%	11.6%
B公司	10.0%	12.0%

从表8-3中可以看出，A公司的借款利率均比B低，即A公司在两个市场上都具有绝对优势，但绝对优势大小不同。A在美元市场上的绝对优势为2.0个百分点，在英镑市

场上的优势只有 0.4 个百分点。这就是说，A 在美元市场上有比较优势，而 B 在英镑市场上有比较优势。这样，双方就可以利用各自的比较优势借款，然后，双方通过互换得到自己想要的资金，并通过互换收益（1.6 百分点）降低筹资成本。于是，A 以 8.0% 的利率借入 5 年期的 1 500 万美元，B 以 12.0% 的利率借入 5 年期的 1 000 万英镑。然后，双方先进行本金的交换，各得所需。

假如 A、B 公司商定平分互换收益，则 A、B 公司都将使筹资成本降低 0.8 个百分点，即双方的最终实际筹资成本分别为：A 支付 10.8% 的英镑利率，而 B 支付 9.2% 的美元利率。即 A 向 B 支付 108 万英镑的利息，而 B 向 A 支付 120 万美元的利息，进行了利息互换。最后，贷款期满后，双方要再次进行借款本金的互换，即 A 向 B 支付 1 000 万英镑，B 向 A 支付 1 500 万美元。至此，货币互换结束。

又如 A 公司想在伦敦市场筹集英镑，但因在伦敦市场 A 公司的信用不被了解，以致筹资成本太高或筹集不到资金，只好到美国市场去筹集美元，金额为 1.4 亿美元，利率固定为 8%，期限为 7 年；与此同时，英国的 B 公司想筹措美元资金，但 B 公司筹措英镑的能力比筹集美元为强，因此采用先发行英镑债券，然后通过货币互换的方式，获得美元资金。于是，B 公司在英国国内发行 1 亿英镑债券，利率为 9%，当时汇率为 1 英镑兑换 1.4 美元。A、B 两家公司达成协议：A 公司给 B 公司 1.4 亿美元，B 公司给 A 公司 1 亿英镑，双方互换。在 7 年内由 A 公司向英国债权人偿付本息，B 公司则向美国市场债权人偿付本息。

2. 利率互换（Interest Rate Swaps）

利率互换是指交易双方在约定时间内，在币种、金额、期限相同的前提下，彼此交换不同形式的利率的互换业务。通常情况下是同一种货币由一种利率水平与另一种利率水平互换，但不需要像货币互换那样实际交换本金。

交易双方进行利率互换的主要原因是双方在固定利率和浮动利率市场上具有比较优势。

例如，A、B 两家公司都想借入 5 年期的 1 000 万美元，A 公司希望能以 6 个月期相关浮动利率计息，但实际却只能以相对较低的成本筹集到固定利率的资金；与此同时，B 公司希望能以固定利率计息，实际上却能筹措到浮动利率的资金。具体条件见表 8-4。

表 8-4 市场提供给 A、B 公司的借款利率

利率类型	固定利率	浮动利率
A 公司	10.00%	6 个月期 LIBOR + 0.3%
B 公司	11.20%	6 个月期 LIBOR + 1.00%

从表 8-4 中可以看出，A 公司的两种借款利率均比 B 公司低，即 A 公司在两个市场上都具有绝对优势，但在股东利率市场上，A 公司比 B 公司的绝对优势为 1.20 个百分点，而在浮动利率市场上，A 公司比 B 公司的绝对优势只有 0.7 个百分点。这就是说，A 公司在固定利率市场上有比较优势，而 B 公司在浮动利率市场上有比较优势。这样，双方就可以利用各自的比较优势为对方借款，然后互换，从而达到共同降低筹资成本的目的。A 公

司以10.00%的固定利率借入1 000万美元，而B公司以LIBOR+1.00%的浮动利率借入1 000万美元。由于本金相同，故双方不必交换本金，而只交换利息，即A公司向B公司支付浮动利息，B公司向A公司支付固定利息。

通过发挥各自的比较优势并互换，双方的总筹资成本降低了0.50个百分点（即11.20%+6个月期LIBOR+0.3%-10.00%-6个月期LIBOR-1.00%），这就是互换利益。这里的利率每半年复利一次。

于是，A、B公司双方达成协议，进行利率互换，A公司担负了浮动利息的支付义务，而B公司则相应担负了固定利息的支付。最终双方都得到了所需利率条件的资金，同时，还发挥了各自的筹款优势。

总之，互换实际上是现金流的交换。由于计算现金流的方法很多，所以互换业务的种类也很多，如交叉货币利率互换、增长型互换、基点互换等。

项目训练

1. 判断（你认为正确的在后面括号填"T"，错误的填"F"）

（1）外汇期货交易是远期交易的一种。　　　　　　　　　　　　　（　）

（2）即期外汇交易可以在交易当日交割，也可以在成交日后的两个营业日内进行交割。　　　　　　　　　　　　　　　　　　　　　　　　　（　）

（3）套利者主要关注两种货币的利率差，可以不考虑汇率的变化。　（　）

（4）外汇交易中的"点数"指的是0.000 1。　　　　　　　　　　（　）

（5）外汇期权的购买者，如果放弃对期权合约的履行，就可以收回期权费。（　）

2. 不定向选择（请把你认为正确选项的代表字母填在题后的括号内）

（1）促成外汇交易、代理洽谈外汇买卖交易的是（　　）。

A. 外汇经纪商　　　B. 外汇投机者　　　C. 外汇交易商　　　D. 外汇银行

（2）某公司在3个月后会有一笔10万欧元的收款，为规避外汇风险，该公司可以（　　）。

A. 买入欧元3个月远期　　　　　B. 卖出欧元3个月远期

C. 做欧元的多头套期保值　　　　D. 做欧元的空头套期保值

（3）在外汇市场上，外汇买卖合约签订后，可以有执行或放弃执行合约选择权的业务种类是（　　）。

A. 直接套汇　　　B. 间接套汇　　　C. 外汇期权　　　D. 外汇期货

（4）某投机者拟利用两种货币的利率差进行交易并同时进行外汇抛补以防汇率风险的行为称为（　　）。

A. 套期保值　　　B. 掉期交易　　　C. 套汇交易　　　D. 抛补套利

（5）外汇期货的特点主要有（　　）。

A. 外汇期货绝大多数是"对冲"，极少实际交割来履行或解除合同义务

B. 期货合约的履行由交易所担保，不允许私下交易

C. 期货合约在期货交易所组织下成交的，具有法律效力

D. 期货合约是标准化的

3. 讨论与思考

（1）在其他条件不变的情况下，利率低的国家的货币远期汇率会升水，利率高的国家的货币远期汇率会贴水。这种说法是否正确？为什么？

（2）外汇期货、外汇期权与远期外汇交易有何异同？

（3）外汇市场中的各参与者分别起到了什么作用？

4. 业务实操计算

（1）已知某日即期汇率 USD/CHF = 0.879 2/0.881 7，EUR/USD = 1.648 7/1.659 4，计算 EUR/CHF 的汇率。如果某出口商收汇 10 万欧元，可以兑换多少瑞士法郎？

（2）某日外汇市场上 GBP/USD 即期汇率是 1.5630/40，6 个月汇水差价为 318/315；AUD/USD 即期汇率是 0.687 0/80，6 个月汇水差价为 154/157，计算 GBP/AUD 6 个月的远期汇率。

（3）我国出口商出口零件 450 箱，原报即期付款价为 EUR124/箱，现外商要求改报英镑价。若外商仍即期付款，应报英镑价格为多少？若外商要求三个月后付款，应报英镑价格为多少？（已知伦敦外汇市场 GBP/EUR 即期汇率为 2.452 0/68，3 个月远期汇水为 100/90）

（4）外汇市场行情如下：巴黎外汇市场 GBP/EUR = 1.167 9，纽约外汇市场 USD/EUR = 0.908 6，伦敦外汇市场 GBP/USD = 1.283 4。现在某人手中持有英镑20万，问他应如何进行间接套汇？套汇的获利是多少？

（5）假设目前美元与加拿大元的即期汇率为 USD/CAD = 1.280 0/1.283 5，3 个月的远期汇水为 200/195；加拿大元的年利率为 8%，美元的年利率为 6%。某投机者有加拿大元 30 万，如果此人要实现 3 个月的投资收益最大化，应该选择在加拿大投资，还是选择在美国投资？请写出详细的计算过程。

（6）某金融公司根据对市场行情的预测，决定利用美元期权营利。当时市场的现汇汇率是 USD1 = JPY104.80，期权合约金额是 USD100 万，期限 6 个月，其交易情况如下：买入美元看涨期权，执行价格 JPY105.00，期权费为 1%。

试计算 6 个月后，若市场出现以下汇率时，该公司相对应的盈亏情况：
①USD1 = JPY106.50；②USD1 = JPY105.70；③USD1 = JPY103.30。

建议参考网站

1. 中国人民银行　http：//www.pbc.gov.cn
2. 中国建设银行　http：//www.ccb.com.cn
3. 中国工商银行　http：//www.icbc.com.cn
4. 中国银行　http：//www.boc.cn
5. 汇率网　http：//www.rmbhuilv.com/

项目九

外汇风险管理

项目学习目标

通过本项目的学习，学生应了解外汇风险的概念；能识别外汇风险种类；了解外汇风险的构成要素及影响关系；掌握外汇风险的防范措施。

重点和难点

1. 外汇风险的概念；
2. 外汇风险的构成要素及相互关系；
3. 外汇风险的防范措施。

课前任务

调查一家外贸公司近年发生的进出口交易中因汇率变化造成的损失；阅读香港船王《包玉刚传》，找出他成功的主要因素。

任务一 了解外汇风险

一、外汇风险的概念

外汇风险简介

外汇风险（Foreign Exchange Exposure）是指以外币计价的债权与债务，因外汇汇率的波动而引起其价值上涨或下跌的可能。对于具有债权与债务的关系人来说，外汇风险可能导致两种结果：一是获取利润；二是遭受损失。下面以美元波动为例进行分析。

日本一出口公司于某年 2 月签约出口一批商品，金额为 100 万美元，付款日期为 6 月某日。签约时，东京外汇市场美元兑日元的汇率为 1 美元 = 111.295 0 日元。但是，到 6 月某日日本出口公司收到 100 万美元的货款时，适逢美元汇率下跌，汇价由原来的 1 美元 = 111.295 0 日元下跌为 1 美元 = 109.455 0 日元。按此时的汇率折算，日本出口公司的日元收入为 10 945.50 万日元，比签约日美元兑日元的比价要少收 184 万日元 (11 129.50 − 10 945.50 = 184)。这少收的 184 万日元即美元下跌给日本公司带来的外汇风险损失；反之，如果签约日东京外汇市场美元兑日元的汇率为 1 美元 = 109.455 0 日元，而付款日的汇率为 1 美元 = 111.295 0 日元，则日本出口公司收到的 100 万美元货款可兑成 11 129.50 万日元，与按签约时的汇率计算相比要多收 184 万日元。这多收的 184 万日元即美元汇率上涨给日本出口公司带来的外汇风险利润。

二、外汇风险的种类

一个国际企业，在其经营活动全过程中，都存在着由于外汇汇率变化而造成的外汇风险。具体来说，主要有转换风险（Translation Exposure）、交易风险（Transaction Exposure）和经济风险（Economic Exposure）三类。

（一）转换风险（Translation Exposure）

转换风险也称会计风险，是指由于汇率的变化而引起的以外币计价的资产与负债的变动的风险。不同的会计制度和税收制度对资产负债表的会计处理不同，因此，转换风险受不同国家的会计制度和税收制度的制约。

（二）交易风险（Transaction Exposure）

交易风险是国际企业的一种最主要的外汇风险，是指国际企业在其经营活动中，由于外汇汇率波动引起其所拥有的债权或应付的债务价值变化的风险，如商品或劳务的进出口，在装运货物后或提供劳务后，而货款或劳务费用尚未收回这一段时间，外汇汇率上下波动所产生的风险；再如以外币计价的借款或贷款，在款项偿清前，外汇汇率变动所发生的风险，如 1995 年 3 月日元大幅度升值使我国的外债负担突增 169 亿元人民币。

风险交易风险从签订交易合同，确定以外币计价的交易金额时就开始产生，直至结清货款为止。

（三）经济风险（Economic Exposure）

经济风险是指在外汇汇率发生波动时国际企业的未来收益所遭受的风险。其是一种潜在的风险。未来收益变化的大小主要取决于汇率变化对本企业产品成本与价格影响度的大小。对于国际企业来讲，能否避免经济风险是至关重要的，它关系到企业在海外的投资或经营效果。同时，对这种潜在风险的预测的准确程度也将直接影响该企业在融资、销售与生产力方面的决策。

三、外汇风险的构成因素及相互关系

（一）外汇风险的构成因素

一般来说，外汇风险的构成有三个因素，即时间、本币与外币。一个国际企业从交易达成到应收账款的实际付出都需要一段时间,而且企业在其经营活动中所发生的所有外币收付,最终须与本国货币进行折算。为此,本币是衡量一个国际企业经营效果的共同指标。

(二)外汇风险的构成因素的相互关系

一笔外币应收账款或应付账款的时间因素对外汇风险的大小有直接的影响。原则上时间越长,外汇风险越大,因为在此段时间里汇率波动的可能性较大。时间越短,汇率波动的可能性就越小,外汇风险也相对变小。若想减缓外汇风险,则可以改变时间因素,如缩短一笔外币应收或应付账款的偿付时间。然而,仅仅改变时间因素是不能消除外汇风险的,因为外币与本币折算所存在的汇率波动风险仍然存在。如果一个国际企业在其对外的交易中使用本币结算,则就不存在外汇风险,因为它不涉及外币与本币的折算问题。只要存在两种货币的折算,就会存在汇率波动的风险。

一个国际企业如果有未结算的外币应收账款或外币应付账款,一定会呈现时间、外币与本币这三个风险因素。例如,一个进口企业,60天后有一笔10万美元的外汇支出,这里10万美元的应付账款,既存在着时间风险,又存在着价值风险。为防止60天后美元大幅度升值给企业带来损失,进口企业可以采用远期合同法、期权合同法和期货合同法等方法来规避。无论采用什么方法规避风险,原则是先消除时间风险,然后消除两种货币折算的价值风险。

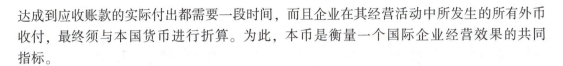

任务二 分析外汇风险管理的技巧

一、外汇风险管理的必要性

在现行的浮动汇率制度形势下,国际金融市场动荡不安,各种经济的、政治的因素常常使外汇汇率在短期内波动频繁,波幅颇巨,从而加大了国际贸易和国际信贷中的外汇风险。近些年来,美元、日元、英镑等几种金融领域中的主要货币汇率和利率的波动较频且幅度较大。如果经营进出口业务的国际企业或经营外汇业务的外汇银行,在实践中不考虑外汇汇率和利率因素,就很容易因外汇汇率波动或利率变动而蒙受损失。本部分仅对国际企业的汇率风险防范做详细阐述。

例如,日本某出口企业与美国商人成交出口10万美元的货物,所用的计价货币是美元,三个月后付款。签约时,外汇市场汇率为1美元=111.295 0日元。按此汇率,10万美元的货款可折算成1 112.95万日元。但是,若付款日正值金融市场动荡,日元汇率上扬,美元大幅度贬值,则日本企业就会受到汇率波动的冲击而招致损失。假设付款日当天美元果真贬值,汇率变为1美元=109.455 0日元,按此汇率折算,企业仅收入1 094.55万日元,比签约时的汇率计算要损失18.4万日元。由此可见,凡是持有外汇资金、参与外汇买卖业务的国际企业都应具有外汇风险防范意识。不仅如此,企业在面临外汇风险时,还应采取战略性决策,即如何看待风险,是否进行弥补,要弥补应该弥补到什么程度,选择哪种规避措施等。

一般情况下,当面临外汇风险时,国际企业对待风险大致有以下几种选择。

(1) 听之任之,即不准备采取任何补救措施而顺汇率之自然。汇率看涨时,坐收利润;汇率看跌时,蒙受损失。这种甘心承担任何外汇风险的做法是消极的、被动的行为,实不足取。

(2) 不使用外国货币,即无论外汇交易还是外贸交易,均使用本国货币计价和结算。这里由于不牵涉两种货币的折算问题,故不存在任何外汇风险。此种做法属极端谨慎之行为,固然比较安全,但它往往会受到其他苛刻交易条件的限制,甚至不得不放弃一部分交易。

(3) 积极主动采取各种防范、补救措施。当预测到某种外汇汇率可能上涨时,则可以有意识地使该种外汇头寸处于超买的"多头"地位,以便获取汇率变动的风险利润;而预测到某种外汇汇率有下跌趋势时,则可以采取平衡该种外汇头寸的措施,使买卖达到均衡,尽可能避免外汇风险。然而,由于影响汇率变动的导因很多且复杂,预测往往不太准确,甚至出现失误而遭受重大的损失,因此,西方发达国家从20世纪70年代中期以来,为了防止或减轻汇率风险,都加强了对国际货币的研究和汇率的预测。在我国,近些年来,随着改革力度的加大,人民币实行了有管理的浮动汇率制度,经营进出口业务的国际企业已感觉到了汇率风险的存在。但是由于种种原因,有相当一部分国际企业并未将"可否弥补风险"提到战略性高度,只是选择了上述的听之任之的做法。这种行为是不足采取的。各国际企业应该积极借鉴国际上防范外汇风险的经验,结合当前我国国情,采取相应的对策,力求达到避免汇率风险的目的。

二、外汇风险的防范措施

国际企业不仅要有外汇风险意识,还应积极采取各种风险防范措施,方可规避风险,减少损失。具有外汇风险的国际企业结合每笔交易的特点,可以借鉴下述某一方法来防止风险。

(一) 妥善选择计价货币

1. 出口选"硬币",进口选"软币"

在出口贸易中应选择汇率稳定且有上浮趋势的货币,即"硬币"(Hard Currency)作为计价货币;而在进口贸易中应选择汇率具有下浮趋势的货币,即"软币"(Soft Currency)作为计价货币,以减缓外汇收支可能发生的价值波动损失。这个"收硬付软"的原则,一般情况下不能由单方决定,因为任何交易都由买卖双方洽商而定。因此,该原则必须结合商品价格,市场行情和贸易条件等综合考虑,统筹决策。例如,在出口贸易中我方坚持收"硬币",而出口的设备物资为对方所必需,可以在市场条件许可范围内适当降低售价;反之,如出口的设备物资非对方所必需,而我方仍坚持收"硬币",恐怕交易难以达成。

2. 本币计价法

一个国际企业无论做进口还是做出口,在贸易中,只要始终采用本国货币计价,就不会存在汇率风险。但这有赖于商品市场情况,如出口中为卖方市场即供不应求时,出口商则易争取本币计价;而进口中为买方市场即供过于求时,进口商则易争取本币计价;反之,则不易实现。

3. "软币""硬币"搭配法

作为贸易的双方,利益是永远不可调和的。上述"收硬付软"的原则适用于任何一方,买方想付软币,而卖方则想收硬币。在此情况下,若双方各持己见,交易无法达成。为了促进贸易,双方可互相让步,采用"软币""硬币"搭配法计价,如50%用"软币",50%用"硬币";或40%用"软币",60%用"硬币"等,最终以什么比例计价由双方磋商而定。

"软币"与"硬币"

软货币(Soft Currency)又称软通货,是指在国际金融市场上汇价疲软,不能自由兑换他国货币,信用程度低的国家货币,主要有印度卢比、越南盾等。

与软货币相对的是硬货币。硬货币是指国际信用较好、币值稳定、汇价呈坚挺状态的货币。由于各国通货膨胀的程度不同,国际收支状况及外汇管制宽严程度不同,当一国通货膨胀较低,国际收支顺差时,该国货币币值相对稳定,汇价呈坚挺状态。在国际金融市场上,习惯称其为硬货币。

习惯上,人们将汇率稳定或者趋于升值的币种称为"硬币";将币值不稳定或者预计会贬值的币种称为"软币"。需要注意的是,"软"并不代表"劣",软币和硬币各有各的好处,各有各的用途。

区分"软币"和"硬币"的意义重大。在国际贸易往来中,如果您不能争取到零风险的人民币计价方式,选择合适的软币或者硬币也不失为规避汇率风险的良方。贸易商在签订出口合同时,钟情于以"硬币"作为合同的计价货币,这样在货款收回后,可以换回当初预期相对贬值的本国货币,甚至可以在硬币升值时赚上一笔。而当进口时,贸易商会更加偏爱"软币",因为在保本之余,一旦"软币"贬值可以换回更多的人民币。

4. 一揽子货币计价法

对于大宗项目的交易,为了规避汇率风险,可以采用一揽子货币计价法,即在进出口合同中使用两种以上的货币来计价。计价货币在主要的国际储备货币中选择,如美元、日元、欧元和英镑等。这些储备货币在同时期内有软有硬,升值的货币所带来的收益可以抵消贬值的货币所带来的损失。因此,汇率的变动不会给企业带来很大的风险,从而减轻外汇风险的程度或消除外汇风险。

5. 平衡法

一个国际企业由于自身的经营需要有了一定期限的外汇应付账款或外汇应收账款,就势必存在汇率风险。例如,应付账款的货币升值和应收账款的货币贬值都会给企业带来损失,为了消除此风险,企业可通过外汇市场创造一个与存在风险相同货币、相同金额、相同期限的资金反方向流动。平衡法可以消除外汇风险。

6. 组对法

某公司具有某种货币的外汇风险，就可以创造一个与该种货币相联系的另一种货币的反方向流动来消除某种货币的外汇风险。另一种货币虽与该种货币流向相反，但金额相同，时间相同。组对法实现的条件是：作为组对的两种货币，常常是由一些机构采取钉住政策而绑在一起的货币，如澳元与美元、加拿大元与美元、港元与美元等。

（二）更改收付日期

当收付的货币对其他货币汇率波动的时候，国际企业可以采用更改货币收付日期的办法来减轻或消除外汇风险。具体来讲有两种做法：一是提前收付；二是推迟收付。

例如，日本的一家出口公司3个月后有一笔15万美元的货款。该公司预计3个月后美元要贬值，为防止美元贬值给企业带来损失，可提前收回以美元计价的应收账款。如果美国公司没有这种预见，或者有相反的（美元升值）预见，则美国公司会同意提前付款；但是，如果美国公司也有类似预见，日本公司则可以给美国公司一定比例的折扣（注意：折扣比例要小于贬值幅度），使其提前支付，从而达到减轻或消除外汇风险之目的；反之，该日本公司如果预测美元有大幅度升值的可能，则可以推迟收回此笔应收账款，以便获取风险利润，而美国公司会很乐意地推迟付款。如此通过预测汇率变动趋势更改外汇资金的收付日期，国际企业可以减轻或消除因汇率剧烈变化所致的损失。

（三）订立货币保值条款（Exchange Clause）

货币保值条款是指在合同中规定支付货币的同时，再另行规定一种货币或一组货币与支付货币之间的汇率。若支付时汇率波动超过一定幅度，则按支付当时的汇率调整，从而达到防范风险的目的。

订立外汇保值条款在出口合同中规定外汇保值条款的办法主要有以下三种。

（1）计价货币和支付货币均为同一"软币"，确立订约时这一货币与另一"硬币"的汇率，支付时按照当日汇率折算成原货币支付。

（2）"软币"计价，"硬币"支付。将商品单价或者总金额按照计价货币与制度化货币当时的汇率，折合成另一种"硬币"，按另一种"硬币"支付。

（3）"软币"计价。"软币"支付确定这一种货币与另几种货币的算术平均汇率，或用其他计算方式的汇率，按支付当日与另几种货币算术平均汇率或其他汇率的变化做相应的调整，折算成原货币支付。这种保值可以称为"一揽子汇率保值"，需要由双方协商同意。

（四）利用外汇市场业务

远期外汇交易（Forward Exchange Transaction）与即期外汇交易的根本区别在于交割日不同。凡是交割日在成交两个营业日以后的外汇交易均属于远期外汇交易。

远期外汇买卖产生的主要原因是企业、银行、投资者规避风险的所需，进出口商预先买进或卖出期汇，以避免汇率变动风险。

汇率变动是经常性的，在商品贸易往来中，时间越长，由汇率变动所带来的风险也就越大，而进出口商从签订买卖合同到交货、付款又往往需要相当长时间（通常为 30～90 天，有的更长）。因此，有可能因汇率变动而遭受损失。进出口商为避免汇率波动所带来的风险，就想尽办法在收取或支付款项时，按成交时的汇率办理交割。

【例 9－1】某一日本出口商向美国进口商出口价值为 10 万美元的商品，共花成本为 1 200 万日元，约定 3 个月后付款。双方签订买卖合同时的汇率为 US＝J¥130。按此汇率，出口该批商品可换得 1 300 万日元，扣除成本，出口商可获得 100 万日元。但 3 个月后，若美元汇价跌至 US＝J¥128，则出口商只可换得 1 280 万日元，比按原汇率计算少赚了 20 万日元；若美元汇价跌至 US＝J¥120 以下，出口商可就得亏了。可见美元下跌或日元升值将对日本出口商造成压力。因此，日本出口商在订立买卖合同时，就按 US＝J¥130 的汇率，将 3 个月的 10 万美元期汇卖出，即将双方约定远期交割的 10 万美元外汇售给日本的银行，届时就可以收取 1 300 万日元的货款，从而避免了汇率变动的风险。

【例 9－2】某一香港进口商向美国买进价值 10 万美元的商品，约定 3 个月后交付款，如果买货时的汇率为 US＝HK7.81，则该批货物买价为 78.1 万港元。但 3 个月后，美元升值，港元对美元的汇率为 US＝HK7.88，那么这批商品价款就上升为 78.8 万港元，进口商得多付出 0.7 万港元。如果美元再猛涨，涨至 US＝HK8.00 以上，香港进口商进口成本也猛增，甚至导致经营亏损。所以，香港的进口商为避免遭受美元汇率变动的损失，在订立买卖合约时就向美国的银行买进这 3 个月的美元期汇，以此避免美元汇率上升所承担的成本风险，因为届时只要付出 78.1 万港元就可以了。

由此可见，进出口商避免或转嫁风险的同时，事实上就是银行承担风险的开始。

国际企业除采用上述方法外，还可以利用外汇市场业务来防范汇率风险。具体的业务做法如下。

1. 即期合同法

即期合同法是指有应收账款或应付账款的国际企业与银行签订即期合同，出售或购买与应收账款或应付账款相同货币、相同金额的外汇，以期消除外汇风险。

例如，英国甲公司在两天内有一笔金额为 10 万美元的货款收入，为防止美元在两天内波动，该公司可直接与伦敦某银行签订以美元买进英镑的即期外汇买卖合同。两天后，甲公司用收回的货款 10 万美元交割给银行，以履行即期外汇合同。由于甲公司用 10 万美元货款购买英镑实现了资金反方向流动，因而消除了两天内美元对英镑汇率可能波动的风险。

2. 远期合同法

远期合同法是目前世界上较为流行、较为有效的防范汇率风险的一种方法。其是指有应收账款或应付账款的国际企业与银行签订远期合同，预约出售或预约购买与应收账款或应付账款相同期限、相同货币、相同金额的外汇，以期消除外汇风险。

具体来说，有应付账款的国际企业或债务人为了避免外汇汇率上浮而多付出本币的损失，可以在外汇市场按一定比例预先买进一笔与将来要支付的外汇在币种、数额、交割时间上完全相同的远期外汇，待到期需支付外汇时，即可以按远期合同规定的汇率从银行购进外汇，用于支付货款或偿清债务。如此就避免了由于外汇汇率上涨可能带来的损失。同理，有应收账款的国际企业或债权人为了避免外汇汇率下浮而少收本币的损失，可以在外汇市场按远期合同中规定的汇率预先卖出一笔与将要收进的外币在币种、数额、交割时间上完全相同的远期外汇，待到期收入外汇时，即可以按远期合同规定的汇率将外汇卖给银行。这就避免了由于外汇汇率下跌可能带来的损失。

3. 外汇期权合同法

外汇期权交易是 20 世纪 80 年代初期在远期外汇交易的基础上发展起来的一种外汇交易方式。其可以弥补远期外汇交易的不足。如前所述，远期外汇交易可以帮助国际企业避免外汇风险带来的经济损失，但不能保证企业得到汇率向有利方向变动的收益。如企业卖出远期外汇后，在到期日若逢外汇汇率下跌，则可以避免少收本币的损失；但若逢外汇汇率上涨，却得不到以即期卖出多得本币的收益。同理，企业买进远期外汇后，在到期日若逢外汇汇率上涨，则可以避免多付本币的损失；但若逢外汇汇率下跌，却得不到以即期买入多得本币的好处，而外汇期权交易既可以防止外汇风险，也可能赚取利润。对于国际企业来说，与经营外汇期权的银行签订期权合同是避免外汇风险的一种方法。下面就企业如何使用货币期权的方法来防范、控制可能遇到的外汇风险举例说明。

假设德国某公司从美国进口大型成套设备，三个月后将支付货款 88.59 万美元。根据签约时汇率 1 欧元 = 0.885 9 美元核算进口成本为 100 万欧元。进口商为防止美元升值导致进口成本提高，便花费 100 万欧元从银行买进 88.59 万美元的欧式期权，并支付 1 万欧元的保险费。三个月后，无论出现下述哪一种情况，对德国公司而言，都能达到保值或预防风险的目的。

（1）美元对欧元升值，汇率由原来的 1 欧元 = 0.885 9 美元升为 1 欧元 = 0.865 9 美元。在这种情况下，德国公司将履行期权合约，如期买进 88.59 万美元，支付进口成套设备的货款。如果该公司在签订进口合约时没有购买美元期权，此时就要按照 1 欧元 = 0.865 9 美元的价格，以 102.31 ×（88.59 ÷ 0.865 9）万欧元购买 88.59 万美元支付进口货款，比当初核算进口成本 100 万欧元多付 2.31 万欧元，减去 1 万欧元的保险费，该公司仍可减少 1.31 万欧元的经济损失。

（2）美元对欧元贬值，汇率由原来的 1 欧元 = 0.885 9 美元变为 1 欧元 = 0.897 9 美元。在这种情况下，德国公司则放弃履行期权合约，按贬值后的即期汇率，在市场上花费 98.66 万欧元兑得 88.59 万美元支付进口成套设备的货款，与当初核算成本 100 万欧元少付 1.34 万欧元，扣除因购买美元期权已支付的 1 万欧元保险费，该公司仍可节省 3 400 欧元的费用。

（3）三个月到期时，美元对欧元的汇率仍维持 1 欧元 = 0.885 9 美元的水平。在这种情况下，德国公司可以履行期权合约，也可以不履行。因为该公司并没有因汇率变动而产生盈利或亏损，只是为防止风险而支出 1 万欧元的保险费，导致进口成本提高。这是为防止风险本应支出的费用。然而，在当今的浮动汇率制度下，两种货币的比价经过一段时间以后，仍能维持在原有水平上，几乎是不可能的。实际汇率由于受到各种因素的影响，不是上涨，就是下跌。因此，外汇期权业务既可以保值，又可能盈利，是国际企业用以防范外汇风险的一种手段。

4. 外汇期货合同法

外汇期货合同法是国际企业用以防范外汇风险的又一种手段。其具体做法是国际企业根据标准化原则，在金融期货市场上与经营期货的金融机构签订外汇期货合同。

仍引用上述例子：德国某公司从美国进口成套设备，三个月后将支付货款 88.59 万美元。根据签约时汇率 1 欧元 = 0.885 9 美元核算进口成本为 100 万欧元。进口商为防止美元升值导致进口成本提高，可以在伦敦国际金融期货市场买进三个月后交割的美元期货标准合同，将汇率固定下来。如果三个月后美元果真升值，该公司则以标准合同中的汇率交割而获取将要支付的美元货款，从而避免了美元升值给企业带来汇率风险损失。

5. 掉期合同法

掉期业务是指在买进或卖出即期外汇的同时，卖出或买进相同金额同一货币的远期外汇。国际企业通过运用掉期业务可以防范外汇风险。如某国际企业由于业务经营的需要，以人民币购买 1 000 万港元放在香港使用六个月。为预防六个月后港币汇率下跌，使 1 000 万港币换不到原来数额的人民币，该国际企业可以利用掉期业务，在买进 1 000 万港币现汇的同时，卖出六个月港币的期汇，从而可以转嫁此间港币汇率下跌的风险。

6. 借款法

有应收账款的国际企业，可以通过向银行借进一笔与其远期收入相同货币、相同金额、相同期限的款项，以达到既融资又防险的目的。

例如，香港甲公司向美国出口一批货物，价值 20 万美元，三个月后收款。为防止三个月后美元汇率下跌造成损失，甲公司则可以利用借款法向汇丰银行举借偿还期为三个月的 20 万美元借款，并将此笔借款现汇卖出换得港币，以满足公司的流动资金所需。三个月后，公司再用从美国进口商取得的美元收入，偿还其从银行借得的款项。三个月后，即使美元贬值，对甲公司也无经济损失，仅支出少量的利息，而这少量的利息也可以由投资利润抵冲，从而避免了汇率风险。

利用借款法，先行举借款项可以消除时间风险，现汇卖出外币借款又可以消除价值风险。因此，借款法是有应收账款的国际企业防范外汇风险的一种较为有效的手段。

7. 投资法

有应付账款的国际企业，在签约后可以将一笔相当于应付款项的资金投放在货币市场，投资期限与付款期限相同，从而减缓外汇风险。

例如，英国乙公司从德国进口一批日用品，价值 15 万欧元，三个月后付款。为防止三个月后欧元升值造成损失，乙公司可以将 15 万欧元的外汇资金投放在伦敦短期货币市场，投资期三个月。三个月到期，公司连本带息收回资本，以支付进口货款。即使欧元果真升值，公司的经济损失也不大，因为投资利息可以弥补欧元升值造成的损失。但是，这种做法有个前提条件——公司要有一笔相当于货款的外汇闲置资金；否则，无法实现防险的目的。

利用投资法，可以改变外汇风险的时间结构，使有应付账款的国际企业减少损失，从而达到减缓外汇风险的目的。

三、利用贴现、保理和福费廷业务

（一）贴现（Discounting）

贴现在外汇风险管理中是指外汇票据贴现，即通过对外汇票据应收款贴现来对付汇价风险的一种方法。其具体步骤是经营者先将外汇票据应收款拿到银行或其他金融机构（如贴现公司）贴现以取得现汇，然后将现汇在即期外汇市场上兑换成本币并进行投资，由此消除汇价风险。贴现和前述借款技巧均有借贷性质，但两者区别也较明显：借款一般是针对银行而言的，贴现既可针对银行，也可针对其他金融机构进行；借款是在到期时付息，而贴现在交易开始时付息。故贴现类似于通过抵押放款方式获取资金，而不仅仅是一般的借款。

（二）保理（Factoring）

保理业务又称承购应收账款业务，是目前国际贸易领域较为流行的一种资金融通方式。有应收账款业务的国际企业可以利用它来防范外汇风险。具体来说，国际企业先与保理组织签订保理协议，确定以保理方式结算出口货款，然后在保理组织的授信额度内与进口方签订贸易合同，并于发货后将全套有关单据卖断给保理组织，从而取得资金融通。单据卖断后，国际企业即转嫁了信贷风险，但同时也转嫁了汇率风险。无论将来外汇汇率如何变化，对国际企业来说没有任何影响。因为保理业务的一个显著特点就是发货后卖方卖断单据，即保理组织没有追索权。因此，在汇率变幻莫测的今天，保理业务无不被认为是防范外汇风险的一种有效的手段。中国银行已于1993年3月正式加入国际保理联合会，并已和美国、英国、意大利、德国、新加坡、瑞典、马来西亚等国家的保理公司签署了国际保理协议，为开展保理业务提供了必要的前提条件。

（三）福费廷（Forfaiting）

福费廷业务是有应收账款的国际企业从银行取得现款的又一种资金融通形式。其属于出口信贷的一种。采用福费廷做法，国际企业可以在无追索权地出售远期汇票给银行以后，取得资金融通，同时，也将汇率风险转移出去。这是因为远期汇票售出后，无论汇率如何升降，由银行承担风险，对国际企业毫无影响，从而达到规避汇率风险的目的。当然这种做法是有前提条件的，即出口商开出的远期汇票必须由进口商承兑；由进口商往来银行担保；担保银行必须由出口商所在地银行认可。若失去这些前提条件，就无法规避汇率风险。一般情况下，福费廷业务适用于金额大、付款期限长的大型成套设备的出口企业防范外汇风险。

四、利用对销贸易法

对销贸易法是一种将进口与出口相互联系进行货物交换的贸易方法。对销贸易法的形式很多，其中能够较好地避免外汇风险的有易货贸易法、清算协定贸易和转手贸易。

（一）易货贸易法

易货贸易法是指贸易双方直接地、同步地进行等值货物的交换。简单的易货贸易，只需要双方签订一个合同，进行一次交易。复杂的易货贸易是双方在合同中签订一定时期内（一般为1年以下）分批交换一定金额的货物，到期出现差额仍用货物补偿，也就是一个合同下的多次交易。易货贸易的特点是履约期较短，交易无须支付外汇，同时，双方都将互换商品的单位定死，因此，贸易双方都不存在汇价风险。

（二）清算协定贸易

清算协定贸易是两国政府之间对由于进出口贸易所发生的债权债务，签订一种协定，通过指定银行账户相互抵消，而不需要支付外汇逐笔结算。两国之间的进出口贸易商在发生贸易关系时，通常通过自己的往来银行，开立信用证，签发汇票等。但在清算协定下，两国进出口商可以通过指定银行，分别向本国中央银行办理结算，最后，由两国的中央银行集中两国之间的债权债务，直接加以抵消，完成结算。清算协定贸易事先商定了商品价格，且不需要支付现汇，因此，无论选择什么计价货币，或汇率发生变化，都不存在外汇风险。

（三）转手贸易

转手贸易是在清算协定贸易基础上发展起来的，是一种用多边货物交换，用双边清算账户进行结算的贸易方式。在清算协定贸易中，彼此提供的货物对方并不一定都满意，这就使一方产生了清算盈余，如果有第三国的货物可以满足账户盈余方，同时，又可以从另一方进口货物，一笔转手贸易就在这三方之间发生了。交易三方协商交换货物数量及同一种货币单价，而不涉及现汇支付，因此，各方均不承担外汇风险。

五、综合防险法

为了防止外汇风险，国际企业可以采用单一的方法，也可以采用综合的方法，即将上述的诸多方法结合起来使用。例如，将即期合同法与远期合同法结合，借款法与即期合同法结合，即期合同法与投资法结合，或者三种方法结合等。下面着重介绍两种综合防险法。

（一）借款—即期合同—投资法（BSI 法，Borrow – Spot – Invest）

这种方法是将借款法、即期合同法和投资法三种结合起来综合运用，可以完全消除外汇风险。具体来说，在有应收账款的情况下，为防止外币应收款因汇率下跌而减少，国际企业首先从银行借入与应收款数额相同的外币，借款期限与应收款期限相同，然后与银行签订出售外币的即期合同，将借入的外币兑换成本币进行投资，从而消除了外汇风险。这是因为借款以后时间风险消除，交割即期合同价值风险跟着消除，所以，有应收账款的国际企业，可以运用"借款—即期合同—投资法"来消除外汇风险，以避免更多的损失。

同理，在有应付账款的情况下，为防止外币应付款因汇率上涨而增加，国际企业首先从银行借入一笔与应付款相当的本币，然后与银行签订购买外币的即期合同，将借入的本币兑换成外币，并将外币放在欧洲货币市场投资，投资期限与应付款期限相同，期限届满，国际企业连本带息收回外币投资，对外支付应付账款，对内偿还本币借款，从而消除了外汇风险。因此，有应付账款的国际企业，同样可以运用"借款—即期合同—投资法"来消除外汇风险。

（二）提前收付—即期合同—投资法（LSI 法，lead – Spot – Invest）

这种方法是将更改收付日期、即期合同法和投资法三种结合起来综合运用，也可以完全消除外汇风险。具体来说，在有应收账款的情况下，为防止外币应收款因汇率下跌而减少，在给对方一定折扣的条件下，国际企业提前收回应收的外币款项。一旦外币款收回，即与银行签订即期合同，将其售出，然后将换成的本币进行投资，从而消除了外汇风险。

在有应付账款的情况下，为防止外币应付账款因汇率上涨而增加，国际企业首先从银行借入一笔相当于应付款的本币，然后与银行签订购买外币的即期合同，将借入的本币即期兑换成外币，并在获得一定折扣的条件下，提前将款项支付给对方，借款到期时用本币偿还借款，从而消除了外汇风险。

项目训练

1. 判断（你认为正确的在后面括号填"T"，错误的填"F"）

（1）中国某进出口总公司 2017 年 12 月向美国出口一批货物价值 100 万美元，合同支付条款规定 3 个月后美国进口商支付货款。目前，由于美元对人民币在不断贬值，因此，企业有关决策者决定推迟收汇。　　　　　　　　　　　　（　　）

（2）为了防止外汇风险，一般出口商选择硬币计价成交，进口商选择软币计价成交。
　　　　　　　　　　　　　　　　　　　　　　　　　　　　　　　　（　　）

（3）一个企业在所有的进出口交易中均采用本币计价法，就不会有汇率风险。
　　　　　　　　　　　　　　　　　　　　　　　　　　　　　　　　（　　）

（4）由于远期存在不可预测的风险，所以远期汇率报价一定比即期汇率报价高。
　　　　　　　　　　　　　　　　　　　　　　　　　　　　　　　　（　　）

（5）如果一个企业两个月后有应付外汇账款 100 万港元，为了防止港元升值带来的损失，使用外汇防险的组对法，选择出口价值为 12.9 万美元（相当于 100 万港元）的货物，也是两个月后结汇。这种做法可以防止汇率风险。　　　　（　　）

2. 不定向选择（把你认为正确的选项的代表字母填在题后的括号内）

（1）经济主体对资产负债进行会计处理中，在将功能货币转换成记账货币时，因汇率变动而呈现账面损失的外汇风险称为（　　）。

　　A. 交易风险　　　　B. 折算风险　　　　C. 经济风险　　　　D. 经营风险

（2）在汇率风险管理中，选择有利的合同货币的正确方法是（　　）。

　　A. 进出口争取使用"硬币"，对外借贷争取使用"软币"

　　B. 出口或对外贷款争取使用"硬币"，进口或向外借款争取使用"软币"

　　C. 争取使用两种以上软、硬货币搭配的货币

　　D. 争取使用本币

（3）为了防范远期美元收入的汇率风险，出口商可以（　　）。

A. 进行即期外汇交易，卖出即期美元

B. 进行远期外汇交易买入远期美元

C. 进行远期外汇交易，卖出远期美元

D. 进行货币期货交易作美元多头套期保值

（4）香港某公司进口一批机器设备，6个月后以美元付款，该公司所承受的汇率风险类型及其管理方法是（　　）。

A. 折算风险，买进一笔美元看跌期权

B. 交易风险，在期货市场上作美元空头套期保值

C. 交易风险，买进一笔美元看涨期权

D. 交易风险，做远期外汇交易买入美元

（5）因意料之外的汇率变动，通过影响企业生产销售、价格、成本，引起企业未来一定期间收益或现金流量减少的一种潜在损失，这种类型的外汇风险称为（　　）。

A. 交易风险　　　　B. 折算风险　　　　C. 经济风险　　　　D. 经营风险

（6）减少汇率风险的方法有多种，经济主体通过涉外业务中计价货币的选择来减少汇率风险的方法是（　　）。

A. 易货贸易法　　　B. 货币选择法　　　C. 价格调整法　　　D. 平衡法

3. 讨论与思考

（1）试论述外汇风险对国际企业的影响。

（2）你认为作为国际企业有防范汇率风险的必要吗？请举例说明。

（3）举例说明如何利用 BSI 法进行综合防范风险。

4. 动手与动脑

汇率波动风险防范意识淡漠导致巨额损失。

概要： 我某外贸公司代理国内某客户从比利时进口设备一台，计价货币为比利时法郎。在合同执行过程中，对方提出延期交货，我方用户表示默认，未做书面合同修改文件。后因比利时法郎升值，我进出口公司不得不比订约时多支出了31万美元。

案情： 2017年10月，我某进出口公司代理客户进口比利时纺织机械设备一台，合同约定：总价为 99 248 540.00 比利时法郎；价格条件为 FOB 安特卫普；支付方式为 100% 信用证；最迟装运期为2018年4月25日。

2018年元月，我方开出100%合同金额的不可撤销信用证，信用证有效期为2018年5月5日（开证日汇率美元对比利时法郎为1∶36）。

2018年3月初，卖方提出延期交货请求，我方用户口头同意卖方请求，延期31天交货。我进出口公司对此默认，但未做书面合同修改文件。

3月底，我进出口公司根据用户要求对信用证做了相应修改：最迟装运期改为5月26日，信用证有效期延至2018年6月21日。

时至4月下旬，比利时法郎汇率发生波动，4月25日为1∶35（USD/BFR），随后一路上扬。5月21日货物装运，5月26日卖方交单议付，同日汇率涨为1∶32（USD/BFR）。

在此期间，我进出口公司多次建议用户作套期保值，并与银行联系做好了相应准备。但用户却一直抱侥幸心理，期望比利时法郎能够下跌，故未接受进出口公司的建议。

卖方交单后，经我方审核无误，单证严格相符，无拒付理由，于是我进出口公司于6月3日通知银行承付并告诉用户准备接货，用户却通知银行止付。因该笔货款是开证行贷款，开证时作为押金划入用户的外汇押金账户，故我进出口公司承付不能兑现。

后议付行及卖方不断向我方催付。7月中旬，卖方派员与我方洽谈。经反复协商，我方不得不同意承付了信用证金额，支出美金310余万元。同时，我进出口公司根据合同向卖方提出延迟交货罚金要求 BFR1 984 970.00（按每7天罚金0.5%合同额计），约合62 000.00美元（汇率为1:32）。最终卖方仅同意提供价值3万美元的零配件作为补偿。此合同我方直接经济损失约31万美元，我方银行及进出口公司的信誉也受到了严重损害。

分析： 本案是汇率波动的风险造成货物买卖损失的典型案例，但在风险出现时，本来有可能避免或减少的损失又由于代理关系及资金来源的特殊性使得我方贻误了时机。纵观项目运作全过程，我方有以下失误。

第一，计价及支付货币选用不当。在国际货物买卖中，计价及支付货币选择是非常重要的。计价货币通常与支付货币为同一种货币，这些货币可以是出口国货币或进口国货币，也可以是第三国的货币，由买卖双方协商确定。在当前国际金融市场普遍实行浮动汇率制的情况下，买卖双方都将承担一定的汇率变化风险。因此，作为交易的双方当事人，在选择使用何种货币时，就不得不考虑货币汇价的风险。首先，应考虑所选用的货币是不是可自由兑换的货币；其次，对于可以自由兑换的货币，要考虑其稳定性。特别是在远期交货的大宗货物买卖中，选用汇率稳定的货币作为支付货币，是国际货物买卖合同洽商的基本原则，也是买卖双方都易于接受的条件。除非我们能够预测某种货币在交货期会发生贬值，为获取汇率变化的利益而选用某种货币。即通常所说的"进口选软币，出口选硬币"，但这只是单方面的期望，而且应建立在对所选货币汇率变化趋势的充分研究之上。但实际上交易的对方也会作出相应考虑。因此，当以货物买卖为目的的合同金额较大时，选用汇率稳定的货币支付是比较现实的。在本案中，合同金额近300万美元，交货期为签约后6个月。我方在未对汇率做任何研究的情况下，接受以比利时法郎为支付货币的交易条件，这就给合同留下了汇率风险损失的隐患。因为比利时法郎在国际金融市场上不属于币值稳定的货币。

第二，轻率接受延期交货条件，使风险成为现实。当交货前卖方提出延迟交货请求时，我方仍未意识到合同的潜在风险，无条件地接受了卖方的要求，虽未做书面的合同修改，却按卖方提出的条件修改了信用证。这时若意识到汇率风险，则完全应以汇率风险由卖方承担作为接受延迟交货的条件，实际情况证明，正是这无条件地接受延期交货使得我方的汇率风险变成现实。

第三，对风险没有采取相应的保值措施，造成重大损失。在国际货物买卖中，为防止汇率变动而带来损失，可以采用远期外汇买卖等外汇保值措施。在本案中，4月下旬比利时法郎上涨时我方进出口公司为避免或减少损失，建议采取套期保值的做法是十分正确的，但用户却心存侥幸，拒绝采取防范措施。结果损失发生且无法挽救时又无理拒付，造成我方经济、信誉双重损失。由此可见，对远期交货的进出口业务增强汇率波动风险意识，慎重选择支付货币，采用金融上的操作手法防范和减少损失是至关重要的。

 建议参考网站

1. 中国外汇交易中心　　http：//www.chinamoney.com.cn/index.html
2. 中国银行　　http：//www.boc.cn
3. 中国人民银行　　http：//www.pbc.gov.cn
4. 中国工商银行　　http：//www.icbc.com.cn
5. 路透社　　http：//www.cn.reuters.com

附录一

国际金融热点问题

 一、个人外汇业务知识

（1）对个人结汇和境内个人购汇实行年度总额管理。年度总额分别为每人每年等值5万美元。

（2）个人持境内银行卡在境外提取现金，超过年度额度的，本年及次年将被暂停持境内银行卡在境外提取现金。

（3）个人持境内银行卡在境外提取现金，本人名下银行卡（含附属卡）合计每个自然年度不得超过等值10万元人民币。

（4）银行卡境外消费信息采集范围为境内银行卡在境外实体和网络特约商户发生的单笔等值1 000元人民币（不含）以上的消费交易。

（5）对金额在等值5 000美元以下并包含此金额的对私涉外收付款，实行限额下免申报。

（6）国际收支统计申报范围的标准为是否为居民与非居民之间的交易资金及资金是否跨境。

（7）个人结汇年度总额不得跨公历年度，对于上一年度未使用或未用完的额度不得转入下一年度使用。

（8）一般来说，外汇市场中交易量最大的是掉期。

 二、人民币汇率

人民币的汇率有一定幅度的波动，是市场力量推动的。凭着短期波动，把中国定为"人民币汇率操纵国"，毫无道理和依据，反映的是美国的霸凌主义。

2019年5月份，美国财政部报告中提出，中国的经常项目顺差占GDP的比重不到0.4%，12个月中国外汇持续净购买与GDP的比重仅为 -0.2%，这两个指标来看，完全不存在不适当的外汇汇率行为。

2019年前7个月，中国经济继续保持中高速经济增长，物价水平持续稳定。国内生产总值增长6.3%，消费物价指数上涨2.2%。同时，经济结构不断转型升级，服务业和消费对GDP的贡献超过了60%，高科技的工业增加值和工业投资增速较高。

市场主体对中国经济信心不断增强，微观主体经营状况持续改善，工业的产能利用率达到76.4%，达到历史较高水平。中国人民银行的调查显示，居民选"更多消费"的比重在增加。

境外机构乐于投资人民币资产。2014年年底，境外投资者持有的中国债券和股票价值为2 000多亿美元，2019年6月底达到了5 500多亿美元。这些都为人民币汇率稳定提供了坚实的基础。

外汇管理政策将保持连续性和稳定性，保障企业和个人正常合规的用汇需求，继续加大提升跨境贸易和投资的自由化和便利化，继续稳步推进资本项目开放。

三、全球央行迈入"负利率"时代

2019年以来，全球经济增长总体放缓，在美联储的带领下，不少国家"开闸放水"，希望借助货币宽松政策负利率刺激经济以达到遏制衰退的目的。这使得此前各国央行短暂开启的货币政策正常化进程被迫中断，全球央行重返"负利率"时代。据《金融时报》记者统计，仅2019年内，全球央行降息就已达到30多次。另据国际清算银行跟踪全球38家央行的动态数据，截至目前，2019年全球各地货币决策者合计降息幅度已经达到了13.85%。负利率已然成为一种当下的金融趋势，但持续宽松对提振经济的效果如何还需观后效。与此同时，需要警惕的是，其负面影响已经开始发酵，并将持续提升全球的金融系统性风险。

全球经济不景气是各国重启宽松政策的最根本原因。当前全球经济面临比较大的下行压力，国际货币基金组织发布《世界经济展望》报告，下调2019年全球经济增速预测至3%，创金融危机后的最低点。国际货币基金组织预计，到2020年，全球经济增长将小幅改善，增速达到3.4%，这一预测较4月下调0.2%。该机构指出，拖累全球经济增长的主要因素是贸易不确定性及全球制造业活动的大幅放缓。

国际货币基金组织首席经济学家戈皮纳特表示："全球经济放缓主要是因为制造业活动和贸易的恶化，更高的关税和悬而未决的贸易政策不确定性打击了投资积极性，也抑制了各界对资本货物的需求。另外，汽车行业也在萎缩，这缘于一系列因素，例如，欧元区新尾气排放标准的影响。整体而言，2019年上半年，全球贸易增速放缓至1%，这也是2012年来的最弱水平。"

2019年以来，世界经济"火车头"美国衰退信号频闪。制造业遭遇低增长困境，但在其消费、就业仍然保持强劲的背景下，美国经济在2019年上半年保持动能。但是，随着2017年的减税和就业法案的刺激效果逐步消退，未来美国经济仍面临下行风险。值得注意的是，欧元区的经济下行压力远远大于美国。国际货币基金组织认为，外部需求的放缓及库存的下降使欧元区增长从2018年中期开始承压，这一态势将持续到2020年，届时外部需求预计会恢复部分动能,包括打击德国汽车生产的新排放标准等暂时性因素影响逐步消退。

新兴市场和发展中经济体的增长也遭到了国际货币基金组织的下调。但是,国际货币基金组织报告指出,新兴市场和发展中经济体将推动2020年全球增长。预计新兴市场和发展中经济体在2020年经济增速将反弹至4.6%。

值得注意的是,美联储降息成为引发负利率风潮的直接诱因。作为全球最大经济体的中央银行,美联储的政策有着巨大的外溢效应,同时影响着全球其他央行的政策步伐。2019年以来,美联储由"鹰"转"鸽",3次降息实质上打开了全球新一轮货币宽松的闸门,各国纷纷跟随。印度、新西兰、韩国、巴西、俄罗斯、土耳其等国央行跟随降息。其他全球重要经济体也保持步调一致。欧洲央行确认实行-0.5%的利率水平,日本央行也保持-0.1%的利率水平不变。

更有些国家已经在贷款、存款上都实行负利率。为了通过释放流动性刺激经济,2019年8月,丹麦第三大银行日德兰银行推出了世界首例负利率按揭贷款,房贷利率为-0.5%,负利率意味着银行借钱给贷款人使用,贷款人还的钱比借的钱还少。同样在8月,瑞士银行宣布将对50万欧元以上存款征收年费,就是说存款也将出现负利率。德国也首次以负收益率顺利售出规模为8.24亿欧元、期限长达30年期的国债。虽然,目前美联储和美国总统特朗普关于未来利率方面的争执还在继续,但毋庸置疑的是,宽松大潮已再度来袭。

四、外汇交易中心开展 LPR 利率互换交易冲销

2019年8月,中国外汇交易中心(以下简称"交易中心")完成一轮LPR利率互换的双边冲销,国泰君安证券和银叶投资参与了本轮冲销。业内人士表示,这是自完善LPR形成机制以来,银行之间市场首次开展该类型利率互换的交易冲销,有利于进一步活跃LPR利率互换市场、提高机构的风险管理能力。

据悉,交易中心自2012年推出利率互换冲销业务以来,已累计冲销利率互换合约名义本金逾9万亿元人民币。冲销业务对于释放衍生品市场参与者授信额度、防范化解金融市场整体风险效果明显。

交易中心相关负责人表示,交易中心将不断提升冲销计算能力和服务水平,适时推出LPR利率互换多边冲销和其他风险管理服务,便利市场成员参与交易,提升银行之间市场交易后基础设施水平。

五、中国债券吸引力不减 外资持仓量突破 2 万亿大关

据中央广播电视总台中国之声《全国新闻联播》报道,中央结算公司最新数据显示,截至2019年7月末,境外机构连续八个月增持中国债券,累计持有中国债券20 128.43亿元,持仓量突破2万亿大关。

数据显示,境外资金连续增持人民币债券。中央结算公司最新公布的数据显示,截至

7月末，境外机构在中央结算公司托管债券规模16 951亿元，比6月末增加约528亿元，为连续八个月增持中国债券。上海清算数据显示，截至7月末，境外机构在上清所托管债券约3 177亿元，较6月末增加超过86亿元。综合统计结果显示，截至2019年7月末，境外机构累计持有中国债券突破2万亿元大关。分析人士认为，人民币债券性价比较高，使得外资持续加速配置相关资产。

国泰君安研究所高级市场分析师苏徽表示："对于债券市场来讲，一方面是看对于未来中长期经济增长的预期；另一方面是看国家货币政策的情况。因为近期可以观察到十年期美债的利率下降了50个基点，是比较大幅的调整。同时，美联储最近动作不断，现在市场预期9月份有80%的概率还会降息，这些因素可能会扰动债券市场收益率的情况。"

与此同时，境外机构参与中国债券市场的交易规模也在持续增长。中国外汇交易中心公布的数据显示，7月境外机构投资者共达成交易4 353亿元，交易量环比增长13%，同比增长18%。

而在国务院金融委办公室发布的11条扩大金融业对外开放新措施中，涉及中国债市开放的就有3条。随着我国债券市场的持续对外开放，尽管人民币兑美元汇率破"7"带来一定扰动，但境外机构投资者锁定汇率风险之后，仍有动力投资中国债券。

国家外汇管理局副局长陆磊说："在全球资本流动中，我们有收益的吸引、安全性的吸引，所以跨境资金流动的流量和流向我们还是持稳健的、乐观的态度。"

六、全球经济陷入衰退或成定局：美联储将重回零利率时代

虽然国际贸易的紧张局势暂缓，并且美国最新公布的CPI好于预期，但市场人士普遍认为美联储将于2019年9月继续降息，因为全球经济衰退的风险仍在加剧，而美国高达1万亿美元的财政赤字也给了美联储更多降息的理由。

另外，美联储官员还在讨论和权衡是否启用逆周期资本缓冲工具，以便降低经济衰退中的信贷紧缩风险。美联储或加大降息力度。贸易方面传出的利好消息令全球市场的恐慌及避险情绪暂时得以缓解。

2019年8月13日晚，中共中央政治局委员、国务院副总理、中美全面经济对话中方牵头人刘鹤应约与美国贸易代表莱特希泽、财政部部长姆努钦通话。中方就美方拟于9月1日对中国输美商品加征关税问题进行了严正交涉。双方约定在未来两周内再次通话。商务部部长钟山、中国人民银行行长易纲、国家发改委副主任宁吉喆等参加通话。同时，13日公布的美国7月消费者物价指数（CPI）普遍上涨。未季调CPI年率录得1.8%，分别较前值和预期值高出0.2和0.1个百分点；未季调核心CPI年率录得2.2%，高于前值的2.1%。

尽管如此，多家机构对经济衰退概率的预期仍处于多年来高位。美国美银美林集团8月全球基金经理调查显示：34%的受访基金经理认为，美国经济将在未来12个月内出现衰退；而64%的受访经理认为不太可能。尽管认为经济即将步入衰退的人数尚未超过一半，但已升至近八年以来的最高水平。有"新债王"之称的双线资本CEO冈拉克预计在2020年美国总统大选前，美国经济出现衰退的概率为75%，高于2019年6月时预计的

65%。摩根大通称,经济增长势头正在放缓。虽然在经济快速变化时期,经济数据可能过于落后,但通过使用其宏观指标进行分析,摩根大通认为未来12个月美国(和全球)陷入衰退的概率接近40%(短期与中期指标的平均值),刷新了周期高点。道明证券更为悲观,其预计美国在未来12个月内陷入经济衰退的概率为55%,在1~2年内发生衰退的概率为67%,均创2007年3月以来的最高水平。

机构的担忧并非没有道理,14日傍晚,美国2年期和10年期国债收益率曲线自2007年来首次出现倒挂。美国30年期国债收益率跌至纪录新低,一度跌至2.07%。市场对通胀率前景也持续悲观。纽约联储8月12日公布的消费者预期调查显示,消费者对一年和三年平均通胀预期均下降了0.1个百分点至2.6%。

基于此,瑞银、摩根士丹利、美银美林均预期美联储将推行更为激进的降息策略,其中瑞银预计美联储至少还会降息3次,而摩根士丹利则预期美联储可能降息至0。"增长放缓和风险上升可能会推动美联储进一步降息"瑞银经济学家卡朋特(Seth Carpenter)称:"虽然我们看到联邦公开市场委员会(FOMC)在7月会议上未支持进一步降息,但市场对经济不确定性的担忧情绪升温,应为美联储9月降息提供足够的理由。"卡朋特预计美联储12月将再次降息,然后在2020年3月最后一次下调,整个周期将降低100个基点。

摩根士丹利则预计,9月、10月美联储将连续降息,到2020年一共会降息4次,直至利率接近零。摩根士丹利经济学家泽特纳(EllenZentner)称:"9月的那次降息可能会是另一次保险式降息,而到12月时,美联储的宽松政策更可能会是为了应对数据显示出的经济实质性疲软。"

除对经济及通胀预期外,分析师还表示,美国1万亿美元的联邦预算赤字也给了美联储更多进一步降息的理由。瑞士信贷董事总经理波扎尔(Zoltan Pozsar)指出,白宫和国会近来达成的债务协议实际上使得未来数万亿美元的赤字成为现实,这使得美国政府的债务总额达到22.3万亿美元。若美联储不降息,市场可能会被大量涌入的债务扰乱。

美国财政部公布的数据显示,由于联邦支出超过收入,美国7月预算赤字进一步扩大,使2019财年到目前为止的赤字达到8670亿美元,同比增长27%。波扎尔表示,试图为所有这些赤字融资将是棘手的,投资者将需要愿意持有所有这些债券,并可能希望为此获得一点额外的收益。有鉴于此,美联储除了降息别无选择,除非它想自己重新购买美国国债。逆周期资本缓冲工具也在考虑范围。

但是,美联储并非没有其他选择。根据外媒报道,美联储官员正在权衡是否要采用逆周期资本缓冲工具来应对潜在经济下行,降低经济衰退中的信贷紧缩风险。该工具可让美联储动态调整资本充足率,在经济过热时要求银行增加超额资本充足要求,持有更多能吸收亏损的资本,或在经济不景气时要求银行减少持有这些资本。这种缓冲工具通常适用于拥有超过2500亿美元资产的银行,包括摩根大通、美国银行、花旗集团等。

事实上,该工具于2016年就已获得批准,但到目前为止,美联储理事会尚未使用过。如今,一些美联储官员正在讨论是否启用它。此前,美联储主席鲍威尔在7月底议息会议后的新闻发布会上曾表示,这一工具的好处在于可以将资金放在固定的地方,一定程度上左右资本流动方向和速度,以便在随后的经济低迷时期为银行提供额外放贷能力。他还表示,英国、瑞典等国中央银行已开始使用该工具,美联储也应当充分考虑是否加入。

但美联储官员对于如何使用该工具依旧存在分歧。美联储理事夸尔斯曾在2019年3月称,逆周期缓冲资本工具是一个金融稳定工具,以他为代表的部分美联储官员建议,在不增加资本水平的情况下启用该工具。

夸尔斯称:若启用逆周期资本缓冲的同时,还要在银行体系中维持较大资本规模,杠杆率就会加大,并导致金融稳定风险上升。而以美联储理事布雷纳德为代表的另一部分官员则认为,现在就应当提高银行资本金要求。另外,作为该工具利益攸关的华尔街大型金融机构也对此持保留态度。

华尔街各大银行普遍认为现在还不是启用资本缓冲工具的时候,因为它们已经受到足够的监管,例如,银行每年必须通过美联储年度压力测试,以确保它们能够在经济低迷时做好充足准备。在它们看来,通过压力测试足以证明它们在经济衰退期间将保持稳定的放贷能力。鲍威尔对于如何使用该工具则一直保持中立。他仅表示,英国中央银行的做法值得美联储借鉴。他称,根据英国中央银行的做法,当风险系数保持在合理区间、"不高也不低"时,逆周期资本缓冲被设定为风险加权资产的1%,如果经济下滑,那么该利率就会被下调,这让中央银行能够在经济波动时降低风险。

七、国家外汇管理局:进一步提升跨境贸易投资便利化水平

为深入贯彻落实党的十九大关于"实行高水平的贸易和投资自由化便利化政策"和国务院关于持续推进"放管服"改革要求,根据2019年10月23日国务院常务会议精神,国家外汇管理局发布《国家外汇管理局关于进一步促进跨境贸易投资便利化的通知》(汇发〔2019〕28号,以下简称《通知》),进一步深化跨境贸易和投资外汇管理改革,简化相关业务操作,便利银行和企业等市场主体办理外汇业务,切实支持实体经济发展。

《通知》涵盖12项跨境贸易投资便利化措施。跨境贸易方面,一是扩大贸易外汇收支便利化试点,使诚信企业享受更大便利;二是简化小微跨境电商企业办理有关贸易资金收付手续;三是优化货物贸易外汇业务报告方式;四是简化出口收入入账手续,允许企业自主选择是否开立待核查账户;五是便利企业分支机构货物贸易外汇收支名录登记;六是允许承包工程企业境外资金集中管理。

跨境投融资方面,一是允许非投资性外商投资企业依法以资本金开展境内股权投资;二是扩大资本项目收入支付便利化试点,便利企业使用资本项目外汇收入及其结汇所得人民币资金进行境内支付;三是便利境内机构向境外投资者转让境内企业股权所得转让对价款的结汇使用,允许外国投资者保证金在竞标成功后用于其出资、结汇支付等;四是将企业外债注销登记下放银行办理,试点取消企业外债逐笔登记;五是取消资本项目外汇账户开户数量限制;六是开展银行不良债权和贸易融资等跨境转让试点。

外汇局将继续按照党中央国务院决策部署,推进金融供给侧结构性改革,坚定不移深化外汇领域改革,扩大金融市场和外汇市场开放,抓实抓细,有效服务实体经济发展。

八、关于部分外汇管理业务的政策问答

为便利社会公众了解外汇管理政策法规,促进贸易投资便利化,针对实践中部分银行企业近期提出的外汇管理政策问题,进一步说明如下。

1. 问:符合条件的非银行金融机构是否可参与银行之间外汇市场交易?

答:根据《国家外汇管理局关于调整金融机构进入银行间外汇市场有关管理政策的通知》(汇发〔2014〕48号)规定,境内金融机构经国家外汇管理局批准取得即期结售汇业务资格和相关金融监管部门批准取得衍生品交易业务资格后,在满足银行间外汇市场相关业务技术规范条件下,可以成为银行间外汇市场会员,相应开展人民币对外汇即期和衍生产品交易,国家外汇管理局不实施银行间外汇市场事前入市资格许可。因此,符合条件的非银行金融机构,在满足一定条件后可以参与银行间外汇市场交易。

2. 问:跨境电商企业是否可凭"单一窗口"或跨境电商公共服务平台等获取的销售订单、物流等信息,在银行办理货物贸易跨境收付及结售汇业务?

答:根据《国家外汇管理局关于规范货物贸易外汇收支电子单证审核的通知》(汇发〔2016〕25号)规定:"银行按照'了解客户、了解业务、尽职审查'的展业原则和现行货物贸易外汇管理规定,为符合条件的企业办理货物贸易外汇收支业务时,可以审核其纸质单证,也可以审核电子单证。电子单证是指企业提供的符合现行法律法规规定,且被银行认可并可以留存的电子形式的合同、发票、报关单、运输单证等有效凭证和商业单据,其形式包括系统自动生成的电子单证、纸质单证电子扫描件等。"上述通知同时明确了使用电子单证办理货物贸易外汇收支的银行和企业的条件,自由贸易试验区内进一步放宽了银企准入条件。

据此,跨境电商企业办理货物贸易跨境收支时,银行可按照汇发〔2016〕25号文件的要求办理。

3. 问:金融机构办理服务贸易外汇收支可否审核电子单证?

答:《国家外汇管理局关于印发服务贸易外汇管理法规的通知》(汇发〔2013〕30号)中明确规定:"交易单证可以是纸质形式或者是符合法律法规规定且被金融机构认可的电子形式""经营外汇业务的金融机构办理服务贸易外汇收支业务,应当按照国家外汇管理规定对交易单证的真实性及其与外汇收支的一致性进行合理审查,确认交易单证所列的交易主体、金额、性质等要素与其申请办理的外汇收支相一致。"因此,金融机构办理服务贸易外汇收支时可视自身对电子单证真实性、合规性和唯一性审核的专业能力,自主选择审核单证的形式。

4. 问:银行是否可为已在"单一窗口"备案的个人跨境电商凭其身份证、营业证照(仅限个体工商户)等材料开立外汇结算账户?

答:按照《个人外汇管理办法》(中国人民银行令〔2006〕3号)规定,个人进行工商登记或者办理其他执业手续后可以开立外汇结算账户。据此,已在"单一窗口"备案的

个人跨境电商凭其身份证、营业证照（仅限个体工商户）等材料可在银行开立外汇结算账户。

5. 问：境外机构境内外汇账户内的外汇资金可否办理定期存款业务？

答：《国家外汇管理局关于境外机构境内外汇账户管理有关问题的通知》（汇发〔2009〕29号）规定，境内银行可为在境外合法注册成立的机构开立境内外汇账户（以下简称外汇NRA账户）。外汇管理法规对境内银行为外汇NRA账户中外汇资金办理定期存款业务无限制。外汇NRA账户内资金办理定期存款业务应遵守中国人民银行相关规定。

附录二

人民币跨境支付系统业务规则

第一章 总则

第一条 为规范人民币跨境支付系统（CIPS）业务行为，防范支付风险，明确参与者管理要求，保障CIPS运营机构和参与者合法权益，中国人民银行依据《中华人民共和国中国人民银行法》及有关法律法规，制定本规则。

第二条 本规则适用于CIPS运营机构（以下简称运营机构）CIPS直接参与者和间接参与者。

第三条 运营机构是经中国人民银行批准、在中华人民共和国境内依法设立的清算机构。运营机构接受中国人民银行的监督管理。

第四条 CIPS为其参与者的跨境人民币支付业务和金融市场业务等提供资金清算结算服务。

CIPS工作日历和运行时序由运营机构公布。

第二章 参与者管理

第五条 运营机构应当对CIPS参与者实施分级管理。参与者包括直接参与者和间接参与者。

直接参与者是指具有CIPS行号，直接通过CIPS办理人民币跨境支付结算业务的境内外机构。运营机构应当为银行类直接参与者开立CIPS账户，应当根据审慎管理需要为金融市场基础设施类直接参与者开立CIPS账户。

间接参与者是指未在CIPS开立账户，但具有CIPS行号，委托直接参与者通过CIPS办理人民币跨境支付结算业务的境内外机构。

境内直接参与者应当通过专线接入CIPS，境外直接参与者应当通过专线或其他方式接入CIPS。

第六条 银行业金融机构申请成为系统直接参与者的，应当具备下列条件：

（一）为中华人民共和国境内外依法设立的银行业金融机构。

（二）具有法人资格或法人指定的机构。

（三）具有办理人民币结算业务的资格。

（四）具有大额支付系统清算账户的境内机构，或委托境内银行类直接参与者作为其资金托管行的境外机构。

（五）支持业务集中处理和直通处理。

（六）满足信息安全性和系统可靠性要求。

（七）具有切实可行的防范和化解流动性风险的方案。

（八）具有健全的业务及系统管理制度。

境外机构提交申请的，还应当取得其所在地的中央银行或货币当局出具的意见书。在境内没有商业存在的境外机构还需要满足中国人民银行其他审慎管理相关要求。

第七条　金融市场基础设施运营机构申请成为系统直接参与者的，应当具备下列条件：

（一）为中华人民共和国境内外依法设立的金融市场基础设施运营机构。

（二）以人民币进行金融交易、资金结算的法人机构。

（三）支持业务集中处理和直通处理。

（四）满足信息安全性和系统可靠性要求。

（五）具有切实可行的防范和化解流动性风险的方案。

（六）具有健全的业务及系统管理制度。

在 CIPS 开立账户的境内机构应当具有大额支付系统清算账户，境外机构应当委托境内银行类直接参与者作为其资金托管行。

境外机构提交申请的还应当取得该机构所在地的金融市场基础设施监管当局出具的意见书。

第八条　资金托管行应当具备下列条件：

（一）为中华人民共和国境内银行类直接参与者。

（二）具备稳健经营能力与良好的业绩表现。

（三）具备较强的应对金融环境变动的适应能力。

（四）符合宏观审慎监管要求。

资金托管行的监管评级发生变化的，应当及时向运营机构报告。不再符合以上规定的，运营机构应当取消其资金托管行资格。

第九条　申请成为间接参与者的机构应当具备下列条件：

（1）在中华人民共和国境内外依法设立的银行业金融机构。

（2）具有法人资格或法人指定的机构。

（三）支持该机构在其境内的业务集中处理。

（四）符合该机构所在地人民币业务的相关要求。

（五）具有健全的业务和系统管理制度。

第十条　同一司法管辖区域内，同属一个法人的机构只能指定一家机构申请直接参与者资格。

第十一条　一个直接参与者可与多个间接参与者建立业务关系，一个间接参与者可与多个直接参与者建立业务关系。

第十二条　直接参与者和间接参与者拟加入、退出系统或变更参与者信息的，应当向运营机构提交申请。

间接参与者应当委托直接参与者提交申请材料。

境内直接参与者拟申请、取消资金托管行资质的，或资金托管双方拟变更托管关系的，应当向运营机构提交申请。

第十三条 运营机构应当审核直接参与者申请机构的申请资料。通过审核的，运营机构根据需要向中国人民银行申请其大额支付系统间接参与者资格。

第十四条 运营机构应当制定完善的参与者管理细则，做好对参与者的日常管理，明确相关纪律要求。

参与者应当根据运营机构的业务管理和风险防控要求提交材料并遵守相关管理规定。

第三章 账户管理

第十五条 运营机构为直接参与者在 CIPS 开立的资金账户应当为零余额账户，该账户不计息、不得透支，场终（日终）额为零。

第十六条 运营机构应当统一管理参与者的账户。一个直接参与者在 CIPS 只能开立一个零余额账户。间接参与者在 CIPS 不开立账户。

第十七条 中国人民银行为 CIPS 在大额支付系统开立清算账户，反映所有 CIPS 直接参与者的共同权益，账户内资金属于所有 CIPS 直接参与者，依据直接参与者在 CIPS 中的账户余额享有权益。该账户不得透支，场终（日终）余额为零。

该账户内资金不属于运营机构自有财产，运营机构不得自由支配，除通过 CIPS 发起指令外，CIPS 直接参与者不得以其他任何形式单独支配该账户资金。

第十八条 直接参与者应当通过注资（预注资）、调增（预注资调增）和调减（预注资调减）等方式，对其 CIPS 账户进行流动性管理，确保账户余额充足。境外直接参与者应当委托其资金托管行代理注资（预注资）和调增（预注资调增）。

注资（预注资）是指境内直接参与者在营业准备阶段（夜间处理阶段前）的规定时间内，通过大额支付系统向自身或委托方的 CIPS 账户注入运营机构要求的最低限额。

调增（预注资调增）是指境内直接参与者在日间（夜间）处理阶段的规定时间内，通过大额支付系统增加自身或委托方的 CIPS 账户余额。

调减（预注资调减）是指直接参与者注资成功后，在日间（夜间）处理阶段的规定时间内，通过 CIPS 向对应的大额支付系统清算账户发起资金转账，以减少其 CIPS 账户余额。

第十九条 直接参与者应当在每个系统工作日的规定时间内注资（预注资）。

直接参与者进入日间（夜间）处理阶段后未能达到注资（预注资）最低限额的，不得办理支付业务。

直接参与者的注资（预注资）最低限额由运营机构根据其业务范围核定。直接参与者参加定时净额结算的，其最低限额应当包含净额结算保证金。

运营机构设定及调整直接参与者注资（预注资）最低限额（含净额结算保证金）应提前报备中国人民银行。

第二十条 进入日间（夜间）处理阶段后，从业务截止前 30 分钟起，直接参与者不得从大额支付系统向 CIPS 账户注入流动性,用于净额轧差结果排队解救的情况除外。

第二十一条 直接参与者通过大额支付系统向自身或委托方之外的其他直接参与者注资或调增的,应当予以退回。

直接参与者调减(预注资调减)其 CIPS 账户余额的,调减(预注资调减)后的账户余额不得低于注资最低限额。

直接参与者预注资调减金额不得大于其预注资总金额。

直接参与者通过 CIPS 向对应的大额支付系统清算账户之外的其他账户进行调减(预注资调减)的,应当予以拒绝。

第二十二条 直接参与者参加定时净额结算的,轧差后的账户余额小于净额结算保证金时,应当及时补足。

第二十三条 直接参与者可以根据结算需要,在中国人民银行指定的交易场所和交易时段进行资金交易,具体交易品种、时间段等由中国人民银行指定的交易场所另行规定。直接参与者通过上述交易融入的资金原则上用于满足 CIPS 结算需要。

每笔交易完成后,境内直接参与者通过大额支付系统将融入资金全额注入自身 CIPS 账户,境外直接参与者委托其境内资金托管行通过大额支付系统将融入资金全额注入自身 CIPS 账户。

中国人民银行根据调控需要对直接参与者相关交易进行宏观审慎管理。

第四章 业务处理

第二十四条 银行类直接参与者应当根据其客户指令或间接参与者的委托等,以逐笔或批量方式通过 CIPS 办理支付业务。

金融市场基础设施类直接参与者应当根据其交易相关系统、证券结算系统或中央对手等的功能需要通过 CIPS 办理金融交易的资金结算。

直接参与者不得通过 CIPS 和大额支付系统办理两个系统之间的支付业务。

第二十五条 直接参与者应当根据其业务功能向运营机构申请报文权限。

直接参与者申请开通定时净额结算报文权限的,还应当符合运营机构的结算风险管理要求。

第二十六条 银行类直接参与者应当在 CIPS 日间(夜间)处理阶段确保本机构系统处于登录状态。

金融市场基础设施类直接参与者应当在其与 CIPS 重合的营业时间内,确保本机构系统处于登录状态。

第二十七条 发起直接参与者或间接参与者办理跨境支付业务的,应当根据有关规定填写业务种类。

第二十八条 直接参与者应当向 CIPS 提交期望结算日期为 CIPS 当前系统工作日的支付业务。对期望结算日期不为当前系统工作日的支付业务,应当予以拒绝。

第二十九条 直接参与者应当在日间(夜间)处理阶段的规定时间内,及时向 CIPS 提交支付业务,不得拖延。

第三十条 直接参与者应当通过 CIPS 发起查询业务,直接参与者收到查询请求后,应当及时查复。

第五章 结算机制

第三十一条 CIPS应当支持混合结算模式满足不同支付业务的结算需要。CIPS应当对直接参与者逐笔发起的支付业务进行实时全额结算，对直接参与者批量发起的支付业务进行定时净额结算。运营机构可以根据业务需要调整定时净额结算的轧差场次和时间，当日调整当日生效。

CIPS应当根据不同金融交易的资金结算需要，支持人民币付款、付款交割（DvP）结算、人民币对外币同步交收（PvP）中央对手集中清算和其他跨境人民币交易结算等业务。

第三十二条 CIPS按照实时全额结算方式处理支付业务时，直接参与者账户余额足以支付的，CIPS予以实时处理；不足支付的，按照规定的顺序进行排队处理。

CIPS应当设置加急和普通两种业务处理队列。在加急队列中应当为不同类型的业务设置不同的优先级。同一优先级的排队业务按照先进先出的原则进行结算。

直接参与者可以根据业务需要调整同一个业务优先级下排队业务的先后顺序，不得对不同队列下的业务进行调整，不得对不同业务优先级下的业务进行调整。

第三十三条 CIPS可以根据直接参与者发起的指令，撤销加急队列中的排队业务，但净额轧差结果和中央对手业务除外。

CIPS应当在场终（日终）对加急队列中的排队业务和直接参与者未确认的业务作退回处理，但净额轧差结果除外。

第三十四条 直接参与者应当以CIPS发送的支付处理通知报文或支付报文，作为各自记账依据。

直接参与者可以使用其住所所在地的当地日期作为其客户的入账日期。

第三十五条 CIPS实时全额结算的支付业务，在成功借记发起直接参与者账户并贷记接收直接参与者账户后，该支付业务得撤销。

CIPS定时净额结算的支付业务，一经轧差不得撤销。

第三十六条 CIPS在场终（日终）处理阶段应当自动将直接参与者的账户余额转至对应的大额支付系统清算账户。全部转账完成后，所有直接参与者的CIPS账户余额和CIPS在大额支付系统的账户余额均应当为零。

第三十七条 CIPS与大额支付系统对账相符后，应当向银行类直接参与者发送支付业务汇总核对信息和资金调整核对信息；向金融市场基础设施类直接参与者发送支付业务核对信息和资金调整核对信息。

直接参与者应当根据CIPS发送的对账数据进行账务核对。

第六章 应急处置

第三十八条 运营机构和直接参与者应当建立健全系统故障处理和突发事件应急处置机制，确保系统不间断、安全、稳定运行，保障业务处理的连续性、数据的完整性、资金和信息的安全性。

第三十九条 运营机构和直接参与者应当做好系统运行异常信息和突发事件信息的收

集、分析和报告，建立健全系统运行异常和突发事件预警机制。

第四十条 运管机构和直接参与者应当建立与 CIPS 相关的备份系统，定期开展生产系统与备份系统的切换演练，确保备份系统在突发事件发生后能够快速、高效地投入使用。

第四十一条 CIPS 发生故障时，运营机构应当及时通知各直接参与者和相关各方，直接参与者内部系统发生故障时，应当及时通知运营机构。运营机构与各直接参与者应当相互配合排除故障，尽快恢复业务处理。

第四十二条 CIPS 发生重大故障导致业务处理中断时，运营机构应当指定一家直接参与者承接、协助场终（日终）处理。

第七章　附则

第四十三条 运营机构应当根据本规则制定操作指引，明确直接参与者和间接参与者通过 CIPS 处理跨境人民币业务的具体流程和相关业务、纪律要求。

运营机构应当与直接参与者签订协议，约定相关权利和义务。

操作指引和协议文本应当及时报送中国人民银行。

第四十四条 运营机构负责制定和发布 CIPS 报文标准。

直接参与者应当按照运营机构发布的最新报文标准及时对其相关业务系统进行改造。

第四十五条 直接参与者应当按运营机构制定的收费项目和标准按时足额缴纳费用。

第四十六条 本规则由中国人民银行负责解释。

第四十七条 本规则自发布之日起施行，《人民币跨境支付系统业务暂行规则》（银办发〔2015〕210 号文印发）同时废止。